Reste avec nous

Lettres des bénévoles de l'association Points-Cœur

Œuvre collective sous la direction d'Aude Guillet

www.edizionechora.com
ISBN : 978-88-31414-00-5
Dépôt légal : mai 2020

Préface

Voilà quelques dizaines d'années, que tous les deux mois (ou presque), une bonne centaine de bénévoles écrivent depuis des dizaines de pays différents, des lettres qui témoignent de l'essence de leur mission auprès de milliers de parrains. Saluons ici le travail considérable de lecture et de synthèse pour que les lettres choisies se présentent à nous classées par thème sous la forme aboutie d'un livre. Si vous feuilletez distraitement cette préface, et avant que vous ne reposiez cet ouvrage, j'aimerais vous adresser une mise en garde : attention, ce livre est vivant ! Les mots qu'il contient brûlent d'une expérience essentielle. Ils laissent paraître un visage Autre, le seul pour lequel il vaille la peine de tout quitter afin de partir vivre en des lieux où la souffrance des hommes est des plus criante. Les amis des enfants, nom des jeunes bénévoles qui entendent cet appel, ont eu cette audace et cette liberté. Ils suivent l'Agneau jusqu'en ces lieux où la Passion semble se conjuguer au présent, dans une forme de vie commune où le prochain oblige à devenir soi-même, où la prière et la contemplation ne sont plus des options mais une nécessaire respiration.

Ayant vécu cette expérience voilà aujourd'hui un peu moins de trente ans (je relate cela dans un livre intitulé *Instants de grâce*), la première chose qui m'a enthousiasmé à la lecture de ces lettres peut se résumer en un mot : « CONTINUITÉ ». Une génération et c'est toujours le même étonnement, la même fraîcheur, la même expérience qui se perpétuent ! Le miracle premier se déroule dans le temps avec la même force de pénétration. Dans les évènements qui conduisent les bénévoles de Points-Cœur, des mots prennent chair en même temps qu'ils prennent sens. Bertille nous confie : « *En dix-sept jours de JMJ et la moitié d'un livre du Pape François, je n'avais pas compris ce que c'était que la miséricorde, mais en une heure avec Señora Luz c'était devenu limpide !* » C'est comme si ces mots « compassion », « miséricorde », « pardon » ne pouvaient s'affirmer sans prendre des visages concrets. La consolation que ces jeunes apportent à leurs amis familiers de la souffrance, cette consolation qu'ils goûtent également à certaines heures, coule toujours du même Visage. C'est cette source, ce Cœur à jamais ouvert sur le regard d'une mère qui offre cette continuité.

Le second mot qui me semble également rassembler en lui un commun à ces lettres est « DÉVOILEMENT ». Les bénévoles et les amis de leurs quartiers font office, pour le lecteur, de véritables révélateurs. Si ce livre est « vivant », c'est qu'il propose de partager l'expérience qu'il relate. Au fil des pages, nous percevons que si Babou, Omar, Awa et les autres enfants font résonner tel un gong la porte en fer du Point-Cœur de Dakar, ils font, par un phénomène d'écho déconcertant, également résonner en nous une corde profonde. Ce tintement nous rend la joie d'être homme, éveille le désir de l'être davantage, désigne et offre l'appui nécessaire pour l'être véritablement. Plus je tourne les pages moins je suis un spectateur distant et soudain, avec Amaëlle, je m'aperçois que mon cœur est enfin « *lourd de quelque chose d'indescriptible. (...) d'un je ne sais quoi qui résonne au fond de mon être* ».

Les bénévoles nous offrent une grande marche dans le jardin du monde. Mais attention, nous ne visitons pas les pays traversés comme le ferait un client d'agence de voyage en mal de dépaysement ou l'auteur d'un raid sportif et aventureux. Nous n'approchons pas les gens comme le ferait professionnellement un jeune diplômé en science du développement. Les membres de Points-Cœur ne sont spécialistes en rien ; et nous leur en sommes infiniment reconnaissants. Ils s'adressent à nous sans emphases, dans un style spontané. Cette attitude humble, démunie, n'est pas sans rappeler la belle simplicité des pages de l'Évangile. Ici s'affirme la possibilité d'un rapport simple avec le Christ, et ce n'est pas le moindre cadeau qui nous est fait. Nous nous asseyons avec

Agnès, fatiguée, sur la margelle d'un puits, et laissons venir à nous ceux qui ont soif. Avec Bertille, nous nous laissons désaltérer par ceux-là mêmes que nous venions consoler. Pages après pages, nous marchons avec Lui comme jadis, jour après jour, le faisaient ses disciples. Nous marchons avec Lui en Inde et au Salvador, nous marchons avec Lui en Roumanie et au Sénégal, nous marchons avec Lui au Pérou et parfois, nous en sommes tellement proches que cela nous étonne... Cela nous étonne de pouvoir ainsi devenir son ami. Nous pensions qu'il fallait étudier et apprendre et comprendre, et nous voyons qu'il suffit de donner un verre d'eau... Nous pensions la distance des siècles trop grande et celle de la culture trop complexe, et voilà qu'il suffit d'accueillir un enfant... Nous pensions être trop ceci ou pas assez cela et nous découvrons qu'il suffit d'ouvrir la porte... Cela suffit pour que son visage apparaisse, que la présence se fasse manifeste, que chaque évènement, du plus heureux au plus douloureux, trouve sa juste place dans l'histoire.

Le troisième mot qui parcourt ce livre nous est offert par Jean qui découvre ceci au cours de sa mission : « *Je crois qu'une part de notre mission et de notre formation consiste à recueillir comme des trésors précieux, des perles de grandes valeurs, toutes ces rencontres, ces moments où nous sommes les témoins silencieux de l'œuvre de Dieu* ». Ces jeunes sont des « TÉMOINS » ! On vérifie une hypothèse, on contredit une idée, on détourne un discours, mais on ne peut pas éteindre un témoignage. Le témoignage s'appuie sur des faits. On peut mettre à mort le témoin, mentir et faire douter de lui, mais les faits sont têtus et la vérité patiente. C'est dans la nature même du témoignage que de ne pouvoir dire autre chose que ce qu'il a vu, entendu, touché. Le témoin relate un évènement auquel il a participé. Comme Pierre, Jacques, Jean, aussi simplement et spontanément, et parce que l'événement est stupéfiant, tout aussi stupéfaits, nos jeunes témoignent ici de leur rencontre avec le Maître de l'Histoire.

Je me souviens qu'au retour de mission, j'étais allé avec quelques autres « anciens », témoigner de ma mission à Points-Cœur auprès de quelques jeunes qui se posaient la question d'un départ. J'avais, sur le thème de la compassion, préparé quelques notes que j'ai tenté d'expliciter au parterre de « novices » qui se tenaient devant moi. Il me semblait que mes idées étaient bien agencées, que le concept était clair et que le message était passé. Vint à moi une jeune fille qui, ayant suivi la prestation, me dit : « *De tout ce que vous nous avez dit, je n'ai rien compris ! Mais lorsque vous parlez de vos amis là-bas, l'étincelle qui s'allume dans vos yeux, elle, je la comprends, et elle me donne envie de partir...* » La propagation d'un témoignage est immédiate et s'opère presque à notre insu. Ces lettres sont, d'une certaine manière, cette petite étincelle qui dit le tout en un seul éclat. Puissent beaucoup pouvoir la reconnaître...

Ce livre témoigne qu'une ouverture franche a été réalisée une fois pour toutes au travers de tous les évènements, il atteste à nos cœurs qu'aujourd'hui encore, « IL EST LÀ ». Cela ouvre naturellement nos lèvres sur cette douce supplication : « RESTE AVEC NOUS »... Ce n'est pas un cri d'angoisse, c'est une demande confiante. La mémoire des évènements liés en ce livre nous l'affirme, c'est chose certaine, Il reste avec nous. Et nous savons depuis l'instant de la fraction de l'aliment, que ce qui pourrait le dérober à nos yeux, à nos sens, est l'affirmation d'une présence plus large et plus certaine encore.

En ce Jeudi Saint de l'année liturgique 2020,

Frédéric Eymeri

I. Arrivée et émerveillement

Hermine
Point-Cœur Saint-Nicolas
Deva – Roumanie

Le 10 décembre 2018

Mes très chers parrains,

Cela fait bientôt deux mois que je suis arrivée en Roumanie et il est grand temps de vous donner quelques nouvelles. Je voudrais essayer de vous livrer quelques « pépites » qui me donnent la certitude que ma place est ici et que ces deux années me feront sans doute beaucoup grandir !

Avant cela, pour ceux qui ont du mal à imaginer ce que je peux bien faire de mes journées, petite explication très concrète ! Être une présence auprès de ceux qui souffrent, c'est bien gentil mais ce n'est pas très parlant ! Francesca, Nina, Karolina, Philippine et moi habitons une maison du quartier de « Ceanghai », à Deva, où nous partageons le même quotidien, en communauté. Le matin, nous prions les laudes dans notre chapelle, puis nous allons à la messe avant de prendre notre petit déjeuner. Le reste de la matinée, nous restons généralement à la maison pour accueillir les enfants de la rue qui viennent y jouer mais aussi prendre une heure d'adoration, préparer le déjeuner et beaucoup d'autres petites choses comme, en ce début de mission, apprendre le roumain ! L'après-midi, après le chapelet, nous partons en apostolat[1] dans différents quartiers de la ville pour jouer avec les enfants, passer du temps avec leurs familles et toutes les personnes que nous connaissons ou que l'Esprit-Saint met

1 Apostolat : terme généralement employé par les bénévoles pour désigner les différents lieux de visite en dehors de la maison même du Point-Cœur.

sur notre route (il bouscule d'ailleurs très souvent notre programme, mais toujours pour de belles surprises !). Je vous parlerai de ces différents endroits au fur et à mesure pour ne pas trop vous perdre !

De nouveaux amis

Une des premières grandes joies de ce début de mission a sans doute été de rencontrer chacun des amis du Point-Cœur avec Karolina, missionnaire à Deva depuis seize mois, qui est rentrée en Pologne il y a maintenant deux semaines. Pour elle, il était temps de dire au revoir à chacune des personnes qu'elle a rencontrées ici. La fin d'une mission n'est pas un moment évident mais, avant de partir, elle m'a fait un beau cadeau : celui de me transmettre chacune des amitiés qu'elle a vécues ici. Lors de chacune de nos visites, elle prenait le temps de me présenter aux amis que je rencontrais pour la première fois. J'ai beaucoup admiré la simplicité avec laquelle elle me racontait l'histoire de chaque personne, l'histoire de son amitié avec les bénévoles du Point-Cœur, mais aussi la générosité avec laquelle elle m'offrait tout ce qu'elle avait construit avec eux depuis son arrivée.

Lors de son dernier jour à Deva, le 1er novembre, j'ai réalisé encore davantage l'importance de ce qu'elle m'offrait. Nous sommes allées ensemble dans les cimetières de la ville où toutes les familles se rendent pour la fête de la Toussaint. L'ambiance festive y est surprenante : des fleurs, des bougies, mais aussi des enfants qui courent partout et des familles installées autour des tombes pour prier et partager gâteaux et boissons. Le temps était radieux, l'atmosphère légère et tous nos amis des différents quartiers où nous allons en apostolat étaient présents. Karolina a ainsi pu dire une dernière fois au revoir à chacun. Lorsque les enfants lui demandaient, l'air triste : « *Pourquoi est-ce que tu pars déjà ?* », elle se tournait vers Philippine et moi, pour dire : « *Je pars mais, regarde, deux nouvelles amies sont arrivées !* » Après ça, les enfants venaient tout simplement se jeter dans nos bras et nous proposer de jouer avec eux ou nous poser mille questions. Quelle joie !

« On dit un Notre Père ? »

Un soir, alors que nous rentrions à la maison après un magnifique après-midi passé à jouer avec les enfants, nous avons fait une belle rencontre. La nuit était déjà tombée, il commençait à faire froid et, bien fatiguées, nous marchions rapidement, pressées de rentrer. Lorsque nous passons devant la gare, un petit garçon accourt vers nous, sourire aux lèvres et nous demande de jouer avec lui. Il s'appelle Armando et passe une grande partie de ses journées avec son frère, devant la gare, à s'occuper comme il peut. Malgré la fatigue, son grand sourire et son magnifique regard nous interdisent de lui dire non, et nous commençons à jouer avec lui. Quelques instants plus tard, arrive son grand frère, tout heureux lui aussi de pouvoir jouer avec nous. Alors que nous cherchons ensemble une idée de jeu, il lance avec une simplicité déconcertante : « *On dit un Notre Père ?* » Je reste interloquée. Il propose que nous priions ensemble comme il aurait pu proposer n'importe quelle autre idée de jeu. La simplicité et la pureté de son cœur d'enfant me laissent sans voix. Une joie immense s'empare de moi, alors même que je me sens si ignorante face à ce petit bonhomme qui a déjà tout compris. Nous prions ensemble un *Notre Père* puis, après leur avoir dit au revoir et leur avoir promis de revenir les voir, nous reprenons notre chemin. Cette rencontre pourtant si fugace restera gravée dans mon cœur, c'est certain. Quelle joie et quelle surprise de voir que, réellement, ce que Jésus a caché aux sages et aux savants, il l'a révélé aux tout petits.

Être une grande sœur

Depuis que je suis arrivée à Deva, j'ai rencontré beaucoup d'enfants, tous très différents. Pas facile de savoir ce dont ils ont besoin, tant les situations familiales et les difficultés de chacun sont différentes mais je crois, en fin de compte, que ce qu'ils attendent de moi c'est simplement que je sois pour eux comme une grande sœur. La première fois que je suis allée visiter Pe Deal, un des quartiers tziganes situé sur les collines qui bordent la ville, j'ai fait la connaissance d'Alexia. À peine arrivée, je vois cette petite fille, toute frêle, courir vers moi pour se jeter dans mes bras. Immédiatement, elle me demande : « *Est-ce que tu veux bien être ma grande sœur ?* » Je ne m'attendais pas à une telle question ! J'ai répondu « *oui* ». Elle était toute heureuse et nous avons commencé à jouer ensemble. Quand je suis revenue la semaine suivante, nous l'avons croisée sur le chemin. Elle revenait de la boulangerie avec un autre petit garçon. Alors que nous marchions ensemble, elle s'est tournée vers moi et m'a demandé avec de grands yeux inquiets : « *Tu es toujours ma grande sœur ?* » Et moi qui me demandais quelques minutes auparavant si elle se souvenait de moi ! « *Bien sûr* », lui ai-je répondu. Un grand sourire s'est dessiné sur son visage. Ce n'est pourtant pas évident d'être une grande sœur pour ces enfants dont la vie est si différente de la mienne. Heureusement, j'ai deux ans pour apprendre à l'être !

Diana, Andra, Ela et Alexia

Quatre petits visages m'ont beaucoup appris sur ce rôle si important et si exigeant à la fois. Ce sont ceux de Diana, Andra, Ela et Alexia. Ces quatre sœurs aux immenses yeux bleus vivent à Bejan, un autre quartier tzigane proche de notre maison. Elles habitent tout au bout d'un petit chemin de terre, dans une étroite baraque faite de bric et de broc et, malgré la pauvreté du lieu et les difficultés de leur vie quotidienne, chacune d'entre elles rayonne d'une joie unique. La première fois que je les ai rencontrées, alors que nous jouions ensemble dans l'unique chambre de cette pauvre maison, leur maman ouvre brusquement la porte et se fâche violemment. Les rires et les jeux cessent immédiatement aux cris de cette dernière et chacune s'éclipse rapidement pour ranger le linge, balayer le sol, apporter du bois pour le feu... Chaque fois que nous venons passer un moment avec elles, nous assistons à la même scène. Leur maman arrive tout d'un coup, le visage fermé et plein de colère, et les rappelle à l'ordre à grand renfort de cris et de claques. Malgré tout cela, cette maman est, elle aussi, très touchante. Je crois que quand elle crie, ce sont toutes ses souffrances et sa solitude qui jaillissent comme si elle ne pouvait plus les contenir. Dans ses yeux, les mêmes grands yeux bleus que ceux de ses filles, se lit une immense tristesse. Au fond, je suis sûre qu'elle les aime, mais elle ne sait tout simplement pas comment le leur dire ou le leur monter. Peut-être que personne ne lui a jamais appris comment faire...

Un après-midi, alors que nous étions venues pour l'anniversaire d'Ela et que nous jouions dans la maison avec les filles, elle est entrée, comme à son habitude, furieuse. Puis... surprise ! Elle est venue s'asseoir à côté de nous pour discuter. Telle une petite fille timide, elle nous a posé quelques questions avant de nous proposer un sac de pommes : « *Elles sont très bonnes vous verrez ! Prenez-les, j'en ai trop, elles vont se perdre !* » Profitant de l'occasion, nous lui demandons si elle accepterait que ses filles viennent chez nous pour cuisiner quelque chose avec ces pommes. Elle accepte et, le samedi suivant, nous passons l'après-midi à cuisiner avec Diana, Andra, Ela et Alexia. Je me rends vite compte que ce qui les intéresse, ce n'est pas tant ce que nous allons cuisiner mais plutôt le fait de passer un moment spécial avec nous. Elles parlent toutes en même temps, nous racontent leur journée, Ela prépare des petits gâteaux avec Nina, Alexia voudrait jouer avec tous les jeux en même temps... Notre cuisine résonne de rires et je suis heureuse pour ces petites filles qui semblent souvent bien trop sérieuses pour leur âge. Quelle joie de partager ce moment tout simple avec elles. C'est peut-être ça, être une grande sœur !

Bon courage pour vos missions de chaque jour, là où vous êtes !

Je vous embrasse.

Hermine

Cécile
Point-Cœur Saint-Jean-Paul II
New York – États-Unis

Le 17 janvier 2018

« *Car Dieu m'a créé et racheté. Donc ce que je suis est davantage en sa pensée et en son amour qu'en moi-même. Il a fait de moi son "Tu". Si je me donne à Lui, je réalise le caractère fondamental de mon existence et c'est ainsi seulement que je deviens "Je".* »

Romano Guardini, *Psaumes et Fêtes*

Chère famille, chers amis,

Rien de plus radical qu'un changement de mission pour nous rappeler que nous ne sommes jamais appelés qu'à être des « tu » pour d'autres, que jamais nous ne pouvons nous enfermer dans le « je » que nous sommes devenus à un endroit, que notre personne n'existe que lorsqu'elle est en relation avec les autres… et que ces autres, nous ne les choisissons pas : ils sont ceux que Dieu nous donne à un moment donné, ceux qu'Il choisit pour réquisitionner notre être, ceux pour qui nous essaierons aussi d'être ce « tu » qui libère, jusqu'au moment qu'Il jugera opportun.

C'est donc l'expérience que nous faisons depuis fin septembre, alors que nous avons dû déménager dans un autre quartier de Brooklyn, car notre maison devenait trop vétuste et coûteuse à réparer. Notre nouvelle terre de mission, c'est Williamsburg, avec sa population bien variée : dans cet ancien quartier industriel, *Latinos* et Italiens côtoient des Irlandais et des Allemands. Parfois, il faut jeter un regard au loin sur l'*Empire State Building* et la *Liberty Tower*, entre deux longues cheminées de briques, pour nous rappeler que nous sommes à New-York.

Nous avons la grande chance d'être à bonne école pour, petit à petit, apprivoiser nos nouveaux voisins, en la personne de *Father*[2] Tom, curé de notre nouvelle paroisse. Il faut le voir marcher dans la rue, s'arrêter à chaque visage familier (dont il connaît généralement le nom mais également l'histoire), se risquer aussi à saluer les inconnus, toujours prêt à se laisser bousculer par de nouvelles rencontres, à donner son temps sans compter. Les enfants, qu'il ne laissera jamais pour compte, aiment son sourire si bon et facétieux. *Father* Tom est un homme qui a tout donné. Contrebassiste professionnel, diplômé d'une des meilleures écoles de musique des États-Unis, il a renoncé à sa carrière prometteuse lorsque, en tournée déjà plusieurs fois à l'étranger, il a entendu l'appel de la vocation. C'est un homme qui a décidé d'être pour toujours un « Tu », de ne rien garder pour soi, de toujours se mettre au service. On mesure d'autant plus son sacrifice lorsqu'on le voit humblement sortir son instrument le soir de Noël pour quelques chants... et jouer de toute son âme, se laissant redonner, le temps de quelques heures, ce qu'il a abandonné au Christ. Il est aussi remarquable d'attention pour nous, réagissant au quart de tour, dès que nous avons un problème dans la maison.

Nos premières amies, celles qui nous ont gentiment accueillies d'un sourire lorsque nous franchissions, pour la première fois, de bon matin, le seuil de notre nouvelle église, sont une dizaine de femmes âgées que nous retrouvons tous les jours à la messe de 7h45. Parmi elles, Lauren, dont le fils est mort il y a quelques années, laissant sa jeune épouse et deux enfants. Une douleur qu'elle porte sans aucune plainte, sans jalousie pour celles de ses amies qui seraient, ou sembleraient extérieurement, plus fortunées. Une douleur qu'elle assume avec discrétion, et une joie de vivre débordante. Une douleur sans réponse qu'elle offre à Dieu, sans attendre un sens qui permettrait de circonscrire son « Je », d'expliquer son existence, mais en acceptant le silence qui lui permet de

2 Père

rester en perpétuelle dépendance, en perpétuel questionnement, en perpétuelle attitude de « Tu » pour Dieu.

Nous commençons aussi à visiter les personnes âgées ou malades des immeubles pauvres environnants. En général, leurs noms nous sont donnés par notre curé. Parfois, nous nous risquons à sonner à des portes inconnues, qui restent closes souvent, s'entrebâillent parfois, ou s'ouvrent grandes les jours de grâce.

L'une des femmes qui m'a le plus marquée jusqu'ici s'appelle Emilia. Elle vient de République dominicaine et vit dans la pénombre d'un petit appartement qu'elle n'arpente que difficilement avec ses béquilles. Notre espagnol est très limité et son anglais inexistant : il faut donc aller à l'essentiel. Nous lui montrons le chapelet autour de nos poignets... elle nous indique son petit oratoire à la Vierge Marie. Nous bégayons quelques mots sur notre récente arrivée dans le quartier... elle nous fait signe que son quartier c'est, depuis vingt-cinq ans, ce petit appartement où elle prie. Nous commençons doucement un « Je vous salue Marie », elle le continue avec ferveur. C'est comme si notre visite comblait sa longue attente, mais seulement pour un temps. L'attente patiente, c'est son attitude fondamentale. Elle semble vivre dans l'attente du Royaume, donnant une grande attention à chaque petite chose de son univers limité.

Et puis il reste Becky, Felicia, Laverne, Christina et Tamara... ces amies de notre ancien quartier que nous voyons moins, maintenant. Est-ce que le « tu » que nous avons été les unes pour les autres est arrivé à maturité ? De quelle manière doit-il prendre forme maintenant ? Est-ce que la distance ne nous le fait pas chercher plus ardemment, non plus comme un acquis, mais comme un don à mendier sans cesse de nouveau, pour lequel il faudra nous donner plus de mal ? Ce fut une petite expédition pour avoir Felicia à dîner. Il a fallu lui expliquer deux fois au téléphone comment venir en bus, puis nous résigner à aller la chercher en voiture... Mais elle voulait, à tout prix, vérifier que nous étions bien installés, que la cuisine était assez grande pour qu'elle puisse continuer à venir parfois y travailler avec nous et, surtout, il fallait qu'elle voie « sa nouvelle maison ». Car c'est bien cela : pour beaucoup, notre nouvelle maison est leur nouvelle maison, notre nouvelle terre de mission est leur nouvelle terre de mission qu'ils assument à leur manière, en priant pour nous ou en nous rendant service...

À l'aube de la nouvelle année, je vous les confie donc, ces amis de longue date, comme je vous confie les nouveaux... et vous assure de tous mes vœux et de ma prière pour chacun de vous.

Je vous embrasse bien affectueusement.

Cécile

Stéphane
Point-Cœur Sainte-Mère-Teresa
Kasimode, Chennai – Inde

Le 24 février 2016

« *Le peu qu'on peut faire, il faut le faire.* »
Théodore Monod

Très chers parrains, amis tant aimés,
connaissances d'ici, de là, mais aussi d'ailleurs,

Me voilà en Inde ! Quelle joie !

India, Sweet India ![3]

J'adore ce pays ! Pourquoi donc ? J'y viens...

Une fois sorti de l'aéroport de Chennai, je me suis retrouvé accueilli par mes trois frères de communauté : Aymeric, qui est français, bénéficie d'une très grande expérience de l'Inde (treize ans !), Nicolas, plus connu dans le quartier sous le nom de Kolia, belge de son état, est là depuis huit mois. Enfin, Adrian, qui nous vient d'Argentine, était là également : il est arrivé une semaine avant moi, il est donc, lui aussi, un *poudou brother* (nouveau frère), puisqu'ici, nous sommes appelés *brother*. Eh oui, nous faisons partie d'une communauté religieuse !

Comment décrire cette terre sans pareille ?

3 Inde, douce Inde !

L'Inde est mystérieuse, attirante et enivrante... Elle vous prend et vous retourne, ou vous tombez amoureux dès le premier regard, ou elle vous rebute...

L'Inde est un foisonnement sans fin, une aventure de tous les jours, une culture d'une richesse absolument ahurissante, une profondeur de foi incroyable ! On trouve une présence de la religion que je n'ai jamais vue ailleurs. Ici, l'athéisme est impossible : que l'on soit très pratiquant ou non, ne croire en rien est une idée complètement absurde pour les Indiens.

L'Inde est remplie de couleurs, de sons, de sourires, d'odeurs... Ici, chaque maison est peinte de manière différente, en couleurs souvent très vives ! On est loin de l'uniformité des immeubles parisiens ! Cependant cette diversité est loin de l'organisation européenne : on a comme l'impression, parfois, d'être tombé dans un gribouillage d'enfant, un désordre ineffable, qui tout de même a son charme propre : chaque maison, chaque couleur, a son propre sens, qui le plus souvent m'échappe. Mais on sent tout de même que le hasard a peu de place : tout est organisé dans l'idée de la roue de la vie, symbole de l'Inde, présente sur le drapeau national.

De même, chaque jour, nous sommes assaillis de sons très différents les uns des autres : cela va des voisines qui discutent entre elles (plus ou moins discrètement) dès quatre heures du matin, jusqu'aux temples qui, à chaque fête, proposent, voire imposent, leur musique, qui évidemment est peu discrète : il faut que chacun sache que la fête est là ! Et les chrétiens ne sont pas en reste : une nouvelle petite chapelle ? Prévenons tout le quartier par de la musique ! Et si elle s'arrête ne serait-ce qu'une fois, ça ne compte pas ! De même, à chaque fête familiale, la musique est là pour inviter tout le quartier à la fête ! Il n'est donc pas rare de voir de gigantesques enceintes dans nos rues...

Ainsi, que l'on connaisse ou non la famille, que l'on ait connaissance de la fête ou non, chaque célébration est pour nous le moyen de nous rapprocher des enfants, de manière très simple : il suffit de danser avec eux ! Et ils en raffolent ! Surtout, ils trouvent très drôle de nous voir danser avec eux, nous, de grands garçons parfois un peu empotés !

Ah... Ces enfants... Ils sont notre joie ! Ils ont un tel bonheur de vivre et un tel désir de rire, que parfois... euh... souvent, nous en faisons les frais ! Leur espièglerie n'a d'égal que la grandeur de leur sourire, spécialement gigantesque quand ils nous demandent pardon : « *Sorry Uncle !*[4] » avec un grand, grand, sourire. Mais ils sont tellement mignons que l'on ne peut que leur pardonner. Passer du temps avec eux est notre but premier : c'est principalement pour eux que nous sommes là ! Deux fois par semaine, nous les accueillons pour un *tuition,* un soutien scolaire. C'est un ami de la paroisse, étudiant, qui vient les aider à étudier. Nous essayons de leur donner le plus de temps possible, et quand nous sommes là, la porte de la maison est toujours ouverte, à de rares exceptions près : pour nos prières (laudes, vêpres et prière avant la nuit) et pendant la sieste. Ce repos quotidien nous est indispensable, pour toujours mieux les servir ! À la maison, nous avons différents jeux, comme des jeux de cartes et de Memory, ou encore un jeu d'échecs, la passion des Indiens. Il n'est pas rare de devoir assumer une défaite la tête haute, devant un gamin haut comme trois pommes !

Une fois par mois, nous leur consacrons un dimanche, où nous restons à Kasimode[5] au lieu de partir dans d'autres apostolats. Nous les emmenons soit à la plage, où ils peuvent se baigner, c'est-à-dire se jeter dans les petites vagues, la plupart ne sachant pas nager, ou encore jouer au cricket, qui connaît en Inde le même engouement que le football dans notre terre natale. Le cricket est, pour un non-initié, aussi difficile que les échecs, sauf qu'en plus, il faut courir. Enfin, quand on arrive à utiliser la batte correctement et qu'on envoie la balle assez loin, les enfants sont ravis ! Du moins ceux de notre équipe ! Comme quoi, un passé scout dans lequel la *take* (dérivé du base-ball) est reine, ça peut être utile !

---

4 Pardon Oncle ! Dans la tradition indienne, par respect, les enfants appellent *oncle* ou *tante* les personnes plus âgées qu'elles.

5 Nom du quartier où se trouve le Point-Cœur Sainte-Mère-Teresa

Shishu Bhavan

Chaque semaine, nous allons à *Shishu Bhavan* (la demeure des enfants) rendre visite à des enfants handicapés. Ils habitent avec les Sœurs Missionnaires de la Charité, qui prennent soin d'eux avec une patience et un amour infinis ! Pour nous, aller les voir chaque semaine est véritablement une grâce ! On pourrait avoir tendance à expliquer en long, en large et en travers, combien c'est important pour eux de recevoir des visites, de faire des promenades... Mais la vérité n'est pas tout à fait là. Leur rendre visite est une aide précieuse pour nous. Ces enfants nous permettent d'avancer vers Dieu, à chaque fois un peu plus. Chacun de ces enfants nous place en face de nos propres pauvretés, nos propres faiblesses. Chacun de ces enfants nous permet une rencontre profonde, qui nous dépasse, une rencontre vers cet Autre, qui est Dieu. Les souffrances de ces enfants sont les souffrances du Christ. La joie de ces enfants est la Joie du Christ. C'est pourquoi leur rendre visite nous remplit de Joie, et nous recharge pour le reste de la semaine.

Parmi ces enfants handicapés, le premier que j'ai rencontré est Rajesh, un petit gars qui passe son temps à courir dans tout le bâtiment, aussi vite qu'il le peut, mais il ne le peut pas beaucoup. Ses malformations lui interdisent de se tenir debout : il ne peut se déplacer qu'à genoux, et ce depuis sa naissance. Ce petit garçon a donc des cals énormes sur les genoux, mais aussi, ce qui m'a beaucoup étonné, sur le dessus des pieds, là où, nous, nous n'avons qu'une peau lisse et fragile.

Quand je l'ai vu pour la première fois, cette vision m'a transpercé : il était debout, dans une sorte de corset pour jambe, pour le forcer à les tendre, et il pleurait de douleur. Pour qu'il puisse marcher un jour, il lui est nécessaire de passer par là. Le plus étonnant, toutefois, et le plus beau, c'est que quand je suis retourné le voir, après cette épreuve, il avait un grand sourire, une joie qui ferait fondre n'importe qui ! Et comme je ne suis pas davantage que n'importe qui... j'ai fondu. Ce gamin est tout à fait extraordinaire, il nous offre une amitié des plus incroyables ! Chaque fois que l'on va à

Shishu Bhavan, nous prenons le temps de saluer tous les enfants, en les bénissant. Eh bien Rajesh, lui, nous bénit aussi ! C'est assez surprenant, mais quelle grâce ! Son sourire est de ceux qui nous rapprochent des anges...

Aller voir ce gosse, passer du temps avec lui, nous renvoie au plus beau de notre mission : toucher du doigt la part de Dieu en chacun. Dieu est présent au cœur de l'homme, mais on le voit davantage chez les pauvres, qui n'ont rien pour cacher la part de divin qui est en nous... Nous autres, nous nous croyons chanceux d'être en bonne santé ! Mais quelle erreur ! Toutes ces choses qui nous ont été données depuis notre enfance, l'éducation, la santé, la propriété, toutes ces choses humaines ne font qu'entraver notre vision de Dieu, en donnant à notre vie un désir de posséder plutôt que de se laisser posséder, d'être maître, plutôt que de reconnaître le Maître... C'est aussi cela que nous apprend petit à petit notre présence auprès des petits, chez qui l'Invisible se rend visible.

Mes petits parrains préférés, il ne me reste plus qu'à vous remercier infiniment de vos soutiens, de vos prières, de vos efforts en tout genre ! Je pense bien à vous, sans qui je n'aurais jamais pu arriver jusqu'ici, dans ce *slum*[6] de Kasimode où je me trouve si bien.

« *Être porteur de Joie, de Lumière et d'Amour.* »

Père Ceyrac

Stéphane

6 Bidonville

II. Les saintes âmes – *Lumières du monde*

« *Les saints de Dieu sortent de deux écoles.*
De l'école du juste et de l'école du pécheur.
De la vacillante école du péché.
Heureusement que c'est toujours Dieu
qui est le maître d'école. »

Charles Péguy
Le Porche de la deuxième Vertu

Héloïse
Point-Cœur San-José-Lopez
La Havane – Cuba

Le 25 août 2019

Chère famille, chers amis, chers parrains,

Quelques nouvelles d'abord. En juillet, nous avons accueilli une nouvelle sœur de communauté, Yenny, qui nous vient du Salvador. Quant à Kasia (sœur de communauté polonaise), elle nous a quittées cet été. Je ne vous cache pas, donc, que ce mois fut exigeant et particulièrement émouvant. Mais, une fois de plus, ce sont nos amis qui nous enseignent à vivre ces moments : il y a un peu de tristesse, beaucoup de joie et une grande disponibilité du cœur à recevoir les évènements de la vie.

J'aimerais vous raconter maintenant quelques beaux moments qui témoignent pour moi de la véritable joie, celle qui n'occulte pas la souffrance, mais qui l'embrasse.

Dayan et Pedrito

Ce sont deux amis du lieu de vie pour personnes handicapées que nous visitons chaque semaine. Un mardi matin, en arrivant là-bas, mon regard se pose sur Pedrito et Dayan assis l'un à côté de l'autre. Les deux sont un peu voutés en avant et semblent comploter quelque chose. En m'approchant, je vois dans les mains de Dayan, le chapelet de Pedrito et, sur les genoux de Pedrito, leurs casquettes respectives. Pas de complot ici, sinon deux personnes qui se réunissent pour prier. Je les rejoins, heureuse de pouvoir partager ce moment avec eux. Ensemble nous offrons une dizaine du chapelet pour leurs intentions. Ils ne peuvent peut-être pas parler, ou peu, mais il suffit de les regarder à cet instant, pour savoir que tout leur cœur est tourné vers le Seigneur. Ils sont profondément recueillis. À la fin de ce temps de prière, je dessine une croix sur le front de Dayan, qui me rend son plus beau sourire. Pedrito prend son temps et fait son signe de croix tout seul. Mais il attrape ma main et la colle à son front, pour que je fasse de même avec lui. Il récupère ensuite son chapelet des mains de Dayan et le range dans sa banane, poche avant, lieu dédié à cet effet. Il me demande seulement de l'aider pour fermer la fermeture éclair. Chaque fois, sa persévérance dans les tâches qu'il veut accomplir, m'impressionne. S'il rate, il recommence, jusqu'au moment où il y arrivera. Il entreprend ensuite de remettre sa casquette et me donne celle de Dayan pour que je la fixe sur sa tête. Pedrito a appris à se découvrir pour prier et, maintenant, il a à cœur de l'enseigner.

Pedrito a une cinquantaine d'années, Dayan, seize ans. Le premier a une foi inébranlable et le second se prépare à recevoir le baptême. Pour cette occasion, Pedrito me fait comprendre qu'il aimerait que nous offrions un chapelet à Dayan. Il prend son rôle de parrain très au sérieux. Il souhaite accompagner son ami dans son chemin de foi. Dayan, lui, a ce désir si pur de devenir enfant de Dieu. Il suit en confiance l'exemple de Pedrito. En s'arrêtant et en les regardant, en prenant le temps d'être avec eux, on y découvre des maîtres. Des maîtres dans la fidélité à la prière, des maîtres dans la manière de se préparer et de se recueillir, des maîtres dans l'abandon au Christ. Ils pourraient entrer dans la plainte constante ou dans la tristesse, mais ils ont choisi d'offrir leur vie et de rayonner de l'amour du Christ au milieu des autres. Quel signe d'espérance, quelle lumière au milieu de tant de souffrance !

Il y a quelques jours, nous sommes allés là-bas avec un petit groupe d'adolescents qui veulent rencontrer nos amis de ce lieu. J'aimerais vous décrire un moment, celui qui m'a le plus touchée. En écoutant un de ces jeunes jouer de la guitare, Pedrito m'envoie le chercher pour qu'il joue à ses pieds. Devant lui s'exécute donc Raley, avec une chanson connue.

Se joignent à lui deux autres jeunes et, peu à peu, quelques amis. Tous chantent, dansent, tapent des mains et savourent le plus possible ce petit instant de bonheur ! Au loin, j'aperçois Milagro, en fauteuil roulant, qui vient d'être sortie dans le patio. En voyant ce qu'il se passe, elle se dirige vers nous et un sourire immense illumine son visage. Plus elle se rapproche, plus il se fait grand, plus elle agite ses jambes au rythme de la musique. Jessica lâche alors son déambulateur, attrape les pieds de Milagro et danse avec elle. La scène est belle : ces jeunes adolescents qui veulent partager avec eux un moment gratuit et ces amis qui, une fois de plus, nous impressionnent par la joie qu'ils savent transmettre. Sur le chemin du retour, un des jeunes nous dit qu'il est entré dans ce lieu « normal » et qu'il s'étonne d'en sortir aussi joyeux, en pensant à tout ce qui a pu le choquer à première vue. Un mystère pour lui ou, peut-être, l'œuvre de Dieu...

Martika et Jose

C'est une de nos amies, Irma, qui nous a emmenée chez eux. Elle est leur voisine d'en face. Martika et Jose sont arrivés depuis deux ans dans le quartier pour s'occuper d'une personne de leur famille qui est malade, elle s'appelle Ofélia. Irma nous fait part aussi de leur présence et attention à son égard. « *Ils sont de ces voisins qui éclairent votre journée* », nous dit-elle. Il y a peu, Irma a appris qu'Ofelia ne va pas bien du tout. En discutant avec Martika, cette dernière lui demande si elle connaît des membres de l'Église qui pourraient l'accompagner dans ses derniers jours. Martika se souvient qu'Ofelia est très attachée à la *Virgen de la Caridad*, sainte patronne de Cuba. Irma nous conduit donc une première fois là-bas, nous discutons un peu avec eux à l'entrée de leur maison. Ils nous expliquent qu'ils ne connaissent pas grand-chose de tout ça, qu'ils ne savent pas si Ofelia est baptisée, mais qu'ils aimeraient qu'elle puisse recevoir une bénédiction. Ils savent que pour elle, cela a du sens. Nous revenons donc, le jour-même, avec un prêtre. Ofelia reçoit le baptême et le sacrement des malades, en la présence de Martika et Jose, particulièrement émus. Le lendemain, elle rejoint le Père.

Quelques jours plus tard, nous les rencontrons dans la rue. Ils nous disent qu'ils aimeraient nous connaître un peu plus et rencontrer de nouveau le prêtre, ils aimeraient partager avec nous sur ce temps fort... Nous les visitons donc. Ils nous racontent comment ils ont passé ces derniers jours, les derniers souvenirs qu'ils ont, le vide, mais aussi la joie de se retrouver en famille... Nous apprenons qu'Ofelia est la belle-mère de la sœur de Martika. La relation familiale peut paraître un peu loin mais, pourtant, quand ils ont appris qu'elle se retrouvait seule et malade, ils ont tout lâché pour venir s'occuper d'elle. Pour eux, c'était évident qu'ils ne la laisseraient pas seule. Ils savent, qu'ici, les familles sont particulièrement éclatées, alors ils ont décidé de lui en offrir une. Pas toujours simple de jongler avec le fils adolescent de Martika, et Ofelia, mais le désir d'être unis est plus fort. Ils nous font part, aussi, de leur travail, de leurs préoccupations. Jose nous raconte comment il est sorti de l'alcoolisme depuis huit ans et cinq mois et Martika nous parle de ses fils qui ont trouvé en lui une figure paternelle. Ils sont curieux, aussi, de comprendre « les choses de la Foi ». Ils ont soif de comprendre, de partager et, surtout, de se donner. D'entrée de jeu, ils se montrent disponibles pour n'importe quel service qu'ils peuvent rendre au prêtre, à la paroisse, ou à nous.

Se donner, est comme l'unique moyen de se sauver, de se reconstruire et d'être heureux. Pour Jose, son égoïsme est la cause de son alcoolisme. Regarder les autres et accepter sa fragilité est ce qui lui a permis de changer. Se donner est ce qui lui permet de se maintenir. En quelques mots, Jose et Martika nous éduquent au don de soi et témoignent de la joie que cela donne. Chacun a, derrière lui, des blessures importantes et certaines toujours à vif mais, en étant au service des autres, ils avancent heureux.

Plus que jamais, je vous suis très reconnaissante de m'avoir permis de venir ici et de me soutenir. Je confie notre présence ici et nos amis à vos prières et vous porte dans les miennes.

Éloisa

Lucie
Fazenda do Natal
Simoes Filho – Brésil

Le 7 octobre 2018

Chers parrains, chère famille, chers amis,

Aujourd'hui, j'aimerais vous écrire plus longuement au sujet d'Anita. Âgée de cinquante-six ans, elle a beaucoup vieilli au cours de mon absence. Depuis au moins vingt-cinq ans, cette femme souffre de schizophrénie. La semaine dernière, le psychiatre nous a orientés vers un neurologue. En effet, en parallèle à cette maladie, il semble qu'une démence sénile s'installe. Nous devons attendre les semaines à venir pour avoir un diagnostic.

Chaque personne est unique. Avec Anita cela se vérifie davantage. Elle reste pour moi un mystère.

Elle est complètement hors cadre. Cette femme croate, artiste peintre, s'est mariée, n'a jamais eu d'enfant et est venue vivre au Brésil. Elle a énormément voyagé. Elle parle plusieurs langues. Elle a été modèle dans le domaine de la mode. Puis, tout à coup, s'est déclenchée cette maladie, la schizophrénie. Il semblerait que son mari aussi ait développé une maladie mentale. La famille de celui-ci l'a recueilli et les Sœurs de la Charité ont recueilli Anita. Elles l'ont accompagnée à la Fazenda, il y a plus de vingt-trois ans.

Anita a fait un séjour d'un mois dans sa famille, il y a quelques années. Cependant, elle a souhaité rentrer vivre à la Fazenda. Aujourd'hui, elle n'a plus de contact avec sa famille.

Sa maladie se serait déclenchée au moment de la guerre en Yougoslavie. Il lui arrive de parler de la guerre, de sa maman. Elle est parfois perturbée, agitée. Elle semble parfois parler en croate. Elle a des hallucinations. À la schizophrénie s'ajoute la démence. Il est difficile de savoir ce qu'elle vit intérieurement. Il me semble que je perçois seulement la partie visible de l'iceberg de souffrance que provoquent ces maladies.

Cependant, malgré, ou plutôt grâce à ces souffrances, Anita est un modèle de sainteté. Elle est humble. Elle accepte l'aide que nous lui proposons. Elle accepte de se faire aider pour tous les gestes de la vie quotidienne qu'elle oublie certains jours : se laver, s'habiller... Elle accepte de manger avec nous, de manger la nourriture que nous préparons. Il y a deux ans, elle prenait tous ses repas seule. Elle me touche aussi par sa facilité à entrer dans la volonté d'un autre, par sa confiance. À ma grande surprise, maintenant, elle accepte assez facilement de sortir de la Fazenda pour aller chez le médecin par exemple. Elle se laisse faire même si cela est source d'angoisse pour elle. Ainsi, lors de la dernière consultation chez le médecin, dans une salle d'attente remplie, elle a commencé à s'impatienter et à être agressive (ce qui nous a permis d'être reçues plus tôt !). Après cela, dans la voiture, elle s'est excusée à plusieurs reprises.

Elle continue à vouloir aider en balayant par exemple, en voulant laver son assiette. C'est aussi un modèle de compassion. Elle est toujours sensible aux plus souffrants. Elle se préoccupe toujours de Diego. Elle reste des heures assise à côté de lui. Anita me met toujours en présence d'un plus grand que nous. Elle s'émerveille des nombreux arcs-en-ciel, des oiseaux, des poules, des crapauds... Elle est ravie de voir des enfants à la Fazenda.

La fécondité d'Anita me surprend aussi. Elle est au cœur de notre maison. Elle semble aussi éduquer le cœur de Weverton. Cet adolescent de la rue est attentif à Anita. Elle le provoque et l'oblige à se décentrer de lui-même. C'est émouvant de voir Weverton devenir plus doux au fil des semaines, de le voir offrir à Anita un *geladinho* (glace) qu'il a fait, de le voir lui offrir un verre de jus de fruit... Ainsi, si je lui explique que je dois aller aider Anita à se laver, à l'heure à laquelle il prend son petit-déjeuner, il pense tout seul à laver sa tasse, sa cuillère... Il semble comprendre que je ne puisse pas m'asseoir avec lui, qu'Anita a besoin d'aide. Cela le rend plus autonome, plus responsable. Cela peut paraître évident, mais le fait que Weverton fasse cela représente un miracle.

Je confie donc les membres de ma maison à votre prière. Je vous remercie de me permettre de vivre cette expérience. Que Dieu vous bénisse !

Lucie

Sophie
Point-Cœur Benoît XVI
Berlin – Allemagne

Le 15 juin 2015

Chère famille, chers amis, chers parrains,

Il est grand temps de reprendre la plume pour vous donner des nouvelles de Berlin. Tout d'abord, j'aimerais vous parler de deux rencontres particulièrement marquantes qui m'ont comme prise par la main, jour après jour, pour m'aider à entrer davantage dans la réalité de l'hôpital où je travaille comme médecin depuis bientôt une année.

Dr. Schmidt

La première, c'est mon chef de clinique : Dr. Schmidt. Un vieux pédiatre proche de la retraite. Une espèce de Professeur Tournesol complètement désorganisé (ah, je vous jure, j'en aurais parfois pleuré quand je le voyais apparaître après 17 heures pour commencer la visite médicale !!!), pris et dépassé par mille et une responsabilités au niveau du service, sans cesse interrompu dans son travail par la sonnerie de son portable de fonction.

Mais... si humain. Complètement saisi par ses patients et par son métier de médecin. Si vous l'aviez vu déchiffrer passionnément une courbe d'électroencéphalogramme, comme s'il s'agissait d'une œuvre d'art... Et si vous l'aviez vu, au cours de la visite médicale, se pencher sur les patients et se mettre à leur écoute.

Avec un regard sur chaque enfant. Avec une conscience si évidente que chacun est unique et qu'il est donc impossible de le réduire à des concepts de sciences appris dans les livres et de le couler dans des schémas préétablis. Si vous l'aviez vu s'émerveiller devant ce petit de six mois pendant l'examen neurologique ! Si vous l'aviez entendu parler avec ce garçonnet de trois ans, lui demander avec beaucoup de sérieux le nom de son ours en peluche, entrer dans son monde d'enfant. Et si vous l'aviez vu, lui-même meurtri, annonçant à une maman le mauvais diagnostic de son enfant, avec une incroyable délicatesse et beaucoup de bon sens. Dr. Schmidt est un vrai médecin. Un bon médecin. Je me suis souvent demandée ce qui me fascinait tellement lorsque je l'accompagnais durant la visite médicale.

Il me semble que c'est ce regard, justement. Un regard qui sait voir chaque enfant, unique, infini derrière les apparences du corps. Un regard capable d'entrer dans le regard de l'enfant, de le comprendre. En effet, un médecin ça fait souvent peur aux tout-petits. Alors, Dr. Schmidt explique les examens, simplement, avec beaucoup d'attention, sans jamais mentir ou banaliser. Un regard qui va bien au-delà du simple examen clinique, de l'interrogatoire médical et dans lequel tout, pourtant, est au service du diagnostic et de la thérapie. C'est que le temps presse et qu'il n'est pas possible de s'attarder en vains bavardages... Cette question m'a longtemps tourmentée : comment puis-je vivre de vraies rencontres gratuites avec mes petits patients, avec leurs parents ou avec mes collègues, alors même que chacun de mes gestes est utilitaire, orienté, avec un but précis ? Ponction lombaire, examen clinique, compléter l'interrogatoire médical, rédiger une ordonnance, un avis de sortie... Pas le temps de jouer avec l'enfant, pas le temps de...

Et puis, un jour, j'ai compris qu'il me suffisait de regarder mon chef de clinique et de me mettre à son école ! J'ai compris que l'amour se trouvait contenu dans mes actes de médecin. Adrienne von Speyr elle-même le dit : « Le médecin a à diffuser l'esprit du Christ à l'intérieur de son domaine. Pas plus. »

Julia

Avec ses longs cheveux roux et ses grandes lunettes, elle a débarqué un jour dans le bureau des assistants... et avec elle, un tourbillon de vie ! Au début, je n'en croyais pas mes yeux. Voilà donc une collègue qui trouve normal de prendre une pause pour manger ensemble à midi (jusque-là, chacune mangeait seule devant son écran d'ordinateur en tapant ses rapports, si, si !), qui s'énerve quand les choses tournent mal et jure comme un charretier (ce qui me fait hurler de rire, car cela contraste tellement avec son attitude sinon très professionnelle !), qui se met à me parler de sa vie et à écouter la mienne. Et surtout, qui S'ENGAGE ! Julia, elle ne se contente pas de faire son travail et d'arriver au bout de ses journées. Elle embrasse TOUTE cette réalité à bras le corps ! Elle se laisse dépasser. Nous sommes TOUJOURS dépassées : par les maladies complexes de nos patients, par l'organisation compliquée de notre service, par les infirmières et les parents pas toujours tendres... Julia se passionne pour tout. Elle s'informe, elle cherche à comprendre. Quand elle pose une question, elle ne cherche pas seulement à résoudre le problème pour en être débarrassée, mais elle cherche réellement à comprendre. Elle a toujours une oreille pour les préoccupations des infirmières. Elle cherche à travailler AVEC elles et non à imposer son mode de faire. Bref, c'est une leçon quotidienne, une joie de travailler à ses côtés. Elle réveille en moi la soif de plus, là où la tentation serait de réduire, de « se contenter de ».

Un vendredi soir, comme Julia était de garde le lendemain et devait évaluer la possibilité d'un retour à domicile durant le week-end, nous sommes allées ensemble examiner l'un de mes patients, un petit garçon d'à peine deux ans. C'était beau de voir Julia examiner l'enfant ! Ce n'était pas un examen clinique, c'était un jeu, un dialogue. Et lorsque nous avons quitté la chambre... le petit s'est mis à pleurer ! Je n'avais jamais vu ça (d'ordinaire, c'est plutôt l'inverse : l'enfant pleure lorsque le médecin entre dans la pièce pour l'examiner !)...

Les infirmières

Vendredi passé, par le hasard d'une « mauvaise planification », je me suis retrouvée seule à gérer le service. Le vendredi, c'est bien connu, est justement le jour où on fait rentrer à la maison le maximum de patients. Et comme la veille, j'étais absente (j'avais travaillé de nuit), je ne connaissais pas un patient dans le service ! Je ne savais plus où donner de la tête. Et je n'arrêtais pas de râler et de dire à qui voulait bien l'entendre que « ça n'allait pas du tout ! Quelle mauvaise organisation !... »

Eh bien, en relisant ma journée, j'ai réalisé que ces circonstances difficiles, justement, cette « mauvaise planification », m'avaient permis d'expérimenter de manière tout particulièrement visible l'amitié des infirmières. C'était la première fois que je prenais réellement conscience de cette amitié. En effet, elles n'ont cessé d'être délicates et pleines d'attention envers leur petite assistante mal lunée !

Mandy : « S*ophie, j'ose à peine te le dire, car je sais que tu es très occupée, mais... le papa de telle patiente est là et il t'attend* ». Ou encore Silvia : « *Il faut que tu me prescrives les antibiotiques pour cet enfant. Ah, tu as besoin de ton agenda ? Attends, reste assise, je vais le chercher dans ton bureau* ». Et moi : « *Non, non, je peux y aller toute seule !* » Silvia : « *Écoute, tu es ici depuis ce matin 8 heures alors que moi, je viens d'arriver. Ne bouge pas, je vais le chercher !* »

Et je ne vous mens pas, ça a été comme ça du début à la fin de la journée ! Alors qu'elles auraient pu essayer de me raisonner, m'enjoindre d'arrêter de râler, se plaindre de mes retards et de mon inefficacité... Vraiment, cette journée a été pour moi l'occasion d'expérimenter leur compassion. Et ceci est d'autant plus un miracle que jusqu'à présent, je n'ai presque jamais eu de conversations gratuites avec la plupart d'entre elles ! L'essentiel de notre relation se jouait DANS le soin des patients. D'ailleurs, je m'étais souvent demandé comment il pourrait y avoir une relation avec elles, puisque, justement, chaque contact était toujours orienté vers un but. Mais force est de reconnaître que, à l'intérieur même de ces gestes, de ce souci commun de nos patients, quelque chose est né. Qui m'avait été caché jusqu'à ce jour...

Ma communauté

Mi-mai. Enfin, le grand jour est arrivé ! La date a été prévue et réservée au moins deux mois à l'avance. C'est qu'il en faut pour coordonner huit agendas bien occupés ! Alina, Rebekka, Lukas, Père Denis, Ken, Alberto, Margit, Sophie... Tout le monde est là. Il y a des semaines que Lukas organise notre week-end communautaire. Et nous voilà partis à l'aventure au fin fond de la campagne brandebourgeoise.

Ça aurait pu être juste un bon moment passé entre copains. Ça aurait aussi pu être une fuite de Berlin, de son bruit de ville. Une fuite dans la nature. Eh bien, ça a été pour moi comme un réveil après un long sommeil.

Il m'a semblé que je voyais mes frères et sœurs de communauté, en particulier les étudiants qui vivent avec nous, pour la première fois. En effet, j'avais fini par m'habituer de voir l'un toujours fatigué et l'autre régulièrement enfermé dans sa chambre, plongé dans ses bouquins. Chacun d'entre eux était bien sagement étiqueté, comme enfermé dans des préjugés. Ce week-end passé en communauté a été pour moi comme une grâce donnée pour apprendre à regarder chacun d'entre eux. Alors, j'ai vu Lukas s'occupant de la grillade. Complètement donné... J'ai été entraînée dans l'émerveillement de Margit écoutant le chant d'un rossignol. J'ai contemplé l'attention d'Alberto envers chacun, son empressement à mettre la main à la pâte là où c'était nécessaire. J'ai vu la délicatesse de Père Denis, lorsque nous avons célébré la messe au camp de concentration de Ravensbrück...

Alors, il m'a semblé que j'avais tout à apprendre d'eux. Et en premier que j'avais à apprendre à vivre. Simplement. J'ai réalisé que c'était ma famille. Et que j'avais besoin d'eux. Que chacun d'entre eux m'était donné et que ce n'était pas un hasard. Et surtout, j'ai réalisé que, même si durant tous ces mois derniers, j'avais plus ou moins négligé ce don, cela n'enlevait rien à mon appartenance à cette communauté. Tout était là. À portée de main. Possible...

> « *Que serais-je sans toi, qui vins à ma rencontre. Que serais-je sans toi, qu'un cœur au bois dormant. Que cette heure arrêtée, au cadran de la montre. Que serais-je sans toi, que ce balbutiement ? J'ai tout appris de toi sur les choses humaines...* » Jean Ferrat

Sophie

Solène
Point-Cœur Sainte-Maria-Goretti
Tegucigalpa – Honduras

Le 27 août 2017

« *Une simple lumière crée un état lumineux qui peut être agréable ; mais en soi, elle n'est pas encore la beauté. Lorsqu'on dit qu'il y a une belle lumière, c'est parce que celle-ci fait resplendir les choses qu'elle éclaire, un ciel plus bleu, les arbres plus verts, les fleurs plus chatoyantes, les murs plus dorés, les visages plus éclatants. La lumière n'est belle que si elle est incarnée.* »

François Cheng

Ma chère famille, mes chers amis,

Durant ces deux derniers mois, deux rencontres m'ont particulièrement illuminée. Peut-être ces deux lumières pourront-elles également irradier votre cœur ?

Première lumière... Suyapa

Vous le savez, notre lundi, c'est votre dimanche, c'est-à-dire notre jour de repos. Nous le passons généralement chez des amis du Point-Cœur, qui nous accueillent généreusement. Ce jour-ci, nous étions chez notre amie Alessandra, qui vit dans un quartier que nous fréquentons peu. De bon matin, alors que nous sortons de la messe, nous apercevons de loin Suyapa. Nous faisant un signe de la main, elle semble également nous reconnaître. Elle mendiait en effet à ce même feu rouge, trois mois plus tôt. Nous l'avions alors saluée brièvement, en lui glissant un petit billet. Cette fois, c'était bien différent. Nous n'allions pas saluer une mendiante, nous allions saluer quelqu'un, Suyapa, pour lui offrir non un petit billet, mais un peu de nous-mêmes. Je dis « offrir », mais très vite, je me suis rendu compte que c'était elle qui s'offrait à nous avec une simplicité déroutante.

Naine de nature, Suyapa est une jolie femme de soixante-cinq ans, à qui l'on pourrait aisément en donner vingt de moins, sans doute par sa voix enfantine et son visage tout lisse qui paraît échapper à la marque du temps.

Elle m'a fait tomber à genoux, par sa petite taille mais aussi par sa grandeur d'âme. Elle est pour moi un témoignage vivant : « *Vous savez, moi, je n'ai pas de maison, je n'ai pas à manger mais j'ai toujours dormi quelque part et j'ai toujours mangé quelque chose. Je n'ai jamais manqué de rien car je vis de la Providence divine. Le Seigneur me comble de tout. Quel Père pourrait délaisser son enfant bien-aimé ?* » Avec beaucoup d'humilité, elle poursuit : « *Il faut apprendre à mendier, mendier, mendier. Il faut savoir mendier* ». Elle nous enseigne alors : « *Le Seigneur nous envoie des épreuves pour affirmer notre foi. J'ai parfois de telles douleurs dans les jambes que je ne sens plus la force de me lever. Je demande alors à Dieu Sa force et Il me lève* ». Quelle belle invitation à reconnaître sa pauvreté et à mendier la grâce de Jésus pour nous relever !

Peu après, elle nous raconte : « *Un jour, alors que j'étais en train de mendier, un monsieur m'a violemment craché au visage : "Dégage !", ce à quoi je lui ai répondu : "Que le Seigneur vous bénisse !"* ». Combien son attitude est incarnation de l'Évangile. La même semaine, je médite cette parole de la Bible : « *Ne rendez pas mal pour mal, insulte pour insulte. Répondez au contraire par une bénédiction, car c'est à cela que vous avez été appelés, afin d'hériter la bénédiction.* » 1 P 3, 8-9

Elle poursuit alors : « *Quelques jours plus tard, cet homme m'a demandé pardon et m'a remerciée de lui avoir répondu avec bonté. Je lui ai dit : "Comment pourrais-je vous répondre autrement ? Vous êtes le fils de Marie, nous avons la même Mère. Nous sommes frères"* ».

Suyapa est pour moi un ange que Dieu a mis sur mon chemin, afin de ne pas m'égarer, afin de m'aider à vivre la mission avec tout ce que je suis, mais aussi avec tout ce que je ne suis pas, avec ce que le Seigneur me propose de devenir par Sa grâce.

C'était touchant, un moment un monsieur s'est arrêté au feu vert pour nous lancer par la fenêtre : « *C'est superbe ce que vous faites !* », avant de démarrer rapidement, sans bien même nous laisser le temps de réagir. La gratuité, quelle belle chaîne de charité ! C'est fou comme l'amour est contagieux, quand on sait le recevoir. Ça me fait penser à Mère Teresa qui nous met face à nos responsabilités face au sort de l'humanité : « *La paix commence par un sourire* ». Simple mais puissant !

Suyapa nous confie plus tard : « *J'ai en moi cette blessure de ne pas me sentir aimée. Et vous m'avez offert ce qu'il y a de plus précieux, votre amour dont j'ai tellement besoin, cet amour que je n'ai jamais reçu de mes parents. Ce n'est pas l'argent que je recherche, je recherche de la tendresse, quelqu'un qui m'aime. Vous êtes les anges que Dieu m'a envoyés pour m'aimer aujourd'hui.* »

Et alors que nous la serrons très fort dans nos bras, elle se met à prier ouvertement en pleurant à chaudes larmes : « *Merci Seigneur de m'avoir envoyé ces trois petits anges. Ils m'ont vue de loin, m'ont saluée de la main, ont continué leur chemin et quelques secondes plus tard ont fait demi-tour pour venir m'embrasser. Merci de les avoir amenés à moi, Seigneur.* » Au moment de nous quitter, elle s'exclame : « *Quand est-ce que l'on va se revoir ? Comme je voudrais que vous m'emmeniez à la messe ! Comme je voudrais vous adopter tous les trois ! Je vous en prie, priez-pour moi. Votre amour et votre prière seront mes plus beaux trésors.* » Suyapa me rappelle le charisme de notre mission. Nous ne sommes pas là pour faire, mais d'abord pour être. Nous sommes là pour aimer, c'est la plus grande soif de l'humanité : être aimé.

Et c'est amusant, car deux semaines plus tard, en allant me reposer à nouveau chez Alessandra, je souhaitais de tout cœur la revoir. Avec Estefanía, nous avions tout prévu : mettre le réveil plus tôt pour aller la chercher au feu, l'emmener avec nous à la messe comme elle en rêvait, et partager dans la rue un petit-déjeuner « improvisé ».

Finalement, rien de tout cela. Car au feu, pas de Suyapa ! Et à l'horizon, seulement le flux ininterrompu de voitures. C'est vrai que j'étais déçue. Mais en même temps je rendais grâce : « *Merci Seigneur car tu me fais comprendre que cette amitié est Tienne. Elle ne m'appartient pas. Elle m'est donnée, je ne peux la posséder. Je la remets entre tes mains. Que ce soit, non ma volonté, mais bien Ta volonté Seigneur. Ça, c'est la liberté !* »

Ma deuxième petite lumière, Mauro

Ma deuxième petite lumière s'incarne dans le visage de Mauro, un ami alcoolique qui vit près de chez nous. Il a souhaité un jour nous aider à transporter des branches élaguées jusqu'à un container. Pour le remercier, nous l'avons invité à déjeuner, avec sa femme Carol qui, elle aussi, souffre d'alcoolisme, et leurs deux enfants Juan et Angel. Ayant l'habitude de discuter avec lui uniquement dans la rue, j'étais heureuse de partager ce moment d'amitié autour d'un repas à la maison et de mieux connaître ainsi sa famille. Il a été si touché de l'invitation que, pendant un bon moment, il ne nous parlait que de ce déjeuner. Et il n'en revenait pas que nous ayons retenu le nom de ses enfants ! Il était rempli de fierté.

L'autre jour, il est venu frapper à la porte, mais cette fois-ci, c'était tout autrement. Il nous a confié : « *Vous savez ici, vous êtes mes seuls amis. Ceux avec qui je passe mes journées à boire ne sont pas mes vrais amis.* » Un moment, brisant le silence, prenant un ton grave et me regardant droit dans les yeux, il me lance : « *Je peux vous demander une faveur ?* » Je laisse passer un silence, m'attendant à ce qu'il me demande un verre d'eau ou quelque chose à manger, comme nous en avons l'habitude. Mais il reprend : « *Je peux vous demander une faveur ?* » Puis, avec ce même ton grave : « *Vous m'autoriseriez à aller prier ?* » J'étais si touchée. Il ne venait pas demander de l'eau, mais l'Eau vive, ni un morceau de pain mais le Pain vivant. C'était la première fois que je lui ouvrais la porte de notre chapelle.

Avant d'entrer, il a tenu à enlever ses chaussures, exercice difficile, qui lui faisait perdre l'équilibre. Il est entré en rampant, puis s'est agenouillé un petit moment, comme un agneau, en priant ouvertement. Il est sorti de la même manière, en rampant, à reculons pour ne pas tourner le dos à Jésus. Je trouvais son attitude si belle. Elle reflétait tant sa conscience de la présence réelle de Jésus, et la conscience de sa petitesse face à la grandeur de Dieu.

En sortant, il m'a demandé de l'eau pour se laver le visage et les mains. En lui apportant une bassine d'eau et du savon, j'avais l'impression de lui apporter de quoi se renouveler, de quoi se purifier. Quel beau cri de dignité ! Une fois encore, je me disais *pauvre, mais tellement digne !*, avec le sentiment que son cœur, malgré son corps rongé par l'alcool, était resté pur et immaculé.

Mes chers parrains, Jésus nous dit : « *Vous êtes la lumière du monde* ». On peut se souhaiter de croire que nous sommes véritablement source de lumière pour le monde, et l'on peut se souhaiter de savoir percevoir cette lumière en chacun, et d'en faire resplendir la beauté bien souvent cachée et parfois même rejetée !

Solène

Hermine
Point-Cœur Saint-Nicolas
Deva – Roumanie

Le 21 septembre 2019

« *Alors Jésus fixa sur lui son regard et l'aima.* »
Marc 10, 21

Mes chers parrains,

L'été touche à sa fin et il est temps pour moi de vous écrire à nouveau. Ces deux mois furent bien remplis entre une semaine de travaux, un pèlerinage, un camp avec les enfants et la visite de ma petite sœur Priscille, qui m'a beaucoup impressionnée par le regard qu'elle a su poser sur ce que je vis ici. Cependant, ce que je voudrais continuer à vous livrer, ce sont tous ces petits trésors, ces instants bénis, ces rencontres qui ne durent que quelques minutes mais dont la beauté me remplit d'une joie immense. Je n'ai pas changé, mais je me sens profondément transformée, comme si mon cœur s'était petit à petit élargi, devenant davantage capable d'aimer et de contenir en lui cette beauté que je découvre en chacune des personnes que j'ai la chance de rencontrer ici. Indescriptible bonheur !

Regarder avec le cœur

C'est fou le nombre de petites choses, belles, merveilleuses, miraculeuses, qui se déroulent chaque jour autour de nous. Il me semble qu'elles ne cessent de se multiplier, ou peut-être est-ce moi qui ai ouvert les yeux. Les yeux du cœur.

Dans l'église de Deva, sur la droite, il y a un long banc adossé au mur, sous les fenêtres. Et sur ce banc, il y a souvent un vieil homme, adossé au mur lui aussi. Le dimanche, il porte un costume noir avec une chemise blanche. Les autres jours, une chemise trop grande pour lui, un pantalon de toile trop large lui aussi et une casquette bleue, usée jusqu'à la corde, qu'il ne cesse de pétrir entre ses mains ou qu'il pose à côté de lui sur le banc. Il a des cheveux blancs, parsemés de gris, qui descendent jusqu'à son front lacéré de quatre grandes rides. Un immense grain de beauté lui barre la tempe. Son nez et ses pommettes saillantes, perdus au milieu d'un visage désormais amaigri, il pourrait avoir l'air sévère. C'est ce que je me suis dit en le regardant, la tête penchée vers le sol, perdu dans ses pensées sans doute. Puis, il a levé la tête et j'ai découvert ses yeux : deux grands yeux bleus, doux, profonds, teintés d'un mélange de tendresse et de mélancolie. Perdus dans le vide, ils évoquaient deux océans bleus clairs. Deux océans de silence et de calme, troublés seulement d'une vague de tristesse. Assis sur son banc, encadré par les voûtes, surplombé par une haute fenêtre et baigné d'une tiède clarté, il m'a semblé fragile. Malgré l'étonnante vivacité de ses gestes, contrastant avec la maigreur de son corps et sa nuque qui ploie légèrement sous le poids d'un invisible fardeau, il donnait l'impression d'être profondément calme et doux. Assis sur son banc, je l'ai regardé longtemps, alors que ses grands yeux clairs déambulaient eux aussi de l'autre côté de l'église, et je l'ai trouvé beau. Je ne le connais pas, je ne l'ai jamais rencontré mais je l'ai trouvé très beau. Vous vous demanderez peut-être pourquoi je vous parle de lui. Je crois tout simplement que les personnes qui nous entourent sont comme la multitude de petits détails d'un grand tableau : chacun mérite d'être regardé car sa beauté est une beauté qui parle au cœur.

Les saintes femmes

Au détour d'un bloc, parmi les containers et les ordures, sur le petit chemin de terre, tel un fragile lien, qui relie sa petite cabane à l'imposante ville. Droite. Digne. Tirant derrière elle un vieux caddie abîmé. Elle avance. Elle marche de son pas courageux où transparaît une fragilité qui la rend belle. Comme d'autres iraient au combat, sans trembler, elle marche, sous un soleil brûlant, ne laissant derrière elle rien d'autre que le petit nuage de poussière soulevé par ses pas, et qui retombe silencieusement dans l'atmosphère lourde de cette fin de journée d'été. Elle garde les épaules bien droites, malgré les douleurs et les soucis, qui auraient pu faire ployer un grand chêne solide. Son éternel tablier noué à la taille, posé sur ses longues jupes dépareillées et usées. Tout comme elle. Usée par les années, éprouvée par le temps, elle ne s'est pas laissée abattre et chaque jour, en fin d'après-midi, elle s'en va glaner dans les poubelles de la ville, la nourriture pour ses porcs. Toujours le même chemin, sous les rayons d'un soleil qui ne lui laisse pas de répit. Toujours le même tablier, usé, qui ne parvient pas à cacher les contours de son corps amaigri. Toujours le même caddie avec ses roues qui grincent et sursautent.

Rentrant de visite dans le quartier où elle habite, nous apercevons sa petite silhouette au bout du chemin. Nous pressons le pas pour la rejoindre. Elle marche. Digne et belle, comme toujours. Son foulard bleu posé sur ses cheveux, un petit carré de ciel subtilisé pour se vêtir. Digne. Une dignité qui la rend grande et qui me rend petite. Comme ce jour où je l'ai rencontrée par hasard, déambulant entre les poubelles des tours grisâtres, munie de son éternel caddie. Après l'avoir serrée dans mes bras, je lui ai présenté le groupe de scouts français qui m'accompagnaient. Elle les a salués, leur a posé quelques questions puis : « *Je vous laisse, m'a-t-elle dit, je dois continuer mon travail et j'ai honte* ». Baissant humblement la tête, elle s'est éloignée. Aujourd'hui, nous la rattrapons et mêlons nos pas aux siens. Elle lève les yeux et nous regarde. Un regard clair, souligné par la marque des ans et dont la densité semble révéler un courage, une détermination et une loyauté sans faille. Un rocher qui affronterait depuis des années l'assaut des vagues tranchantes : poli mais rendu solide par cet interminable combat. Nous l'embrassons. Elle nous serre dans ses bras. « *Venez me visiter ! Vous me manquez, nous dit-elle. Il y a quelques jours j'ai pleuré en pensant à vous. Venez me voir, s'il vous plait.* » Et, posant sa main tannée juste sur son cœur : « *Vous êtes là*, nous dit-elle, *et j'ai besoin de vous* ».

J'étais assise tout au fond de l'église grecque-catholique lorsqu'elle est entrée. Elle s'est avancée, bien droite, dans sa longue jupe trop fine pour cacher sa maigreur, ses sandales à paillettes couvertes de poussière. Elle s'est dirigée vers l'une des icônes qui se trouvaient là. Après avoir dessiné religieusement un beau signe de croix, elle est restée debout devant ce Christ de la Miséricorde. Quelques secondes, peut-être plusieurs minutes, je ne sais pas. Ses yeux plantés dans les siens, son visage face à celui qui comprend toutes les peines, séparés seulement par un fin et magnifique silence. Le silence de la foi. Il se passait devant mes yeux quelque chose d'insaisissable et de profondément tangible à la fois. Je fus saisie d'émotion devant ce dialogue silencieux. Elle, Ramona, cette femme tsigane que tout le monde regarde avec pitié et mépris lorsqu'elle se tient à la porte de l'église, réclamant un peu de pain ou quelques sous. Elle, qui attend à la porte de service du restaurant voisin dans l'espoir de récupérer quelques restes dont personne ne veut plus. Elle, la moins-que-rien, se tenait debout, bien droite, infiniment digne, face à Jésus. Le seul capable de la regarder avec ce regard de profonde tendresse qu'elle ne reçoit de personne d'autre. Devant lui, pas besoin de baisser le regard. Après avoir embrassé délicatement l'icône, elle est retournée, de son pas lent et silencieux, près de la porte où je me tenais. Sa petite fille, Narcissa, suivait, les yeux rieurs, le bruissement de la jupe maternelle. Ramona s'est penchée vers moi et m'a demandé : « *Ça va ?* », sans se douter qu'elle venait de m'offrir un véritable témoignage de foi. Je venais de voir Marie-Madeleine, versant sur les pieds du Christ, un parfum précieux.

Je n'ai rien à offrir

Moi non plus je n'ai rien à offrir. Rien que ce que je suis. Celle qui me l'a fait comprendre c'est Giuli, une petite fille de la gare. La première fois que je l'ai rencontrée, elle a levé vers moi son regard d'enfant sauvage et sa petite tête toute ébouriffée et m'a lancé : « *Doamna, îmi dai un leu ?* » (*Madame, tu me donnes un lei ?*) Je lui ai répondu : « *Non, mais on peut jouer si tu veux !* » Mais comme cette petite créature très têtue est sans doute habituée à obtenir ce qu'elle veut, elle a continué sa rengaine : « *Doamna, îmi dai un leu ?* », avec tout l'aplomb d'une petite fille de quatre ans qui passe ses journées à mendier. Je lui réponds encore une fois : « *Non, mais si tu veux on peut jouer toutes les deux.* » Alors, elle a accepté, ponctuant toutefois nos jeux de son éternel refrain : « *Doamna, îmi dai un leu, te roooog* ».

Lorsque nous sommes venues jouer avec les enfants de la gare, quelques semaines plus tard, Giuli était là, elle aussi. Après avoir couru dans tous les sens, fait des roulades dans l'herbe et grimpé aux arbres, je me suis assise à côté d'elle, sur l'herbe jonchée de détritus. Sa maman lui a apporté une petite boîte en polystyrène remplie de frites. Se tournant vers moi, tenant la boîte de ses petites mains, elle me dit alors : « *Tiens c'est pour toi !* » Et nous avons mangé ses petites frites à la saveur inoubliable, « *Une pour toi, une pour moi, une pour toi, une pour moi...* », tout en imitant l'ogre-qui-mange-des-frites : « *Miam-miam-miam-miam-miam-miam-miam* ». Elle m'a ensuite tendu une canette de coca dans laquelle nous avons bu tour à tour : « *Glou-glou-glou-glou-glou-glou-glou* ». Et nous avons surtout beaucoup ri. Je n'avais rien à lui offrir, elle m'a donné tout ce qu'elle avait.

Il y a quelques jours, nous sommes retournées à la gare. Pas de Giuli. Mais quelques heures plus tard, alors que nous allions partir, j'aperçois une toute petite fille au loin qui traverse la rue en courant pour venir se jeter dans mes bras. C'était elle ! J'ai littéralement senti mon cœur exploser en mille morceaux en la voyant, et nous avons repris nos jeux, heureuses de nous retrouver. Je n'ai toujours rien à lui offrir, si ce n'est une grande place dans mon cœur.

Je suis souvent bouleversée par l'immense générosité de ceux qui n'ont rien. Un jour, alors que je traversais la place de la gare, une femme que je ne connaissais pas m'a interpellée. Je m'approche d'elle. Il faisait très chaud ce jour-là et elle n'avait qu'une toute petite bouteille d'eau à la main. Elle s'appelle Nicoletta. Toute frêle, la peau tannée par le soleil, il émanait d'elle une douceur maternelle et une joie inexplicable, exprimée par un immense sourire. Elle me demande si je vais bien et si je n'ai pas trop chaud. Je réponds par l'affirmative. « *Tu veux un peu d'eau, elle est bien fraîche* », me dit-elle. Je penche alors la tête et voilà qu'elle verse sur mes cheveux tout le contenu de sa petite bouteille, me frictionnant le visage de ses grandes mains osseuses, pour me rafraîchir. Puis, toute heureuse, elle me regarde avec son interminable sourire. Je m'agenouille ensuite devant la petite fille qui se tient près d'elle, Daria. Sans prévenir, sans un mot, elle entoure mon cou de ses petits bras et se laisse tomber sur mon cœur pour me faire un énorme câlin, en me serrant de toutes ses forces. Elle n'a rien dit. Elle m'a seulement offert ce bouleversant câlin. C'est tout. Je ne les connaissais pas, je n'avais rien à leur offrir. Elles ne me connaissaient pas, elles ont pris soin de moi. Nicoletta, Daria, merci !

Adriana, Darius et Cintia

Je voudrais vous parler d'une amitié qui m'a beaucoup marquée ces derniers mois, sans doute par sa spontanéité, son évidence et la joie qu'elle m'apporte. Darius et Cintia venaient tous les deux à l'heure de catéchisme dont nous nous occupions à la paroisse. Leur maman, Adriana, restait souvent discuter avec l'une d'entre nous à la fin de l'après-midi. Un jour, elle est tout bonnement venue s'asseoir elle aussi, à côté de ses enfants. Sa simplicité la rendait capable d'une telle chose. C'est comme si elle nous disait, avec cette belle humilité qui est la sienne : « *J'ai besoin de vous, moi aussi* ». Bouleversante humilité.

L'été est arrivé, marquant la fin de ces après-midis et nous avons reçu une invitation inattendue. Un beau samedi matin de juillet, nous sommes montées dans le bus en direction du petit village où habitent Adriana et ses enfants. Ils nous attendaient tous les trois à l'arrêt de bus, un immense sourire aux lèvres, comme s'ils espéraient cette visite depuis longtemps déjà. Aussitôt, ils nous attrapent chacune par une main et nous conduisent jusque chez eux, courant presque et nous assaillant de questions tous en même temps. Après avoir salué la voisine, une vielle femme ridée au foulard vissé sur la tête, comme on en croise beaucoup dans la campagne roumaine, nous franchissons le petit portail bas qui mène à une étroite cour devant l'entrée d'une minuscule maison. Leur maison. Cette journée passée avec eux entre la cuisine et la cour, à cuisiner, jouer, discuter, rire et jouer encore, fut pour moi un magnifique cadeau. Quelle joie de voir la force de cette amitié construite petit à petit, tout au long de l'année. Construite... non ! Offerte, généreusement. Proposée, simplement. Il m'a semblé qu'ils se réjouissaient de notre venue comme de celle d'une personne très importante. Darius et Cintia nous on fait visiter leur maison dans les moindres détails avant de nous raconter avec enthousiasme une foule d'anecdotes, tout en dessinant et en savourant les délicieuses pizzas préparées par leur maman. Adriana, quant à elle, ne cachait pas sa joie d'avoir chez elle des amies avec qui discuter. Nous avons parlé de tout, de rien, peu importe finalement. Elle m'a offert son amitié avec une spontanéité et une générosité qui m'ont beaucoup émue. Elle a accepté la mienne, sans condition ni attente.

À la fin de l'après-midi, assis tous ensemble autour de la table, il m'a semblé que nous nous connaissions depuis toujours. Nous étions bien, tous les six, à profiter de ces moments très précieux. Avec eux, j'ai appris que le plus important c'est sans doute de s'offrir aux autres tel que l'on est, sans rechercher une vaine perfection, mais en se donnant véritablement. En me laissant regarder telle que je suis, avec ce que j'ai de bon et de moins bon. Peu importe. Ce qui compte c'est la joie de sentir qu'à plusieurs, on est un petit peu plus parfait que ce que l'on voudrait être tout seul.

Un rayon de soleil dans l'ombre de la pièce

Je vous avais promis de vous reparler de la Roumanie, ce pays si riche et si blessé à la fois, où je découvre une beauté noble, authentique autant qu'indescriptible. Cette fois-ci j'aimerais vous parler de toutes les petites maisons où j'ai la chance d'être reçue. Ces intérieurs parfois misérables, parfois figés par le temps, ou regorgeant de petits détails, comme autant de minuscules touches de couleurs sur une toile impressionniste. Mais toujours resplendissants de cette âme roumaine qui se décline à l'infini, reflétant le caractère particulier de chacun. Ici, c'est comme si un art de vivre un peu lointain pour nous avait été conservé avec soin et cela commence par le soin apporté aux choses les plus insignifiantes. Chaque objet semble avoir une histoire, une place et l'attention particulière du propriétaire des lieux. Les matières, les tailles, les textures semblent avoir été choisies avec une extrême rigueur pour former une sorte de bazar très harmonieux.

Je réalise que toutes ces petites maisons sont un trésor que j'ai la chance de pouvoir contempler chaque fois que je suis invitée à y entrer. Bien-sûr, tout cela n'existerait pas sans les personnes qui donnent vie à ces habitations et les rendent précieuses. C'est ce qu'ils sont profondément qui se reflète dans ces petites pièces à la fois simples et extrêmement raffinées. Encore une fois, je n'ai pas les mots pour vous décrire tout cela. J'aimerais simplement vous partager ces quelques photos, où la lumière saturée d'un chaud soleil d'été pénètre ces mystérieux intérieurs pour en sublimer les détails. Elles me rappellent que chaque personne que je rencontre est un mystère que je ne pourrai jamais connaître vraiment et qui, surtout, ne m'appartiendra jamais entièrement, mais que je ne peux m'empêcher d'aimer. Ils ont cette beauté qui fait monter les larmes aux yeux. C'est inexplicable, simplement beau.

Je vous remercie pour vos prières qui m'aident à plonger plus profondément dans cette mission aussi riche que surprenante. Merci, merci !

Je vous embrasse.

Hermine

Adrien
Point-Cœur Saint-Martin-de-Porrès
Pérou – Lima

Le 4 janvier 2015

« *Voici que je me tiens à la porte et je frappe : si quelqu'un entend ma voix et ouvre la porte, j'entrerai chez lui pour souper, moi près de lui et lui près de moi.* »
Livre de l'Apocalypse 3,20

Mes chers parrains, chers amis, chère famille,

Sur les chemins de Santiago

Pour qui est familier de la Ensenada[7], Santi ne peut être un étranger. Agé de trente-huit ans, il est l'aîné d'une fratrie de cinq enfants, tous atteints d'une maladie proche de l'autisme. Leur maman, Paulina, est un exemple de patience et de dévouement pour ses enfants, lesquels seront toujours auprès d'elle. Quelle véritable croix ! Mais qu'elle est portée joyeusement ! Cette femme est pour moi une grande leçon : celle de ne jamais se plaindre et de toujours rendre grâce à Dieu pour les dons qu'Il nous offre. À chaque visite chez elle, c'est une claque en pleine figure... Cette femme me fait passer l'envie de me plaindre et de me réveiller de mauvais poil ou de râler parce que quelque chose ne va pas dans ma communauté.

Santiago est lui aussi atteint d'autisme. Il ne parle quasiment pas et ne prononce que quelques mots à peine

7 Nom du quartier de Lima où se trouve le Point-Cœur Saint-Martin-de-Porres.

compréhensibles. Comme des milliers de pèlerins sur les traces de son saint Patron en Europe, Santiago marche toute la journée. Comme ces innombrables pèlerins depuis des siècles, il cherche quelque chose, l'absolu, Dieu, le seul qui comblera sa soif.

Au Point-Cœur, Santi nous est particulièrement familier puisque chaque jour, il frappe à notre porte. Sa demande est simple : « *Agua !* » (De l'eau !). À chacun de ses passages, il boit en moyenne quatre à cinq verres d'eau, puis il termine sa visite en tendant la main et en disant « *gracias* » (merci) puis il s'en va. Parfois, il demande à rentrer dans la maison. Il reste un moment là, souvent en marchant autour de la table de la cuisine. Nous lui posons des questions, parfois il y répond...

Mais comme le fait remarquer très justement une ancienne bénévole dans une de ses lettres, Santiago ne vient pas seulement chercher à boire de l'eau, il vient chercher une présence, il vient chercher un ami. Santiago a tout à fait compris le sens de la mission de Points-Cœur. Cette présence c'est le Christ, cet ami c'est le Christ, celui qui le comblera pour aller jusqu'au bout du chemin...

Alors en ce temps de Noël où Dieu vient se faire tout petit par amour pour les hommes qu'Il aime à la folie, Santiago fait retentir à mes oreilles ce cri de Jésus sur la Croix : « *J'ai soif* ». Santiago a soif d'une amitié avec nous mais avant tout il a soif de Dieu. C'est pour cela qu'il frappe à cette porte depuis tant d'années. Santi devient tout d'un coup un maître pour ma mission, pour ma vie, car il est celui qui, chaque jour, me rappelle pourquoi je suis là, pourquoi je suis parti si loin.

Santi, c'est un pauvre qui vient me rappeler la mission, qui vient me rappeler que « *le Verbe s'est fait chair et il a campé parmi nous, et nous avons contemplé sa gloire, gloire qu'il tient de son Père comme Unique-Engendré, plein de grâce et de vérité* » (Jean 1, 14).

La joie de Gladys

Un autre visage qui m'a beaucoup marqué ces derniers jours et me révèle la beauté de notre présence ici, c'est celui de Gladys.

Gladys est la joie de vivre incarnée ! Malgré une montagne de problèmes qui jalonnent sa vie, elle affiche toujours un sourire extraordinaire et une joie profonde. Cette femme a un peu plus de soixante-dix ans, est aveugle d'un œil, a des reins qui ne fonctionnent plus... Tous les deux jours, elle est obligée de se faire dialyser sinon son organisme se laisse contaminer par son propre sang. C'est dans une maison très simple, avec de la terre battue au sol, des poules, des lapins et des cuys (sorte de cochons d'Inde, une des spécialités culinaires du Pérou) où elle vit. Tout cela est bien lourd à porter. Il y a quelques semaines, le système de santé pour indigents (appelé ELSIS) dont elle bénéficie, a arrêté de payer la clinique où Gladys avait l'habitude d'aller se faire dialyser. Au bout d'un certain temps, la clinique n'a plus été dans la capacité d'accueillir les patients les plus pauvres. Par conséquent, du jour au lendemain, des centaines de personnes dans l'urgence ne pouvaient plus recevoir leur dialyse... Cet épisode de la vie des plus nécessiteux au Pérou, Gladys nous l'a fait vivre en direct. Une semaine durant, nous avons vu l'état de Gladys se détériorer de plus en plus. Elle était comme contaminée de l'intérieur... À la fin de la semaine, elle a pu obtenir une dialyse dans une autre clinique et ELSIS a fini par continuer à payer.

Mais ce qui demeure le plus beau dans cette histoire, c'est la manière dont Gladys l'a vécue et dont elle vit toute sa vie. Cette femme rayonne d'une joie et d'une espérance admirables qui me fascinent. Elle souffre sans discontinuité dans son corps et pourtant une paix intérieure et une espérance solide comme le roc (ou l'ancre de la mer) lui font tenir le cap. Le sourire est toujours accroché à ses lèvres.

« *Dieu est grand ! Gloire à Dieu !* », s'exclame-t-elle lorsque certains d'entre nous lui viennent en aide en vendant des verres de *mazzamora morada* (sorte de riz au lait recouvert d'une confiture de maïs violet très sucré dont les Péruviens raffolent) dans les rues de la Ensenada. Tout vient de Dieu et tout revient à Dieu en action de grâce chez Gladys. Il est vraiment la source de sa joie, de sa foi, de son espérance !

Quelle grâce de vivre cette mission toute simple, toute pauvre.

Alors très chers parrains, amis et famille qui me soutenaient par vos pensées et vos prières, comment ne pas vous être reconnaissant de pouvoir me faire vivre cela ? Sans votre aide, les enfants du quartier ne seraient pas accueillis chaque après midi — José notre petit voisin de trois ans ne viendrait pas chaque après-midi pour jouer avec nous — et Santiago et Gladys ne trouveraient pas toujours une porte ouverte pour les accueillir.

Je vous laisse méditer sur une phrase de Hans Urs Von Balthasar : « *Ose accomplir le saut dans la lumière, ne tiens pas le monde pour plus profond que Dieu* ».

Adrien

III. Compassion – *Au pied de la croix*

Pauline
Point-Cœur Saint-Joseph
San José – Costa Rica

Le 17 mai 2017

« *Aime et fais ce que tu veux. Crois et tu comprendras ; la foi précède, l'intelligence suit.* »

Saint Augustin

Chers amis, chère famille,

Après le temps de carême, vient la résurrection et le désir de vivre mieux.

Dans ma dernière lettre je vous parlais de Monica, cette jeune maman de deux enfants. Si vous cherchez quelque signe de résurrection, le voici. Je m'émerveille de voir que notre amitié grandit, tout comme le sourire sur ses lèvres. Je m'émerveille de voir qu'en venant dans notre maison, elle apprend à connaître d'autres mamans et que, petit à petit, elle s'ouvre aux autres.

Je m'émerveille de voir Brandon, ce bonhomme de cinq ans, turbulent et difficile quand il s'agit de jouer avec d'autres enfants, mais non moins curieux d'apprendre à cuisiner, à nettoyer ou à prier. Oui, c'est le seul enfant qui nous supplie de l'emmener à la messe, qui chante les chants de la messe a tue-tête (ce qui remplit de joie ou d'agacement les autres habitants de la maison) et qui nous demande de pouvoir prier dans notre chapelle, chaque fois qu'il vient à la maison. Un jour, voyant que j'avais un livret pour suivre les lectures de la messe, il se met à chercher quelque chose de semblable pour pouvoir faire comme moi. Vingt minutes plus tard, on était assis l'un à côté de l'autre, moi, lisant les lectures, lui, fier de pouvoir « lire » le mode d'emploi du micro-onde qu'il avait trouvé en chemin. Ce petit, impossible de ne pas l'aimer, de ne pas être étonné, voyant le chemin qu'il trace devant nous. Face à toute la violence qu'il subit chez lui, en tant que première victime à chaque problème, il a cette joie de pouvoir venir dans notre maison. Pour moi c'est exactement cela, l'espérance de la résurrection.

Il est incroyable de voir cette soif de nos amis, cette soif d'une Présence. Je pense spécialement à ce couple que l'on visite fréquemment, Mercedes et *Don* Carlos. *Don* Carlos souffre d'une insuffisance rénale et lutte tous les jours pour rester uni à son épouse et uni à la Vie. Malgré sa souffrance physique permanente, il continue de nous dire : « *Je remercie Dieu pour cette maladie car c'est grâce à elle que je vous ai rencontrées. Je souffre mais Dieu utilise cette maladie (qui fait partie de la vie) pour me rappeler qu'il est là, qu'il est à mes côtés et que tout cela est minuscule par rapport à ce qu'il a souffert sur la croix. Alors j'avance, je continue de lutter.* » On a beau rester une heure, deux heures, trois heures avec eux, le temps est toujours trop court. Ils sont devenus des amis proches avec qui on partage beaucoup.

Je ne vous cache pas qu'il est difficile de rester « près de la croix », près de celui qui souffre. On a vite tendance à s'éloigner et à accompagner la personne, derrière une barrière de sécurité, ou à voir la souffrance de tellement près qu'il nous est impossible d'être une aide pour la personne car on souffre à sa place. Il nous faut donc apprendre à accepter ce que la personne éprouve sans vouloir s'approprier cette souffrance. La Semaine Sainte a été un exercice et une réelle expérience à ce niveau-là. Il est de coutume, ici, et dans la plupart des pays d'Amérique Latine de faire une grande procession dans les rues, le Vendredi Saint et le Dimanche de Pâques. Soldats romains, anges, femmes du temps de Jésus, ainsi que des statues de Marie et Jésus font partie de ce cortège magnifique. Pouvoir soutenir la statue de Jésus, portant sa croix et la statue du Jésus ressuscité fut un grand cadeau. Ce fut une toute petite participation à ce qu'il a vécu, et, à la fois, c'était assez pour méditer et prendre conscience de ce qu'il fit pour nous, qu'il aima l'homme jusqu'au bout. J'ai pour la première fois participé à cette lutte intérieure, à ce combat pour choisir le bien dans la vie quotidienne et à cette joie immense tout au long de l'octave de Pâques.

Je voudrais vous partager une réflexion que je me suis faite concernant cette lutte quotidienne pour faire le bien. Je me suis rendue compte qu'il n'était pas possible d'être au milieu : soit on contribue au bien, soit au mal. « *Celui qui n'est pas avec moi, est contre moi* » (Matthieu 12, 30). Il est plus facile de faire le mal (visible) que le bien (souvent silencieux et qui ne paraît pas faire le poids contre le mal du monde). Tous nos petits gestes, contribuant au bien, soutiennent le monde. On ne comprendra jamais assez la valeur de la prière de tous les gens, dans le monde, qui se consacrent à faire le bien. La prière est, en ce sens, l'arme la plus puissante au monde. Plus nous faisons le bien, plus nous luttons contre le mal. Ceci est un peu le combat intérieur que j'ai vécu durant le carême : une lutte pour s'approcher toujours plus du Bien suprême et pour laisser de moins en moins de place au mal.

La culture latino-américaine me guide aussi vers des moments plus tristes de la réalité. Quand une personne décède, il y a une tradition qui continue de vivre, là où elle peut, et qui consiste à prier une neuvaine pour l'âme de la personne. Durant les neufs jours qui succèdent le décès, famille et amis prient le chapelet dans la maison de la personne. Il y a quelques semaines, nous avons ainsi commencé à accompagner la fille de Dona Rosa, Cynthia. Le décès soudain de sa maman a été très éprouvant pour elle. Vu sa santé mentale fragile et sa situation familiale compliquée, elle a réagi violemment face à cet évènement. Suite à plusieurs crises de colère et de panique, nous l'avons accompagnée à l'hôpital, il y a quelques jours, pour qu'elle puisse retrouver une certaine stabilité mentale et recevoir un traitement adéquat en y étant interné.

La vie de la mission est exactement celle-ci : c'est celle d'accepter toujours plus vite ce que la réalité nous propose, de ne pas essayer de combattre les circonstances de la vie, mais d'avoir cette disponibilité intérieure pour pouvoir dire

« oui » en tout temps et en tout lieu. Dire oui à une journée à la rivière et dire oui à une journée aux urgences dans l'hôpital peuplé de la capitale.

Une réflexion que je me suis faite, en parlant avec Cynthia, est qu'au fond, nous sommes tous un peu malades. Nous avons tous nos manies, nos fragilités, nos incapacités avec lesquelles on doit vivre, accentuées ou non par la réalité. En partant de ce point de vue-là, il est pour moi plus facile d'apprendre à aimer les gens qui m'entourent car je baisse mon niveau d'exigence envers eux. Tout comme on n'exige pas de quelqu'un qui a la jambe cassée de courir, je peux, moi aussi, une fois que je connais mieux la personne, adapter mes exigences à elle, en aimant d'abord sa vie avant mon bonheur.

Je termine ma lettre en vous partageant une expérience forte vécue la semaine dernière. Il y a un mois, des amis sont venus m'apporter un piano électrique et m'ont demandé de jouer le prélude n°15 op 28 de Chopin. J'avais un mois pour apprendre et interpréter le morceau, afin de le jouer à la présentation du livre sur la vie de Don Giussani[8]

Pendant trois semaines, j'ai répété tous les jours, me demandant comment interpréter le morceau, comment le présenter, etc. Au cours de la dernière semaine, j'ai compris une chose fondamentale. J'ai compris que, dans tout cela, ce n'était pas moi l'étoile, mais que j'utilisais un don reçu pour montrer la beauté de l'art (la beauté que Dieu a mis dans le monde). Vu sous cet angle, j'ai poursuivi ma pensée en me disant que ce morceau de piano, je le jouerais comme une prière, à laquelle les auditeurs seraient invités à participer. Et il se fait que je n'ai, en dix ans de piano, jamais joué comme ce soir-là. J'étais dans une grande joie et j'ai profité de la beauté du morceau, tout en le jouant. Les gens sont venus me remercier, certains les larmes encore dans le coin

8 Fondateur du mouvement Communion et Libération, mouvement catholique né en 1954.

de l'œil. Dieu se sert de chaque personne qui l'accepte dans sa vie pour faire des merveilles !

Chers amis, chère famille, peut-être que c'est une phrase qui ne s'utilise plus beaucoup de nos jours mais je suis heureuse, profondément heureuse et je vous souhaite de l'être aussi et de ne pas vous limiter à ce qui est petit.

Avec amitié.

Pauline

Sixtine
Point-Cœur Don-Bosco
Afragola – Italie

Le 28 janvier 2017

« *La paix se trouve avec les pauvres.* »
Saint Jean-Paul II

Chers parrains, chers amis, chère famille,

Cette fin d'année en Italie a été des plus mouvementées. J'ai eu la chance de vivre un Noël et un nouvel an dans une ambiance totalement napolitaine ! Entre tombola, jeux de cartes, les feux d'artifices, les repas qui n'en finissent pas, nous en avons eu plein les yeux ! Nous avons eu la chance d'être invitées chez nos amis presque tous les jours en cette période. Une simplicité qui me laisse sans voix. J'étais, je vous l'avoue, un peu angoissée à l'idée de passer Noël loin de ma famille, mais ici j'ai découvert une autre famille. J'étais plongée dans leur univers, dans leurs propres traditions, qui m'ont totalement fascinée. Et ils m'ont traitée comme leur enfant, et c'est ce que je recherchais au plus profond de moi. Mais le plus beau était de voir la joie de nos hôtes. Ils étaient d'une gentillesse merveilleuse, si fiers et humbles, si heureux et timides de voir *Punto Cuore*[9] chez eux, pour Noël ou pour le nouvel an.

Dernièrement, nous avons été terrassées : samedi 21 janvier, Mariana, ce petit ange de sept ans, nous a quittés. J'ai eu la chance d'aller la voir, vendredi soir, pendant une petite heure ; la chance de la voir, une dernière fois ! Mon Dieu qu'elle était belle ! La force de ses parents, de la famille, tous

9 Point-Cœur

réunis pour lui faire leurs « adieux ». La souffrance de ses parents, qui la regardaient mourir. Leur impuissance face à la souffrance de leur enfant, leur chair. Et nous, devant cette souffrance, que pouvons-nous faire, notre chapelet à la main ? Si nous pouvons soulager les maux, nous le faisons, mais là, notre mission était de vivre, D'ÊTRE là, oui, simplement être là, pour cette famille, être là pour les impuissants, faire sentir à cette famille, qu'elle ne sera jamais seule, jamais ! Leur donner confiance et foi en eux-mêmes. Seulement par notre présence et notre amitié. Mariana est décédée, le matin. Dans la journée nous sommes passées, pour prier auprès d'elle, pour son âme.

Dimanche, nous sommes allées à l'enterrement. Je redoutais ce terrible passage, de peur d'entendre des cris de souffrance. Mais tout était calme, tout était en paix. Il y avait des larmes, mais il y avait surtout la paix. La maman, Rossella, était d'une force surnaturelle. Elle a soutenu sa fille jusqu'à la fin. Elle était d'une dignité incroyable, sa foi n'a jamais faibli, sa présence me rassurait. Je ne pouvais pas pleurer en la voyant. Elle me rendait forte. Dieu permet ce genre de maladies pour les personnes qui le peuvent. J'en ai vraiment compris le sens durant cet enterrement, avec cette maman effondrée par la mort de sa fille mais d'une dignité déconcertante.

Je ne trouve pas les mots pour décrire cette famille et le deuil qu'ils vivent. Je ne peux donc vous transcrire toutes les émotions qui bouillonnent en moi. Mais de pouvoir vivre à côté d'eux est une vraie chance, une vraie école. La famille de Mariana, pour moi, a découvert une sorte de communion avec Dieu, ils s'abandonnent à nous, ils nous offrent leur confiance avec toutes leurs peines. Ils accueillent l'amour de Dieu là où tous le rejetteraient. Ils acceptent l'amour inconditionnel, et purement gratuit de Dieu, avec toutes leurs impuissances et leurs cauchemars. Je me permets donc de confier de nouveau à vos prières l'âme de Mariana et toute sa famille.

Après les coups durs, j'aime me « réconforter » chez une amie, qui est d'une énergie débordante ! Signora Maria est une amie de soixante ans qui habite à deux pas de chez nous.

Elle vit avec son mari et ils sont comme chien et chat, toujours l'un sur le dos de l'autre. Un vrai spectacle napolitain ! De quoi remonter le moral ! Nous avons une grande amitié, toutes les deux. Je me suis vraiment attachée à cette femme si simple, si joyeuse. Chaque visite pour moi est un pur plaisir ! Comme dirait sa voisine : « *Il faudrait une Luisa dans chaque village !!* » Elle se donne pour tous : ses enfants, ses voisins, le magasin en bas de chez elle, où elle va très souvent aider la propriétaire, toujours avec un sourire !

Récemment lors d'une visite, elle s'est mise à pleurer, car ses enfants ne pratiquent plus, et cela la tracasse énormément. J'essayais de la réconforter. Moi qui pensais cette femme inébranlable, je me suis surprise à être étonnée de sa « faiblesse ». Je me suis adoucie et, à partir de là, notre amitié n'en a été que plus forte. Et oui, ce n'est qu'après cinq mois de mission que je me suis rendue compte qu'en chaque personne, il y a un combat permanent, entre le bien et le mal, la confiance et la peur, l'égoïsme et l'altruisme, le conflit et la paix.

Moi qui commençais à fuir, à fermer mon cœur, je me suis réveillée, et j'ai reçu l'appel à la compassion. L'amitié que j'ai pour elle s'est réveillée. Puis nous en avons parlé. La situation de ses enfants lui a « glissé des mains », elle culpabilise du manque de foi de ses enfants. Elle, si croyante, si fidèle ! Aucun de ses enfants ne va à l'église. Pour elle, c'est une vraie blessure qui la dévore jour après jour. Elle culpabilise, est en colère contre elle, contre son mari, ses enfants ! Puis en devient anxieuse, comme elle le dit souvent : « *Mes enfants me font mourir* ». Cette angoisse la ronge de l'intérieur. En se rendant compte du danger de l'angoisse, elle a décidé de s'abandonner à la miséricorde de Dieu, car elle accepte sa petitesse, elle accepte sa mortalité. Cette angoisse est toujours présente jour après jour mais, chaque jour, elle se bat contre elle, de toute ses forces, et grâce à cela, je me suis rendue compte de la chance de l'avoir à mes côtés et de sa grandeur d'âme.

Chers parrains, après toutes les douleurs que nous avons traversées, en voyant la force de nos amis, je me sens capable de dire que nos croix ont de la « valeur » si elles sont accueillies comme quelque chose que Dieu permet, car grâce à cela, leurs souffrances ont un sens.

J'espère de tout mon cœur, après mon expérience ici, garder des petites joies simples, comme celles que je me construis à Afragola. C'est pour moi essentiel de voir la joie de nos amis et tout ce que j'apprends des « impuissants ».

Vous êtes dans mes prières, ainsi que vos familles. Je pense à vous.

Sixtine

Marianne
Point-Cœur Saint-Paul VI
Bangkok – Thaïlande

Le 27 novembre 2019

Chers parrains et marraines, chère famille, chers amis,

Lung Phii chaa est l'un de nos amis qui avait pris beaucoup de place dans nos vies.

Nos visites ont commencé si simplement : il était toujours sur une chaise roulante sur la place publique près du petit marché et nous disions bonjour, sourions, faisions le *wâi*[10]. Puis petit à petit, nous avons commencé à discuter quelques mots. Et puis, Thien et Monika se sont prises d'affection pour lui, voyant sa misère humaine, comme poussées à y retourner. Il était si seul. Puis il est tombé malade, nous avons été ensemble au centre de santé, puis chez lui. Il y a quelques semaines, les médecins ont déclaré qu'il n'y avait plus rien à faire pour l'aider.

Depuis, nous voyons le déclin de jour en jour, sa faiblesse, sa dépendance. Et aussi son angoisse très forte devant la mort. Il appelle en permanence. Cela me bouleverse, ce cri permanent pour une présence : la plupart du temps, il appelle sa compagne mais parfois il appelle « la Mère ». Signe convenu entre nous, il signifie qu'il veut tenir le chapelet dans ses mains, et appelle la Mère de tout homme à son secours. Souvent, nous La prions jusqu'à ce qu'il s'endorme (sinon il ne dort pas). Il s'endort avec le chapelet dans la main, qu'il serre si fort qu'on ne peut l'enlever. Au jour où je finis cette lettre, nous venons d'apprendre son décès hier.

Bun est l'un de nos petits voisins, l'un de ceux qui aiment appeler nos noms. Parfois, je me demande si juste le fait de

10 Salut traditionnel thaï

nous appeler ne fait pas toute leur joie ! Bun a trois ans et depuis qu'il est tout petit, on peut voir qu'il a un fort caractère et n'aime pas beaucoup que l'on ne soit pas de son avis. Sa courte vie n'est pas bien facile. Sa maman n'en voulait pas et l'a laissé à une autre mère. Il reçoit pas mal de coups, c'est la méthode normale d'éducation ici. Quelque chose a vraiment grandi avec lui. Lui qui était si dur, impossible de le laisser jouer avec un autre enfant, nous avons choisi de lui donner plus d'attention et plus d'amour, pensant que son agressivité appelait à plus de tendresse. C'est une grande merveille de voir qu'il est devenu si tendre. Notre principale mission avec lui est de le laisser être sur nos genoux, il est alors d'un calme olympien et tous les enfants du monde peuvent bien s'agiter autour, notre petit Bun joue, nous parle, tout paisible. Il se met spontanément à nous aider, même quand on ne lui demande pas.

Je vous remercie de tout cœur pour votre soutien.

J'espère que chacun d'entre vous va bien, et vous envoie toute ma gratitude.

Marianne

Bertille
Point-Cœur Sainte-Rose-de-Lima
Lima – Pérou

Le 15 décembre 2017

« Misère, Misère, c'est toujours sur les pauvres gens que tu t'acharnes obstinément. »

Coluche, magnifique illustration
de ce que la vraie beauté se trouve à l'intérieur.

Chers parrains,

Pour commencer, un brin de publicité pour le Pérou : c'est beau et, en plus, on y rencontre du beau monde. J'ai, ce mois-ci, bercé Victor Hugo, dîné avec Michel-Ange, acheté une flûte à Jésus (et ça, je ne m'en remets pas) : si quelqu'un le cherche, il est bien vivant, il vend des instruments à Lima et est très sympathique ! Nous avons été introduits à la beauté du pays par quelques jours de vacances à Huánuco, dans la maison d'un ami. La ville est dans la Sierra (les montagnes) donc nous sommes tranquillement montés à 5 000 mètres sans voir de neige, ce qui a provoqué un certain chagrin chez notre ami suisse qui réclame ses deux mètres de neige syndicaux. Nous avons fait un petit tour dans la jungle et vu des paysages de toute beauté et des papillons géants.

« Inculturez-vous, ré-inculturez-vous », qu'ils avaient dit !

Pour mieux connaître les gens, pour entrer dans leur vie, nous essayons d'adopter la culture. En bon petit soldat, j'ai donc couru m'acheter une flûte de pan, j'ai appris à cuisiner péruvien, à me passionner pour des matchs de foot, à attendre les gens deux heures après le rendez-vous... Je me suis aussi lancée, avec Magdalena, dans l'apprentissage d'une danse créole, le *festejo*. Une occasion de bonne rigolade mais aussi d'apprendre que nous autres, Européens, sommes raides comme des baguettes ! Les jeunes m'ont dit que j'étais très *Barrios Altos*[11] quand, trop tentée par la montagne de crème fouettée devant moi, j'en ai lancé sur le visage de Kiara qui fêtait son anniversaire... Je ne sais pas si c'était un compliment, mais elle a ri et je ressemble à mon quartier. On a rempli un des objectifs !

« Y plonge qui veut, remonte qui peut ! »

Un entraîneur de plongée disait à ses élèves cette phrase à propos de la mer, et je crois qu'elle résume bien ma première expérience de la souffrance et de la compassion dans le *barrio*[12]. Le troisième jour, un enfant me tire par le bras en me disant que sa tante veut me connaître, et je rencontre Sonia. Elle s'occupe de ses trois enfants de seize, neuf et quatre ans et de ses deux neveux de douze et huit ans. En apprenant mon âge, elle me dit qu'elle a vingt-neuf ans. Tiens, pas vieux ! Deux heures plus tard, songeuse, je calcule précisément et me rends compte, effondrée, qu'elle a eu sa fille à quatorze ans. Alors, on me raconte son histoire : louée à un homme pour payer le loyer, elle est atteinte de la tuberculose et a déjà arrêté trois traitements, les enfants ont été testés positifs aussi, mais elle refuse de l'admettre et dit qu'ils ne sont pas malades. Elle s'occupe de ses neveux parce que leur mère les a abandonnés, petits, dans un parc, sous l'effet de la drogue. On a l'impression que la liste ne va jamais s'arrêter et que Coluche a écrit sa chanson dans mon quartier. Ça provoque aussi une certaine fascination dans laquelle il est difficile de ne pas se laisser prendre.

Deuxième visite, rencontre de Berta et José Antonio, qui part avec un *pedigree* encore plus terrible. Au début ça a un côté pratique, j'ai vite compris pourquoi on est là et je me sentais utile. Mais rapidement, le naturel revient et c'est trop violent, deux heures et demie à se prendre tout le désespoir d'une mère, à bout de forces, en pleine face et on a envie

11 Nom du quartier où se trouve le Point-Cœur

12 Quartier

de se pendre. Alors on s'échappe en esprit, on pense à la France, à ce qu'on va faire demain, tout mais pas ce désespoir qui nous envahit et contre lequel on n'a aucune espèce de solution... J'ai donc vraiment découvert que la souffrance de l'autre, il faut un gros effort de volonté pour se plonger dedans, pour accepter de la vivre et pas seulement de l'écouter. Y plonge qui veut. Pour la remontée, je n'ai pas encore trouvé de remède idéal mais je crois bien que la prière aide...

Sainte Lucecita, priez pour moi !

Je voudrais vous parler de l'une de mes petites « mamies » préférées qui est pour moi une sainte, car une histoire édifiante, ça fait toujours plus sérieux que des récits de vacances dans la jungle. Elle s'appelle *Señora* Luz, elle a de beaux yeux bleus et n'a plus que deux dents en bas et une en haut, ce qui donne l'impression que ses dents la gênent et qu'elle ne va pas tarder à les expulser. Quand je l'ai rencontrée, elle m'a tout de suite adoptée. Elle aussi semble attirer les épreuves, mais ce qui m'a vraiment sidérée chez elle, est son incroyable miséricorde. En dix-sept jours de JMJ et la moitié d'un livre du Pape François, je n'avais pas compris ce que c'était que la miséricorde, mais en une heure avec *Señora* Luz c'était devenu limpide.

Son mari l'a traitée pendant des années à peu près comme une serpillère, toujours occupé avec de nombreuses femmes. Il est parti quelques années prendre le frais en la laissant avec les sept enfants... Il a aujourd'hui quatre-vingt ans et, depuis vingt ans, il ne peut plus rien faire seul, il est paralysé du côté gauche. Il est dans son lit, rumine et pense à ses anciennes conquêtes, et c'est *Señora* Luz qui s'en occupe. Chaque jour, elle le change, lui donne à manger... mais ne reçoit que des paroles désagréables, parfois des insultes. Cependant, celle-ci, épuisée, continue à s'en occuper : « *Qui le fera sinon, hermanita ?*[13] »

Certes, il n'y a rien à répondre à cela. Pour ce qui est du passé, « *il y a longtemps qu'il est passé ! Ce que je voudrais, c'est*

13 Petite sœur

qu'il accepte de communier avant de mourir et qu'il dise à ses petits-enfants qu'il ne faut pas faire les mêmes erreurs que lui », me dit-elle. Quelques semaines après, elle vient me voir, désespérée, à la sortie de la messe pour me dire qu'il est très mal. Ils l'ont transféré à l'hôpital, et elle pleure pour cet homme et me supplie de prier pour « son » Ricardo... C'est au-delà de mon entendement. Le pire c'est que ça marche : il y a quelques jours, il a demandé à se confesser, à communier et a demandé pardon à sa femme, l'a remerciée de prendre soin de lui après tout ce qu'il avait fait ! Elle est d'une beauté et d'une bonté indescriptibles et elle vit avec une telle évidence de Dieu, la petite lumière du *barrio*... C'est un exemple incroyable. Mais, quand même, si mon mari me trompait je l'écorcherais vif et le finirais à coups de pelle !

Certains croient que le génie est héréditaire, d'autres ont des enfants...

Les enfants. Je croyais que j'aimais les enfants, sincèrement... Les nôtres ressemblent plus à des petits monstres déchaînés mais, passé le premier choc, je les adore quand même. Toute pleine de ma motivation de cheftaine de louveteaux, je suis arrivée avec une multitude d'idées de jeux à leur apprendre, et j'ai vite déchanté : leur concentration dure à peu près trois secondes. Pour leur expliquer comment jouer à la tomate, j'ai sué pendant une demi-heure et ils n'y arrivaient toujours pas. Nous avons tenté le *Mille bornes* et, après une semaine d'explications continues, nous avons réussi à l'enseigner à cinq d'entre eux. On n'abandonne pas le combat, mais finalement ce n'est pas si mal de jouer au foot tous les jours...

Surprise, ce sont eux qui nous poussent le plus dans nos limites. Ils nous testent en permanence, tambourinent à toute heure pour demander un verre d'eau, s'il va y avoir une permanence aujourd'hui, à quelle heure (heure qui ne varie jamais), « *Pourquoi tu as des tâches de rousseur* », « *Je peux rentrer ? Je serai discret* », « *Tu me prêtes un jeu ?* » Cela nous entraîne à la patience. Cependant, ils ne cherchent pas que de l'attention, ils cherchent parfois plus : à ma grande surprise, quand j'en ai grondé un et l'ai menacé de l'exclure du Point-Cœur pour un après-midi, celui-ci m'a sauté dans les bras le lendemain, alors que je partais faire des visites, me disant que je devais rester et le surlendemain, *idem*. Ils sont en fait laissés très seuls et j'ai l'impression que nous sommes, parfois, les figures de parents, ceux qui leur prêtent de l'attention, qui sont des repères stables.

Notre petite mascotte, par exemple, est tout le temps dans la rue, seul. Il a déjà été récupéré par la police qui croyait qu'il était abandonné. Parfois sa mère ou sa sœur viennent demander s'il n'est pas au Point-Cœur, car il a disparu... Il s'appelle Facundo, a deux ans et baragouine avec des sourires craquants. Il est difficile de lui résister. C'est la récompense que nous avons souvent : ils sont très affectueux et confiants, ils leur arrivent de se jeter dans nos bras en criant de joie et ça c'est quand même le bonheur. Tant que j'ai mon quota de câlins, je m'y retrouve...

En réalité, je remplis plus d'un quota et c'est une grâce immense d'avoir pu arrêter le temps un an pour rencontrer Dieu, rencontrer l'autre (qui est souvent très autre), apprendre la patience et tout un tas de choses très utiles, voir ce qui est important dans la vie que je veux construire après. J'apprends, peu à peu, à faire confiance et à comprendre que le bien génère le bien, qu'il ne faut pas chercher à se protéger en permanence de l'autre pour éviter les blessures. Ça ouvre des perspectives merveilleuses.

Je vous remercie infiniment de m'avoir permis de vivre cela, et de nous permettre d'être là pour ces enfants, pour ces petites grand-mères du quartier.

Illuminément vôtre.

Bertille

Anaïs
Point-Cœur Madeleine-Delbrêl
Villejuif – France

Le 6 mai 2015

« *L'homme ne vit pas seulement de pain. L'esprit n'attend pas, ne peut attendre. La faim de l'âme est aussi brutale que la faim du corps. Elle est aussi mortelle. Seulement, si l'on fait déjà peu d'attention à ceux qui meurent de la faim du corps, ceux qui meurent de la faim de l'âme n'attirent aucune attention.* »

H. de Lubac, *Nouveaux Paradoxes*

Chers parrains,

Le mois de mars fut particulièrement intense pour moi, puisque j'ai eu l'occasion de sillonner une bonne partie de la Bretagne pour partager notre mission et faire connaître Points-Cœur. C'est toujours une expérience nouvelle que de témoigner de ce qui nous fait vivre, car face à nous, ce sont des visages à chaque fois nouveaux qui apparaissent.

Comme ce jeune homme, à Rennes, qui au fond de sa classe, semblait un peu à part. Les yeux rougis, il nous interpelle juste après que nous nous soyons présentées : « *C'est dommage, ça m'aurait bien intéressé de partir en mission, mais il faut vivre la chasteté non ?* » S'engage alors une belle discussion sur le sens profond de cet engagement. Quelque chose s'ouvre en lui : « *Et si quelqu'un vous appelle au téléphone, vous pouvez prendre du temps pour l'écouter ? — Oui, c'est notre mission* ». Il me demande alors : « *Je peux prendre votre numéro ?* »

Une autre rencontre me revient particulièrement en mémoire. Le premier jour de ce périple en Bretagne, je me rends à Quimperlé pour témoigner auprès de deux groupes d'une quinzaine de jeunes. Le voyage est long, je me sens déjà bien fatiguée et en arrivant mon enthousiasme semble évanoui. Il n'y a personne à l'accueil de l'établissement. Je me rends donc au lieu de rendez-vous, dans le théâtre du lycée. Là, je rencontre la responsable qui n'a pas beaucoup de temps pour m'accueillir, plongée dans les derniers préparatifs de l'après-midi.

Un autre intervenant est là, il est comédien et fera la première partie du temps fort devant tous les élèves. Je commence à discuter avec lui. Il m'explique qu'il était acteur et que la retraite venue, il a commencé à donner des cours de théâtre à des jeunes. Il semble très sollicité dans les établissements scolaires. Sentant que je l'écoute vraiment, il me confie que son fils de trente-quatre ans est en train de mourir de la maladie de Charcot, il a deux petites-filles de deux et quatre ans. Je suis bouleversée par cet homme qui me confie sa détresse. « *La scène me donne l'énergie pour accompagner mon fils et sa famille dans cette épreuve* » me dit-il. Je l'assure de mes prières pour lui, pour tous. Quelques jours plus tard, je reçois quelques lignes de sa part : « *Bonjour Anaïs, il y a des rencontres qui se vivent comme des providences, vous êtes de celles-là. Rares au point de devenir essentielles et simples tout à la fois... Devrais-je dire "tout à la foi "?* » Ce n'est pas un rôle que je lui ai demandé de jouer ce jour-là, et je crois que c'est pour cela qu'il a été si touché par la gratuité de cette rencontre. La semaine dernière, j'ai pris des nouvelles de Julien, son fils, qui venait d'être hospitalisé pour des difficultés respiratoires. Je les confie à vos prières.

« *La souffrance est partout. Il faut partout la respecter, si l'on ne peut la panser partout. Il faut d'abord savoir la deviner, mais sans affecter de la voir.* » Henri de Lubac, *Nouveaux Paradoxes*

La veille de mon départ pour la Bretagne, je reçois un coup de téléphone. À l'autre bout du fil, une dame m'explique que sa maman, Yolande, est internée à l'hôpital psychiatrique de Villejuif. Ayant eu mon numéro par je ne sais quel biais, elle me demande si je peux lui rendre visite. Je n'ai jamais mis les pieds dans l'hôpital et j'imagine que c'est un lieu de grande souffrance. Mes sœurs de communauté y sont déjà allées et par leurs échos, j'ai compris qu'en ce lieu se vivait une grande détresse. Quelques jours après, nous nous décidons à rendre visite à Yolande. Nous entrons dans une unité, et sans trop savoir à quoi elle ressemble, je demande aux personnes face à moi : « *Yolande C. est-elle là ?* » À ma question, une dame devant son Scrabble sursaute, se lève sans ciller, et nous rejoint : « *C'est moi ! Venez par là, nous serons plus tranquilles* ». Je suis étonnée, c'est comme si elle nous attendait depuis toujours. D'ailleurs, Yolande semble se méprendre car elle est persuadée me connaître. Elle me confond avec une ancienne bénévole du Point-Cœur. De fait, elle avait déjà été visitée par la communauté l'an dernier, lors de son premier séjour à l'hôpital. « *Ah, les Points-Cœur, vous êtes mon rayon de soleil !* », nous dit-elle. J'ai l'impression de la connaître depuis toujours alors que je la vois pour la première fois. Autour de nous, la vie continue. Une dame attend devant le téléphone, espérant une sonnerie qui viendra quinze minutes plus tard. D'autres personnes déambulent. Yolande nous parle de sa vie, de son mari qui l'a quittée il y a des années pour un homme, de ses deux filles qui sont loin, de la solitude qu'elle n'a jamais supportée ; c'est d'ailleurs celle-ci qui la fera sombrer dans la dépression. Yolande n'est pas malade, elle est seule. C'est cette solitude qui lui fait chercher sans cesse une compagnie. Je suis particulièrement émue quand elle nous dit : « *Vous savez, ma mutuelle me permet de venir un mois par an à l'hôpital psychiatrique. Pour moi, c'est un vrai repos* ». Yolande y est restée finalement deux mois et elle est maintenant rentrée chez elle. La dernière fois que je l'ai eue au bout du fil, elle me disait : « *L'hôpital me manque beaucoup. Là-bas au moins, j'avais des personnes à qui parler* ».

« *Un seul moyen d'être heureux : non pas ignorer la souffrance et non pas la fuir mais accepter sa transfiguration.* » Henri de Lubac, *Nouveaux Paradoxes*

Avec Anne-Sophie, nous allons un soir rejoindre un petit groupe de la paroisse qui réfléchit sur le thème : Prendre soin les uns des autres. Face à nous se trouve une amie que nous connaissons bien, aide-soignante en pédiatrie dans un hôpital spécialisé en cancérologie. Il y a aussi un jeune homme que je ne connaissais pas : il s'appelle Laurent. Et enfin une religieuse de la paroisse. Je me demande ce que nous faisons là, dans cette salle paroissiale non chauffée, à réfléchir sur un sujet qui devrait plutôt se vivre. Notre amie Béatrice commence la discussion : avec beaucoup de violence, elle déverse toute la souffrance qu'elle garde en elle suite au drame vécu par une de ses amies, aide-soignante à l'hôpital, tuée la semaine passée alors qu'on voulait lui voler son sac. Des larmes coulent sur son visage, elle ne peut que nous partager l'état des lieux du monde dans lequel nous vivons, où l'indifférence est reine. En silence, nous recueillons ses mots. Puis c'est au tour de Laurent de nous confier qu'il fait partie de plusieurs groupes de jeunes, mais il se sent toujours aussi seul. Ses « amis » se moquent de lui (il semble avoir un léger retard mental), d'autres profitent de sa générosité. « *Le thème "Prendre soin les uns des autres" m'intéresse, je ne sais pas vraiment ce que cela signifie* » nous partage-t-il.

« *Regarde ici, mon garçon ; réjouis-toi ! Tu contemples des choses qui vont mourir ; moi, des choses qui viennent de naître.* » Shakespeare, *Le conte d'hiver*

Chers parrains, je vous confie ma mission à Villejuif, et tout spécialement celles avec qui je partage ma vie. Pour que nous soyons toujours à l'écoute des personnes qui nous sont confiées, humbles réceptacles des détresses de ce monde, contemplatrices d'une misère qui renaît toujours à l'Espérance.

À très bientôt.

Anaïs

IV. La demeure des enfants et des humbles

Marie
Point-Cœur Bienheureux-Charles-de-Foucauld
Buenos Aires – Argentine

Le 5 mars 2019

« *Je vais semer (des graines) sous les fenêtres des enfants, cela mettra un peu de joie dans leurs yeux. Et c'est tellement différent quand on a vu des fleurs dans son enfance !* »

Éloi Leclerc, Saint François d'Assise dans *La Sagesse d'un pauvre*

Chers amis,

Quelle joie de pouvoir vous écrire et vous donner quelques nouvelles de notre Point-Cœur d'Argentine qui est en plein changement ! Cela fait presque deux mois que nous avons accueillis dans notre communauté trois nouveaux bénévoles, ce qui lui donne un petit air latino-américain : Madeleine des États-Unis, Francisco d'Équateur et Emmanuel du Salvador. Nous avons donc la chance d'être six ! Une nouvelle communauté, ce sont des nouveaux « maîtres » du quotidien qui rentrent dans ma vie : me laisser enseigner par chacun d'eux, par leurs manières d'être, leurs regards et leurs cultures. C'est un nouvel équilibre à trouver. Mais aussi, c'est l'occasion de transmettre tout ce que j'ai reçu : nos amitiés du quartier, la culture du pays, notre mission ici. C'est aussi découvrir leurs regards émerveillés, leurs questionnements, leurs inquiétudes parfois. Voir leurs premiers pas, enthousiastes, parfois incertains. Quoi qu'il en soit, c'est une grâce, car ils me poussent à avoir un nouveau regard sur cette réalité qui est devenue mienne, percevoir l'insolite et le merveilleux de notre quotidien et aller au bout de leurs questions.

Et puis, il y a ceux qui ont cette grandeur de savoir les accueillir avec joie et simplicité. Ce sont les enfants du quartier ! Pour Madeleine, Américaine, pour qui l'espagnol n'est pas encore acquis, la présence des enfants allègent ses premiers temps ici. Alors que, pour nous, les mots manquent, l'incompréhension, le malaise du silence et une certaine impuissance demeurent, les enfants savent dépasser tout ça : grâce à leur désir de rencontrer l'autre, leur imagination et leur spontanéité. Ils me rappellent qu'il me faut, moi aussi, retrouver cette simplicité de l'enfance. Je garde un souvenir de cette visite chez Patricia, où Daniel, son fils de dix ans, restait auprès de Madeleine, lui montrant tous les objets de la maison. Une belle amitié est née entre eux depuis cet instant.

Ce début d'année a été marqué par deux camps que nous avons organisés pour les enfants du quartier. Contrairement aux camps de l'année dernière, où je venais tout juste d'arriver, ces camps étaient comme le fruit d'une année d'amitié qui a grandie avec les enfants. Mon regard sur eux était donc totalement différent et mon désir de le vivre avec eux encore plus grand.

Je vous parlerai un peu plus du camp des petites filles de sept à onze ans, qui m'a beaucoup marquée. Je ne vous cache pas que sa mise en place a été difficile, et semée d'embûches. Mais, finalement, nous avons reçu, pendant ces quelques jours, une pluie de grâces ! Nous avons accompagné un petit groupe de six filles : cela nous a permis de passer un temps privilégié avec elles. J'avais l'impression d'être en famille. Vous transmettre ces temps simples de jeux, de rires, de chants, ces petits échanges, ces moments d'affection, serait difficile. C'était, à la fois, très simple et, en même temps, un vrai moment de rencontre et d'amitié avec chacune de ces petites filles. Pour moi, la grande grâce de ce camp a été l'amitié avec Alicia.

Alicia est une petite fille qui vient tout juste d'avoir huit ans. Depuis très jeune, elle vient presque quotidiennement au Point-Cœur, sa deuxième maison, pour ne pas dire son refuge. Elle vit dans des conditions très difficiles avec ses quatre frères et sœurs. Tout d'abord, une très humble maison : ils vivent tous avec ses parents dans une même salle, sans pièce à eau. Elle passe la majorité de son temps dans la rue. Je me demande souvent quand elle va à l'école, qui semble optionnelle. Sa maman a de graves problèmes d'alcool et de drogue. Victime de ses excès, elle rejette souvent violemment sa fille par des gestes et des paroles. Elle ne sait pas comment l'aimer. Et je m'interroge souvent sur les raisons de ce rejet souvent orienté vers Alicia. Son papa, quant à lui, semble impuissant et baisse les bras face à la situation. Ce qui me marque chez Alicia, depuis le début, c'est son regard absent, perdu, comme si elle fuyait la réalité. Son allure négligée, sa manière de se jeter au sol, comme si elle ne méritait pas mieux. Son rire forcé parfois, comme pour masquer un fond de tristesse. Alicia a une présence particulière, comme si cette blessure, déjà visible sur son visage d'enfant, la rendait plus sensible, et appelle tous ceux qui la rencontrent à l'affection. Son regard noir ne laisse pas indifférent. C'est une petite merveille, qui ne le sait pas encore et qu'on essaye, quotidiennement, de lui rappeler par notre manière de l'aimer : à travers le jeu, un temps de cuisine partagé, un chant, une histoire racontée...

Je garde un souvenir d'elle qui m'a beaucoup marqué. Alors que j'étais dans la rue, je croise Elena sa maman, visiblement sous l'effet de la drogue, elle titube, le nez en sang. Alicia la suit. Son visage n'est même pas marqué par l'inquiétude, la tristesse. C'est pire : elle a l'habitude. Je les salue, Elena me confie aussitôt sa fille : « *À vous, je vous fais confiance !* » Puis, elle s'en va. Je prends Alicia par la main, puis je la serre fort dans mes bras. En chemin nous jouons, nous rions. Comment arrive-t-elle à rire ? C'est la force de l'enfance. Et c'est sans doute qu'elle a appris à se protéger.

Emmener Alicia en camp n'a pas été chose facile mais, à force de persévérance (merci à Sixtine, ma sœur de communauté qui a su déplacer des montagnes), Alicia est partie avec nous. Quelle joie ! Comment vous décrire Alicia au camp ? Elle était tout simplement transformée. Je ne l'ai jamais vue avec une telle paix, aussi centrée et en joie. Pas de grands événements, ni d'échanges particuliers, juste un temps privilégié dans la simplicité du quotidien, qui nous a permis de nous rencontrer.

À peine rentrées du camp, alors que nous rangions tout le matériel, Alicia s'enthousiasme : « *Et Marie, tu te rappelles quand on jouait au poisson dans la piscine ? Et tu te rappelles de la chasse au trésor ? Et tu te rappelles ....?* » Alicia est si joyeuse. Dès que, dans notre rue, résonne par les baffles des voisins notre tube du camp, *Vamos pa' la playa*[14], nous voyons Alicia apparaître à la fenêtre avec un regard complice, le sourire aux lèvres.

Ces camps, au-delà d'un temps de loisir et d'évasion de leur réalité, c'est un temps de construction, de liberté et, plus que tout, un lieu d'amitié, de rencontre. Un temps où ils peuvent redevenir enfant quand leur quotidien ne le leur permet pas toujours.

Dans notre relation avec Alicia, il y a un avant et un après « camp », comme si elle avait eu l'assurance de notre amour pour elle. Elle ne vient plus voir « Points-Cœur », mais « Sixtine, Madeleine et Marie » et ça change tout. Notre relation s'est nourrie de ces moments si simples du quotidien. Serais-je objective si je vous disais qu'elle a changé depuis ? Ou serait-ce mon regard sur elle qui a changé ?

J'en profite pour vous remercier infiniment pour votre soutien dans cette magnifique mission que je vis ici.

Marie

14 Allons à la plage !

Ségolène
Point-Cœur Sainte-Claire
Manille – Philippines

Le 10 juin 2018

Chers parrains, chères marraines,
chère famille et chers amis,

Comme toujours, les mots que je pose avec difficulté, ne représentent pas un centième de ce que je voudrais vous transmettre, pas une miette de l'intensité de cette vie philippine, tressaillant au rythme de nos prières, de notre communauté, ses départs et ses visites, de nos amis âgés de zéro à quatre-vingt-dix-neuf ans, des soirées assourdissantes de notre *looban*[15], animées de douces voix mélodieusement alcoolisées, des enfants qui viennent toquer à notre porte pour jouer ou cuisiner avec nous, des sorties qui animent les grandes vacances, du trafic « *maniléen* » à l'odeur et à la chaleur des pots d'échappement, du soleil bien (voir même un peu trop) chaleureux et de la pluie rafraîchissante donnant l'occasion d'une bonne douche aux enfants, tous les petits détails dont une journée peut être remplie. Il est tellement difficile de poser des mots sur ce que vit le cœur. Nombreux sont les moments où nous pouvons être surpris par Dieu, chaque jour.

Le fishport[16]

Plusieurs fois par semaine, nous nous rendons dans cet immense complexe à l'odeur *masangsang* (de poisson pourri), où pullulent camions, poubelles, décharges, drogue et alcool et où travaillent, de jour comme de nuit, hommes, femmes

15 Cour intérieure en tagalog.

16 Port de pêche.

mais aussi enfants (surtout pendant les grandes vacances) et *lolos-lolas*. Le portrait n'est pas très attirant me direz-vous... Mais c'est dans cet endroit redouté et minutieusement évité des habitants de Manille que nous pouvons retrouver nos amis de *Market 3*[17], autour d'un livre ou d'un coloriage, les enfants de *Market 2* pour jouer au foot ou au Memory, et nos grands amis : la famille de *Kuya* Alex, la famille de *Kuya* Renato et *Ate*[18] Natividad et, parfois, la famille d'*Ate* Suzana.

Le *fishport*... Combien de sourires illuminent ses rues ? Combien de rires animent ses journées ? Combien d'étoiles brillent dans les yeux de ces enfants par milliers ? Quand nos pas suivent les routes du *fishport*, nous avançons au cœur de la simplicité. La simplicité de l'amitié, de l'accueil, du partage, du don, du cœur, de l'enfant qui joue avec un élastique pendant des jours et des jours, de la femme qui tient sa porte grande ouverte pour nous accueillir, de la famille qui nous invite à partager un repas d'anniversaire. On est là au cœur du paradoxe : là où la simplicité d'esprit et la pauvreté ternissent de nombreuses vies et enfances par la drogue et la violence, la richesse et la simplicité des cœurs rayonnent de lumière.

Je pourrais vous parler de beaucoup de choses ici. Il faut choisir une merveille parmi les autres et je vais vous raconter cet après-midi chez *Ate* Suzana. Cette famille vit sur un radeau au milieu du port. Les cinq plus grands enfants ne vivent plus avec eux et sur leur petit radeau bien agité, bébé Arnel (six ans), bébé Lorenz (huit ans), Nelsan (neuf ans) et leurs cousins et neveux font vivre six à sept chiens, ce que l'on peut appeler un enfer. À l'écart de la terre pour être protégés du milieu de la rue, ces enfants vivent dans un autre monde. Ici, c'est la loi de la jungle, les règles de bonnes conduites n'existent pas. L'amour est maître mais la bagarre est reine.

Nous y sommes allés pour l'anniversaire de bébé Arnel. Quelle ne fut pas la joie des enfants (et la nôtre) quand ils ont vu notre petite barque apparaître au bout du port. Ils

17 Nom du bidonville.

18 *Ate* est un nom utilisé pour s'adresser à une parente ou une amie plus âgée en signe de respect et signifie «sœur». Il se place devant le prénom.

nous attendent trépignants. En l'espace de dix secondes, nous sommes repeints comme des guerriers avec le gâteau offert par le plus grand frère. Arnel tout excité par la bougie qu'on lui apporte, la rallume dix fois pour pouvoir la souffler de nouveau, sous l'œil inquiet d'*Ate* Suzana qui voit déjà son bateau se transformer en brasier. Le petit gâteau qu'on apporte tient le rôle de couvre-chef pour *Ate* Dominika en moins de trois secondes. Quelques *pancit* (pâtes cuisinées pour les repas de fête) lancées en pleine figure et les enfants se jettent dans la mer noirâtre pour la baignade quotidienne. Malgré leur réticence bruyante, les chiens y passent aussi et à plusieurs reprises. J'en ai même éprouvé de la compassion pour eux et je me suis retrouvée à en sauver un ou deux de la noyade.

Quel accueil… D'habitude je suis toujours un peu surprise quand je croise ces enfants dans la rue, courant tout nus, noirs de crasse, pour se jeter dans nos bras, mais cette fois-ci, pour la première fois que je me rendais dans leur monde, je crois que ce n'était même plus du domaine de la surprise, c'était autre chose. Être là à les voir se battre, mordre les chiens, jeter la nourriture, jouer dans la mer à se couler, se taquiner… un mélange d'atterrement de les voir si sauvages et « violemment aimants », d'émerveillement de les voir si beaux, de joie de les voir si émerveillés.

Au milieu de tout ce tourbillon d'énergie, je crois que je ne pourrais jamais oublier cet instant de grâce, ce regard de bébé Arnel qui vient se blottir dans mes bras pour se réchauffer après la baignade. Comme un glaçon au soleil, mon cœur a fondu en un instant. Voir ce petit sauvage, presque animal, redevenir un tout petit garçon, demandant tant d'affection, se faisant tout petit, tout calme, tout fragile. Voir ses yeux brillants de joie, ses petits bras tout maigres serrer les miens si fort, voir toute cette énergie disparaître pour ne laisser place qu'à l'amour. Pendant un instant, je me suis retrouvée comme en suspens, en l'air, ailleurs. C'est d'ailleurs difficile d'y mettre des mots, c'est comme si mon cœur avait pris tellement de place à cet instant-là que mon corps avait disparu. Découvrir le cœur d'enfant que cache cette carapace hyperactive.

« En ce temps-là, Jésus prit la parole : "Père, Seigneur du ciel et de la terre, je proclame ta louange : ce que tu as caché aux sages et aux savants, tu l'as révélé aux tout-petits". » Matt 11, 25.

Dans cette escapade aux mille couleurs, j'apprends à redevenir un enfant. Manille doit être le pays de l'enfant. Ils sont partout, partout, PARTOUT, animant d'une joie sans pareille la vie parfois bien sombre de nos amis. En toute objectivité, toujours, ils sont les plus beaux enfants. Il est des enfants abîmés (et le mot est vraiment faible), il est des enfances déchirées, il est des enfants sans parents, il est des enfants sans maison, il est des enfants au regard noir transperçant de souffrance, des enfants abandonnés encore bébé, des enfants rejetés, des enfants violés, des enfants souffre-douleur. Bien-sûr, il est aussi des familles unies, des parents aimants, des enfants étudiants, des enfants protégés.

Au milieu de cette décharge d'inhumanité, leur cœur lance un cri de détresse. Sur cette scène dégoulinante de violence, de haine, d'horreur les plus puantes, tous ces enfants ont une soif d'amour inépuisable. Ils ont encore la capacité de rêver de l'impossible en mettant toute sorte de couleurs improbables sur leur dessin. Ils ont la simplicité du sourire, de l'émerveillement. Depuis le début de ma mission, j'ai en tête cette image de PaoPao riant aux éclats en jouant, sur le bord de la grosse route, avec une boîte de conserve déjà à moitié décomposée. Quelle simplicité. Chaque jour ils m'apprennent à vivre plus simplement, plus franchement, à être plus vivante. Petit à petit, j'apprends à colorier mes bonhommes en verts, les animaux en rose et les plantes en multicolore. Ils m'apprennent à ouvrir des yeux éblouis sur chaque détail du quotidien, même ceux qui deviennent routiniers.

Une prière toute simple et cachée de Joemay pendant une sortie. La joie de Matmat sous des trombes de pluies : « *Ate, naliligo ako. Ikaw din ?* » (*Ate*, je prends ma douche. Toi aussi ?), alors que je rentrais en courant pour ne pas être mouillée. Un plongeon de Liro, tout sourire, dans la piscine. Pratique intensive de football avec Edmar (alias Bouboy) aux yeux pétillants, sourire pur et cœur entièrement donné. Des *appears* par milliers avec les enfants d'*Ate* Maria quand on arrive près de la boulangerie (la journée commence généralement bien).

Caïro nous attend fermement, riant, devant la porte jusqu'à ce que nous venions lui ouvrir. Partie de guilis avec Maymay. Sandara qui met tout son cœur pour décorer la tombe de Moymoy de jolies fleurs. Parties de Memory sous la pluie sur le pont. Aller chercher l'eau, accompagnée de Paula et Angelo, Matmat, Francnelle, Saysay et CJ qui portent les bidons.

Avec eux, je découvre que chaque instant est un cadeau de Dieu, la journée en devient tellement belle et surtout tellement riche. Ces enfants sont des miracles innocents, illuminant les sombres ruelles dangereuses de *Market 3*, des rires purs au milieu du concert de klaxons du pont, des sourires édentés au milieu des bouteilles déjà vidées de *red horse* ou *emperador* du *fishport*. Les maîtres sont si nombreux, encore faut-il ouvrir son cœur pour être disciple, encore faut-il accepter de se faire bousculer dans son quotidien, encore faut-il se décentrer de ses problèmes bien infimes pour laisser abonder les grâces du quotidien. C'est tellement long à décrasser un cœur.

Merci infiniment pour votre fidèle soutien qui me permet de vivre cette année aux Philippines.

Soyez certains que je vous garde dans mes prières et que je vous sens présents à mes côtés à chaque journée. N'oubliez pas vos dizaines de chapelet. Tout seul, ça paraît insignifiant mais on ne sait jamais la puissance de la prière, je suis sûre que les fruits sont nombreux dans les cœurs de nos enfants. Rien n'est impossible à Dieu. Chaque intention, même la plus cachée, la plus petite est transformée par ses mains de Maître.

Ingat kayo.[19]

Ségolène

---

19 «*Prenez-soin de vous* » en tagalog.

Lucie
Fazenda do Natal
Simoes Filho – Brésil

Le 25 avril 2017

« *Dieu m'a prise par la main, aveuglément j'ai suivi...* »
Petite Sœur Magdeleine de Jésus

Chère famille, chers amis, chers parrains,

À la Fazenda, la croix qui se trouve dans l'église est celle qui représente l'Enfant-Jésus crucifié. Il symbolise tous les innocents, en particulier, les enfants qui souffrent. Lors de la vénération de la croix, le vendredi saint, de nombreux visages me reviennent en mémoire.

Il y a, bien-sûr, celui de Marcos et Maicon, âgés de presque deux ans et cinq ans. Comment pourrais-je les oublier ? En effet, j'ai passé la plus grande partie de mon temps, lors du Triduum pascal, à prendre soin d'eux. Leur famille a été accueillie, il y a déjà plusieurs mois à la Fazenda. Après plusieurs semaines, leur mère, Jo, a décidé de les quitter. Elle a le même âge que moi, vingt-neuf ans. Ce qui me frappait le plus, au cours de nos conversations, est le fait qu'elle avait un passé déjà si lourd à porter : un mélange de violence, d'alcool, de drogue... Elle est arrivée à la Fazenda avec le désir de donner une nouvelle chance à la famille qu'elle forme avec Pequeno, le surnom du père de ses enfants. Elle s'était aussi inscrite à des cours du soir pour devenir, dans quelques années, aide-soignante. Malgré son apparence si forte, il semble que ses vieux démons l'ont rattrapée. Pequeno a décidé de rester vivre à la Fazenda. Avec son calme habituel, il tente d'éduquer ses enfants. Récemment, il a enfin trouvé un emploi dans une *fazenda* voisine.

Évidemment, Marcos et Maicon souffrent de l'absence de leur maman. Jo allaitait encore le plus jeune lorsqu'elle est partie. Ce qui me frappe le plus est le fait qu'ils pleurent très rarement. Si Marcos tombe, il se relève aussitôt et recommence à courir. Durant la semaine sainte, Pequeno travaillait de nuit. J'ai donc pu remarquer que la seule cause des pleurs de Marcos est liée au manque de présence. Ainsi, Marcos refuse de s'endormir seul. Lors de la veillée pascale, il était impossible de le laisser dormir sur la couverture, il restait littéralement accroché à mes bras. La nuit suivante, à chaque fois qu'il commençait à pleurer, le fait de le toucher, l'apaisait et lui permettait de se rendormir.

Maicon, son frère, semble s'endurcir durant ces dernières semaines. Il a parfois un air si grave, si sérieux. Il est toujours très attentif à son frère. C'est un enfant qui est perturbé, qui peut être agressif, en retard à l'école. Cependant, il continue à me surprendre. Ainsi, il est beau de le voir chanter des alléluias durant les offices qui sont toujours un peu agités. Un matin, au moment du lever, il me dit : « *Allez Lucie, on prie !* » Ce matin-là, il prendra sa douche en chantant : « *Marie, si belle, Jésus t'aime...* », en portugais, ça fait des rimes ! Un peu plus tard, dans la journée, alors que je lui montre la statue de Marie dans l'église, en lui expliquant qu'elle est toujours avec lui, il me demande : « *Et si je vais à la plage, elle est là aussi ?* » Il y a aussi ce jour, où il nous explique que si nous rencontrons des loups à la Fazenda, nous devons parler à Jésus. Accompagner Marcos et Maicon me demande toujours de trouver un juste équilibre entre la tendresse et l'exigence. Il n'est pas évident de leur donner toute la tendresse dont ils ont besoin et en même temps de les corriger, de les éduquer.

Je vous remercie pour toutes vos marques d'attention. Sachez que vous êtes présents dans ma prière.

Dans la joie du Christ ressuscité.

Lucie

Agnès
Maison de formation
San Pedro Perulapán – El Salvador

Le 8 décembre 2017

Chers parrains, famille et amis,

Deux rencontres autour d'une petite bouteille... Juancito

Il nous arrive quelquefois de nous rendre dans le village voisin de San Bartolomé Perulapia, pour la messe, lorsque le prêtre de San Pedro est absent ou parfois pour une simple question de convenance d'horaire. J'aime beaucoup me rendre à pied jusqu'à ce petit village distant d'à peine trois kilomètres de chez nous, pour la messe de 17 heures. La route est belle, toute en dénivelés et l'on peut voir les volcans au loin, puis le soleil qui commence à décliner. C'est une occasion de marcher en priant le chapelet, de rencontrer des gens qui rentrent du travail, hommes ou femmes, au pas lent, portant la fatigue du jour pour les uns et de grands paniers de farine de maïs ou de fruits pour les autres. On croise aussi quelques vaches qui passent d'un coin d'herbe à l'autre, des cyclistes, la police qui fait ses rondes régulières, des amis qui nous proposent toujours de nous conduire. Ainsi, don Mauro, qui conduit le bus de 16h30 ralenti toujours à notre approche : « *Madre*[20], *je vous offre le passage, montez donc !* » Il a du mal à saisir le refus aimable des *Madres* qui préfèrent un peu d'exercice à sa bonne compagnie ! Il arrive aussi que des pasteurs évangéliques de passage se hasardent à nous annoncer le retour éminent du Christ, d'une manière un peu intempestive et saccadée, en lançant un : « *Cristo viene, preparese !* »

20 Mère

(Le Christ vient, préparez-vous) ou « *Lea la Biblia !* » (Lisez la Bible !). Nous sommes bien d'accord là-dessus...

Il y a quelques mois, en une fin d'après-midi particulièrement chaude, j'arrivais près de l'église lorsque je vis un tout jeune garçon, Juancito, qui pleurait bruyamment, assis sur le trottoir. Une dame ouvrait sa porte pour le regarder et depuis la place les gens faisaient leurs commentaires dans sa direction. Il avait l'air si désespéré que je m'approchais lentement, devinant que quelque chose venait de se passer. Je lui demandais simplement pourquoi il pleurait et il me répondit tout aussi simplement, qu'un garçon plus grand venait de le frapper et lui avait pris son ballon. La dame en retrait sur le pas de sa porte me lança : « *Ce n'est pas la première fois que ça arrive Madre et regardez, sa mère est là-bas sur la place* ». Je la remerciais d'un regard, discrètement, jugeant que ses renseignements ne servaient pas à grand-chose. Je m'abaissais à la hauteur du petit garçon et plus qu'une souffrance physique, je perçus toute sa détresse intérieure, sa solitude d'enfant livré à lui-même. En me retournant vers les gens de la place je fus bien incapable de distinguer une quelconque maman tant l'attitude des gens me semblait narquoise ou indifférente. Au milieu de ce peuple si bon, je suis toujours peinée de voir que, comme partout il y a ces foules anonymes et inhumaines. Ces cœurs vides, comme les regards.

Souvent, la souffrance d'un enfant ne compte pas et pourtant, ce petit Juancito envahissait soudain mon cœur, sans avoir rien fait de particulier. Je lui demandais son prénom, s'il voulait boire un peu d'eau et lui appris à boire à la gargoulette. Ces quelques attentions l'apaisèrent un peu et la dame qui nous observait referma sa porte. De fait, il me confirma que les grands l'embêtaient souvent car il était seul pour jouer, et cette fois-ci, ils lui avaient pris son ballon. Ne sachant quoi faire pour le consoler, je lui demandais s'il connaissait Lionel Messi. « *Claro madre, me gusta mucho este jugador !* » (Bien-sûr *Madre*, j'aime beaucoup ce joueur !). Profitant des quelques minutes qui me restaient avant la messe, je lui rappelais que Messi se faisait souvent tacler et attaquer pendant les matchs. « *Tu comprends, lui dis-je, comme c'est un bon joueur, personne ne le laisse tranquille. Tu vois, c'est un peu comme toi finalement, tu es quelqu'un de bon, il ne faut pas te décourager si les autres t'embêtent.* » Ces quelques mots qui me vinrent soudainement à l'esprit semblèrent redonner un peu de paix à mon petit Juancito qui écoutait, silencieux, puis me dit avec un début de sourire : « *Merci Madre, je vais y penser.* » Je me levais pour entrer dans l'église et l'aperçu de temps à autre, pendant la célébration, arpentant le trottoir, mains dans les poches. À la sortie de la messe, il était là et me salua, l'air plus joyeux, mais je restais plusieurs jours avec le souvenir de sa solitude dans le cœur.

« Ma petite mendiante toute tremblante »

La deuxième rencontre étonnante que je fis dans l'église de San Bartolomé Perulapia, ce fut avec celle que j'ai surnommé « *ma petite mendiante toute tremblante* ». J'étais arrivée un peu en avance et venais à peine de m'asseoir sur un banc près d'une porte latérale, histoire de sentir un peu la brise, m'apprêtant à déboucher ma bouteille d'eau, cette précieuse petite bouteille, si bienvenue après mes trois kilomètres sous le soleil...

Silencieusement, s'approcha de moi une femme toute fine, certainement plus jeune que son apparence, avec un joli visage aux yeux noirs pétillants. Elle ne parlait pas mais tout son corps tremblait et elle croisait et décroisait ses doigts de manière incessante. Je terminais d'avaler une gorgée d'eau et vit qu'elle portait des vêtements très sales, elle devait venir de la place du village où elle passait certainement une bonne partie de ses journées. Elle ne parlait pas mais regardait ma bouteille avec une expression qui me fit comprendre son attente. Elle voulait boire ! Cela voulait dire pour moi que je n'aurais plus d'eau jusqu'au retour de la maison, et donc...

Ma petite mendiante s'assit, toujours silencieuse, sans expression, je perçus qu'elle était un peu absente, mais son regard, bien présent, ne se détachait pas de ma bouteille. Je décidais alors de lui donner à boire moi-même, car elle tremblait tellement qu'elle n'aurait pas pu tenir la bouteille dans ses mains. Je plaçais un kleenex sous son menton comme si je donnais à boire à un nouveau-né. C'est cette même impression de douceur qui m'envahie, comme s'il s'agissait d'un petit enfant. Après avoir bu quelques gorgées, elle me regarda sans rien dire, toujours toute tremblante et aussi furtivement qu'elle était venue, elle s'en fut. Je restais étonnée de la paix qui m'environnait après son passage, elle que j'aperçois de temps à autre sur la place de l'église, errante.

Instant de grâce

Nous resterons encore un instant à l'église, mais cette fois-ci, dans celle de notre village, l'église de San Pedro Perulapán, dont la très belle et ancienne façade est restée debout après le tremblement de terre de 2001. Tout l'édifice s'est effondré, mais Saint Pierre, veillant sur la porte principale, a tenu bon.

À la messe de 10h30 le dimanche, j'ai souvent l'habitude de m'asseoir près d'une grande porte latérale qui distribue généreusement ses courants d'air rafraîchissants. Pour Adrian, c'est aussi là qu'il se retrouve, entouré de son arrière-grand-mère, de ses tantes, oncles et cousines. Cette famille est l'une des premières qui nous ait accueillies lorsque nous nous sommes installées à San Pedro, en nous aidant et nous entourant toujours de leur amitié. Adrian, du haut de ses trois ou quatre ans, est un petit garçon aux cheveux noirs bouclés et aux joues rebondies qui sait parfaitement jouer de son charme pour obtenir tout ce qu'il veut et vit ce rendez-vous dominical avec plus de gaieté, de bonbons, de bouteilles d'eau fraîche et de *pupusas* (galettes de maïs fourrées au fromage, haricots rouges ou viande) que d'attention religieuse. Ses allées et venues sont incessantes, ses sourires aussi, et tout se passe dans la plus grande joie, au milieu de l'ambiance musicale et chaleureuse de la messe. *Niña* Trifina, l'arrière-grand-mère, essaie bien quelquefois, par politesse, de l'obliger à me dire bonjour, mais il se dérobe dans un sourire radieux et j'avoue que je ne me risquerais pas à imiter *Niña* Trifi — comme nous la surnommons — car Adrian est de ces enfants qui sans être agités ont besoin d'être libres de leurs mouvements, gracieux et légers. Il ne dérange pas, au contraire, il est comme le rappel de ce que la messe offre aussi à notre cœur de pouvoir librement, aller et venir, aller et revenir auprès du Seigneur. Ce fut dans cette tonalité de grâce inattendue qui entoure les mouvements d'Adrian, que je le vis soudain devant moi, debout sur le banc dans le dos de son arrière-grand-mère, au moment de la proclamation de l'Évangile. Il me regardait avec un de ces demi-sourires dont il a le secret, tête renversée et je ne sais comment je compris dans le mouvement de ses yeux rieurs qu'il voulait que je le signe, comme les adultes le faisaient autour de lui. Je dis alors en faisant une croix sur son front, puis sur ses lèvres et son cœur, alors qu'il fermait les yeux, absolument immobile et ravi : « *Cristo en tu mente, sobre tus labios y en tu corazón* » (Le Christ dans ton esprit, sur tes lèvres et dans ton cœur). Il resta encore quelques secondes ainsi, puis rouvrit les yeux, sans un mot, et d'un mouvement de tête me remercia, souriant, puis se retourna lentement, toujours debout sur le banc, il posa sa petite tête sur l'épaule de sa tante Gladys et suivi la lecture de l'Évangile sans aucun mouvement. Un instant de pure grâce, tellement simple qu'il passe ainsi, inaperçu, sauf pour ceux à qui il est donné de le vivre.

Je vous quitte sur cette note toute enveloppée du mystère de Noël, cet événement qui a bouleversé l'humanité, dans le plus grand silence et la simplicité. Que Noël vous emplisse de Paix et vous apporte la joie scintillante des petits Bergers.

En communion avec chacun de vous.

Sœur Agnès

Maguelonne
Point-Cœur Jules-Monchanin
Chengalpet – Inde

Le 14 mai 2019

Bonjour, bonsoir à chacun d'entre vous
qui lisez cette lettre,

Voilà maintenant six mois que je continue mon aventure en terre indienne ! Six mois où déjà des liens se sont créés, déliés et raccrochés. Six mois où je continue à découvrir ce pays magnifique, la force des Indiens, les traditions religieuses et culturelles qui me sont de plus en plus familières. En un mot, je découvre le cœur de l'être humain dans un environnement bien différent de ce que je connais.

Le bonheur dans la rue

Pour commencer cette lettre, je veux continuer à vous lier avec Angel et Souria, que je redécouvre chaque fois que je les vois. Ces deux enfants me touchent beaucoup par leur facilité, comme enfants, à vivre l'instant présent et, en même temps, la réalité de la vie inscrite dans leur regard. Avec eux, j'ai la sensation étrange de devoir les apprivoiser à chaque fois mais, en même temps, quelque chose de fort nous lie. Un jour en rentrant des courses avec Chiara, nous entendons de puissantes voix d'enfants crier « *Akka akka*[21] », de l'autre bout de la rue. Nous avons été bien inspirées de nous retourner : Angel et Souria nous appelaient avec de grands sourires en sautant devant leur roulotte. Dès notre premier pas vers eux, Souria a couru à notre rencontre et Angel a commencé

21 *Akka*, en tamoul, est un nom utilisé pour s'adresser à une parente ou une amie plus âgée en signe de respect et signifie « sœur ».

à courir autour de la roulotte en criant pour exprimer sa joie. Impossible de ne pas résister à cet enthousiasme vrai et spontané dont font preuve ces deux enfants. Cette fois-ci, c'est Souria qui nous reçoit dans leur aire de jeu derrière la roulotte : nous enlevons nos chaussures (comme il se doit dans tout lieu que l'on respecte), Souria nous fait nous assoir et il nous introduit à son jeu : la *pudja* (rituels réalisés dans les temples hindous). Je me suis totalement laissée guider par Souria dans son jeu pour réaliser les rituels et donner les offrandes (des cailloux et des branches) devant leur temple fabriqué de pierres et de bouts de ficelle, lui qui est chrétien. Il était tellement heureux de pouvoir jouer avec nous, de nous montrer les gestes à réaliser. Il n'hésitait pas à nous réprimander si nos gestes maladroits ne correspondaient pas à ceux vus dans les temples. Il faut dire que c'était difficile de se concentrer avec une tornade d'énergie, au nom d'Angel, à côté de nous. Elle se prêtait, à son bon vouloir, aux demandes incessantes de son frère de participer au jeu. C'est là que j'ai compris qu'il est dur pour Souria d'avoir un partenaire de jeu. Chacun de nos passages lui apporte cette attention de grande sœur qu'un enfant cherche tout simplement pour jouer.

Pour ce qui est de sa petite sœur, une fois ses tours de joie finis autour de la roulotte, elle a commencé un parcours du combattant sous la roulotte à faufiler son corps frêle en-dessous, au-dessus des barreaux avec une joie intenable et un sourire indélébile. Ensuite, ce sont les bras de Chiara qui ont été pris comme cible, pour venir se réfugier, pas bien longtemps. Hop, la voilà qui grimpe sur la roulotte, heureusement les mains bienveillantes de Chiara étaient là pour la rattraper. Comme à chaque fois, pour prolonger les moments des au-revoir, nous faisons les traditionnels sauts en l'air et tourniquets, en investissant la rue et en slalomant entre les motos et vélos. C'est là que les rires à gorge déployée sont les plus entraînants, que les regards curieux des passants sont les plus discrets et que la force dans mes petits bras est la plus puissante. C'est revigorant de rencontrer des enfants comme ceux-là avec une joie de vie énorme, qui savent être là, peut-être les enfants les plus heureux que j'ai rencontrés. Les liens se raccrochent à chacune de nos rencontres, en laissant un peu de leste à chacun de nos départs toujours difficiles pour eux.

Un repas de soutien

J'aimerais vous parler d'Esther *akka* et notre première rencontre. Lundi, nous entendons des bruits de tambour qui résonnent de la rue d'à côté, bruits caractéristiques de la célébration d'un décès. Sensibilisées à ce bruit spécial et à ce qui se doit de faire (nous avons eu plusieurs décès dans notre rue depuis le mois de février), les filles (Chiara, Guillemette et Maria) se rendent auprès de cette famille, comme voisines qui se soucient de la souffrance de ceux qui nous entourent, pendant que je garde la maison. La tradition nous mène à cuisiner pour cette voisine que nous ne connaissons pas encore, pour lui montrer notre soutien. Avec Guillemette, nous partons offrir un plat *d'idli* (galettes de riz cuites à la vapeur) avec une *coconut chutney* (sauce pour agrémenter). Je me retrouve devant une maison que je n'ai jamais vue et qui fait tâche à côté des maisons voisines. C'est au centre de quatre murs surmontés d'une taule et quelques sacs plastiques pour couvrir les trous du toit, que je découvre Esther *akka*. Elle est assise, le regard dans le vide, sur une chaise en plastique au milieu de la seule pièce de la maison remplie d'un tas d'objets qui tombent de partout. Il n'y a pas la place de faire un pas. Je me suis demandée si elle dormait, il n'y a même pas l'espace de s'allonger... Quand elle nous a vues, le temps s'est arrêté. J'ai reçu son regard rempli de souffrance et je me suis sentie totalement désarmée. Comment réagir devant une personne qui vient de perdre un être cher ?

La réaction d'Esther *akka* n'a pas été de nous sortir les tapis rouges devant deux blanches qui arrivent chez elle, ni de nous rejeter avec colère : elle s'est mise à pleurer dans nos bras. L'humilité de se mettre à pleurer devant deux inconnues, sans même avoir échangé un mot, m'a renvoyée à la grandeur de la déchirure de son cœur. Quoi faire ? Que dire ? Aucun mot ne me vient, encore moins en tamoul. La seule solution : accueillir, à même le corps, la souffrance d'Esther *akka*. Une fois un peu de réconfort retrouvé, elle se réveille de son état de sidération et prend conscience que les choses sont allées trop vite et dans le mauvais ordre. Elle nous invite à rentrer chez elle, s'empresse de nous offrir les deux chaises présentes et nous prépare un café. Ce temps de transition l'aide à se remettre de ses émotions et elle nous fait part de l'étendue de sa souffrance. Esther *akka* n'est pas mariée, elle vivait seule avec sa mère qu'elle vient de perdre. Elle a un frère et une sœur, tous les deux mariés avec des enfants. Ils habitent la maison d'à côté, mais n'ont plus aucun lien. Son seul soutien, sa seule famille, sa seule amie était sa mère. Elle ne travaille pas, son seul moyen de continuer à survivre est de faire les démarches administratives dont elle ignore tout. Je suis là, incapable de l'aider sur ce point, incapable de trouver les mots pour sécher ses larmes, à mon tour sidérée par l'impasse dans laquelle elle se trouve. Je suis là à vivre, pendant trente minutes, un minuscule bout de sa souffrance qui s'inscrit sur son visage. Nous finissons par lui expliquer que nous habitons à côté, que notre maison lui est grande ouverte, qu'elle est la bienvenue quand elle le souhaite. Cette invitation n'enlève rien à sa tristesse, mais elle dépose une étincelle dans son regard et un sourire de remerciement sur ses lèvres. Elle accepte notre repas, sûrement pas assez épicé pour elle, nous remercie et nous regarde partir debout sur le seuil de la porte jusqu'à ne plus nous voir, comme le font chacun de nos amis. Un deuxième premier pas, une première invitation, une ébauche de lien qui se crée.

Voilà deux rencontres sur mon chemin indien. Deux moments de présence pour partager une joie, une tristesse, une découverte. J'espère avoir pu vous faire vivre quelques moments que j'ai vécus, ici, à Chengalpet, grâce à vous. Vous restez très présents avec moi et je continue à vous emporter dans chacune des maisons de nos amis. À très vite.

Maggy akka

V. Les exilés

« *Tu laisseras tout ce que tu aimes le plus chèrement ;*
et c'est la flèche que l'arc de l'exil décoche pour commencer.
Tu sentiras comme a saveur de sel le pain d'autrui
et combien il est dur à monter et descendre l'escalier d'autrui. »

Dante, *La Divine Comédie*, Le Paradis, XVII

Adélaïde
Point-Cœur Saint-Jean-de-Patmos
Athènes – Grèce

Le 29 mai 2017

« *Nous sommes dans l'absolu, ici et maintenant, il n'y a rien d'autre à connaître que ce qui est, rien d'autre à aimer que tout.* »
Etty Hillesum

Chers parrains, marraines, chers amis,

J'ai eu du mal à commencer cette lettre. Décrire notre quotidien me semble parfois si compliqué : rien ne se passe vraiment et pourtant tout est là.

Il y a cependant quelqu'un dont je ne vous ai jamais parlé et qui a une place toute particulière dans ma mission. Nous avons rencontré Jea chez les Sœurs de Mère Teresa cet hiver. Je me souviens de son ventre énorme sur ce corps de jeune fille et de ses grands yeux un peu perdus. Très spontanément, nous prenons son numéro, apprenant qu'elle allait déménager bientôt. Et quelque temps plus tard, nous décidons de lui rendre visite dans son nouveau chez elle. Elle nous indique qu'il faut passer les barbelés « *qui font comme une prison* » puis quand on voit les « *papillons et les cerfs-volants* », c'est là. La providence a voulu que l'on finisse par la trouver, dans une école retirée du centre, aux allures abandonnées, dont un des étages sert à loger des réfugiés dans des anciennes salles de classe. L'étage est recouvert de graffitis d'enfants, d'eau stagnante par-ci par-là, de petites chaussures un peu partout dans le couloir. Chaque habitant a la clef de sa propre douche, toutes disposées dans le couloir tandis que les robinets sont collectifs, l'un d'entre eux, défouloir de la colère d'une petite fille trône, cassé au milieu des autres.

Jea nous explique que l'entrée est interdite aux hommes, il y aurait eu un meurtre quelque temps auparavant, ajoute-t-elle sur ce ton un peu fatigué de ceux qui en ont déjà beaucoup trop vu. Sa chambre est très vide mais avec un bon chauffage : nous sommes un peu rassurées. Elle nous accueille avec sa simplicité si touchante et nous raconte petit à petit son histoire, terrible, avec ses grands yeux d'enfant.

Originaire du Congo, Jea porte l'enfant d'un des militaires qui l'a agressée lors de leurs passages dans son village. Elle explique que c'est fréquent et que le « non » des femmes n'est alors pas vraiment concevable. Elle nous dit ne se rappeler de rien. L'histoire est ensuite assez floue, moi-même ayant eu du mal à tout enregistrer tant je me refusais à accepter qu'elle ait eu à subir toutes ces horreurs. S'en suit une tentative de quitter l'Afrique, un suicide d'une jeune femme sous ses yeux, et l'annonce de sa grossesse. Jea finit par arriver en Grèce, d'abord sur une île puis à Athènes, seule, sans nouvelle de sa famille, avec pour seule attache à son pays le fruit de cette terrible agression. Elle apprendra par la suite que sa mère n'a jamais été revue : ils ont simplement retrouvé sa maison avec le toit déchiré. Le père quant à lui était parti des années auparavant. Elle semble ne pas réaliser pleinement qu'elle est enceinte, elle dit simplement attendre de se réveiller et réaliser que ce n'était qu'un mauvais rêve. Elle nous raconte avoir décidé de ne pas avorter car cet enfant est maintenant sa seule famille.

Elle semble ne rien savoir d'un accouchement et nous essayons tant bien que mal de lui donner quelques repères. Nous repartons assez inquiètes tant pour son avenir que pour celui de sa fille. Mes petits réflexes de psychologue me reprennent : comment vont-elles pouvoir se construire sur un socle si fragile et si douloureux ? Les semaines passent, l'accouchement approche et je n'arrive pas vraiment à trouver de l'espoir. Jea a pourtant cette pureté qui me questionne : comment peut-elle rester si innocente avec toutes les épreuves qu'elle a dû traverser ? Elle me touche en permanence par sa candeur et son humour lumineux. Elle nous parle de son passé avec une douceur très belle lorsqu'elle mentionne son père ou l'enfant qu'elle a été. Elle nous raconte comment elle a découvert pour la première fois son reflet dans l'eau (« *Serait-ce une sorcière de la rivière ?* ») et comment elle s'est forcée jusqu'à s'en rendre malade à manger de la nourriture « pour blanc » pour paraître plus « aristocrate ». Avec une grande simplicité, elle dit parfois se sentir triste sans comprendre pourquoi, mais quelques minutes suffisent pour que la lumière revienne dans ses yeux et qu'elle nous emporte à nouveau avec elle dans son petit village congolais.

Le grand jour approche et je me surprends à vérifier très régulièrement qu'elle ne nous envoie pas un message pour dire qu'elle est à l'hôpital. Elle finit par donner naissance à la petite Milla, il y a déjà trois mois, un accouchement difficile d'autant plus que Jea a une insuffisance cardiaque. Nous tentons immédiatement d'aller lui rendre visite et, après un certain temps dans les étages de l'hôpital (non, nous ne sommes toujours pas bilingues...) nous finissons par trouver sa chambre. Mais l'accès est réservé à la famille et Jea n'en a pas.

À son retour à l'école nous allons la voir, des guirlandes de couleur à la main pour décorer ses murs si vides, entourées des petits voisins syriens, fascinés par l'arrivée de Milla. Jea est transformée. Elle dégage une sérénité que je ne m'explique pas bien et porte sa fille dans les bras comme si elle l'avait fait toute sa vie. Milla est habillée comme une princesse et sa mère lui parle avec tendresse. Comment une histoire aussi tragique peut-elle donner vie à un si bel amour ? J'en ressors déroutée.

Par la suite, Jea nous raconte avoir retrouvé son frère grâce à un homme rencontré à son arrivée en Grèce. Son frère devait être enfant soldat et ayant pris peur, il s'était évadé dans la forêt. Aujourd'hui, il vit au Canada avec sa femme. Quand ils se sont appelés pour la première fois, ils ne se sont pas parlés, s'écoutant simplement pleurer l'un l'autre.

La semaine dernière, nous sommes allées fêter ses peut-être dix-huit ans (elle ne sait pas vraiment elle-même son âge) dans le parc à côté de l'école. Elle m'explique quelques jours avant : « *Je veux la totale ! Avec des bougies et une chanson !* » On lui a donc donné « la totale » : un gâteau avec des bougies, une chanson, un cadeau et une carte : un simple papier rose où l'on avait écrit Joyeux anniversaire. Quand elle l'a vu, elle a simplement dit : « *Personne n'a jamais fait ça pour moi, je la garderai toute ma vie* ».

Jea, je l'ai aimée à l'instant où je l'ai rencontrée, avec ses grands yeux perdus et son sourire malicieux. Elle est pour moi un signe fort d'espoir et de joie : celui de la lumière présente en toute chose.

Merci encore et toujours de votre soutien, je vous porte dans mes prières tous les jours et continue de lire vos messages avec joie.

Je vous embrasse.

Adélaïde

Joseph
Point-Cœur Sainte-Monique
Dakar – Sénégal

Le 25 mars 2018

« *On voit la grandeur d'un homme dans trois situations : le pouvoir, la richesse, et la pauvreté.* »
Proverbe arabe

Salaamalaykum ! Na ngeen def ? Naka seen wakeur ? La paix soit sur vous, comment allez-vous ? Comment vont les gens de votre maison ?

La vie ici nous apporte son lot de perles au quotidien, et la mission nous donne la grâce de pouvoir lire et méditer ce que nous vivons. Faire mémoire de ces moments bons ou mauvais, permet de ne pas perdre leur valeur et procure une saveur toute particulière à nos journées.

Awa golo

Ce jour-là est un jour comme un autre. Il est 8h59. Nous venons de finir le petit-déjeuner, et passons l'éponge et le balai. Boum boum boum ! Notre porte en fer résonne comme une cymbale fêlée frappée à répétition par une force enragée. Beaucoup seraient tentés de prendre une matraque pour bastonner l'impudent prenant notre porte d'entrée pour un gong. Mais dans la communauté personne n'est surpris, et les sourires se dessinent. Les uns et les autres nous parions et tombons d'accord : « *Vu le rythme, ça doit être Awa golo !* »

Depuis un bout de temps, les cinq ou six derniers de plusieurs familles du quartier, désœuvrés car n'allant pas à l'école (ils ont entre quatre et six ans) viennent chaque jour frapper chez nous, tentant de se faire inviter à faire quelque chose, n'importe quoi, avec nous. Suivant les circonstances, ces petits diables vont tenter de balayer, faire la lessive, aller au marché, cuisiner avec le bénévole de permanence, ou même venir prier à la chapelle. Si un jeu de cartes ou une poupée/voiturette sont posés visibles sur un meuble, ce sont des petits yeux brillants qui nous supplient de les laisser entrer.

Et cette bande composée de Babou et Omar, Fra Alfred et Ablaye, est menée par la « grande sœur » Awa, six ans. Awa est un prénom très fréquent dans le quartier, et c'est avec une légère hésitation (vous me comprendrez sûrement) que parfois j'utilise le surnom que nos amis lui donnent pour la distinguer : Awa golo (qui veut dire singe). Car elle a l'étrange habitude de grimper systématiquement sur les bénévoles, dès qu'elle nous voit. Chose qu'elle ne se permettrait évidemment pas avec d'autres adultes, elle nous a redéfinit en baobabs de substitution, et venant tantôt par la gauche, tantôt par la droite ou par derrière, elle s'accroche à la taille, aux bras, épaules, cou, tête et cheveux pour se hisser, et toiser de là-haut les autres enfants probablement jaloux de ne pas être à sa place. Comme la porte-gong, ces assauts acrobatiques sont un gros test de patience, mais surtout, un grand cri, une soif d'affection, d'être embrassée, de retrouver cette chaleur protectrice et apaisante des bras de ses parents, apparemment bien absents pour elle.

Awa, quand je l'ai vue la première fois, dans ses guenilles et recouverte de poussière, m'a parue être vraiment difficile à aimer. Une espèce de sauvage avec des airs de lépreuse qu'on préfèrerait maintenir à distance. Bon, autant dire que sitôt qu'elle vous sautait dessus par derrière, c'était raté. On pourrait se dire « *elle me salit, et elle me fait perdre mon temps !* » Mais c'est notamment par ce temps « perdu » à ne pas la repousser que je me suis laissé surprendre et impressionner.

Cette enfant est l'une des plus fidèles à la prière du chapelet. Et alors que chaque jour est un combat pour essayer d'enseigner les Mystères aux enfants qui semblent tout confondre et ne rien retenir (« *Troisième mystère douloureux ? — La Présentation de Jésus au Mont Thabor !* »), c'est un combat pour ne pas qu'elle réponde à toutes les questions avant que les autres aient pu avoir leur chance. Car en réalité, elle a six ans, et connait tous les Mystères (Joyeux, Douloureux, Glorieux et Lumineux) médités lors de la prière du chapelet... Et lorsqu'on lui donne l'occasion de guider la prière pour un Mystère, c'est en alternant les Ave Maria en wolof, en français, et en latin qu'elle mène la petite assemblée. Là où beaucoup d'enfants ont tant de mal à dix ou douze ans, elle a déjà maitrisé cela à six.

Et comme à la chapelle, c'est en lui donnant l'occasion de cuisiner avec moi un *ceep bu dien bu khonq, bu nekh* (riz rouge au poisson, et délicieux) que j'ai réalisé qu'elle pouvait cuisiner à six ans, presque aussi bien que moi. La petite lépreuse qui ne demandait qu'un peu d'attention est en fait une enfant probablement supérieurement intelligente et douée, qui ne cesse de m'étonner.

Alors quand, au bruit, on a l'impression que la porte va se desceller du mur et qu'il est 9h du matin, ce sont paradoxalement des mines amusées qui se dessinent sur nos visages, avant que l'un de nous aille ouvrir, et ne se fasse acheter l'entrée par des petits sourires ravageurs et des yeux pétillants. Dure négociation, qui doit malgré tout se plier aux exigences du réel, suivant le programme de chaque jour.

À la recherche de Laye bu khess !

Ce programme comporte chaque semaine une journée pour aller visiter des amis qui travaillent à Mbeubeus. Ce mot (à prononcer sans le « ai » d'Aimbeubeusse) désigne la grande décharge à ciel ouvert de Dakar. Comme beaucoup de villes de ces pays émergents, Dakar n'est pas encore au top niveau dans la gestion des déchets... Le ramassage se fait par camions passant dans les rues, stationnant à des points précis où les habitants font la queue avec leurs sacs/seaux d'ordures. Tous ces camions emportent quotidiennement jusqu'à la décharge tout ce que les habitants de Dakar et de sa banlieue font l'effort d'apporter (et de ne pas jeter dans la rue).

La zone de Mbeubeus est comme un continent d'ordures, accidentellement amarré à la région de Dakar. C'est un univers aux mille visages, qui se transforme parfois radicalement d'un jour à l'autre, au gré des dépôts journaliers. Quand les camions arrivent (tout au long de la matinée), c'est une nouvelle dune qui apparaît ici ou là. Et c'est un nouveau point de concentration, où les travailleurs s'agglutinent, escaladant par centaine la colline du jour. Aussi, les départs de feux accidentels noircissent et réduisent telle ou telle colline, ou plaine d'ordures déjà triée par les « ramasseurs ». Le vent et le passage des camions sur les pistes qui parcourent la décharge finissent de colorer le tableau par un nuage de poussière et de cendre. Ce site de plusieurs hectares n'a pas de carte, et on n'y rentre pas vraiment autrement qu'en montant à bord des camions qui la parcourent.

Y aller à chaque fois, c'est l'aventure. Cette *terra incognita* a des allures lunaires, et semble livrée à une totale anarchie. Pourtant chaque travailleur y a un rôle défini, qui rentre dans un système économique de recyclage somme toute plutôt efficace. Mais comme 80 % des travailleurs au Sénégal, ce sont à l'écrasante majorité des « travailleurs de l'informel ». Pas de structure, donc pas de taxe, mais pas de protection sociale non plus. Ce n'est pas la clandestinité, mais c'est une forme d'organisation spontanée dont l'État ne sait pas trop quoi faire. On y ramasse le métal ici comme on vendrait des lunettes ailleurs...

Point-Cœur y a des amis dont certains nous connaissent depuis le début. Rencontrés au fil du temps, ils vont du gérant au collecteur de plastique, en passant par des infirmières, syndicalistes ou vendeuses de nourriture. Mais les années passant, il a pu arriver que des amitiés ne soient pas transmises, et qu'une personne « tombe dans l'oubli ». Ainsi parfois, discutant avec de vieux amis, ou d'anciens bénévoles, nous avons entendu parler de Laye bu khess (entendez Ablaye à la peau claire). Tous ces « anciens » nous parlaient de ce super ami, qu'aucun de nous quatre ne connaissait.

Un jour que nous partions à Mbeubeus, nous croisons Sophiatou, ancienne bénévole sénégalaise qui sortait d'un entretien d'embauche. En lui proposant pour rire de venir avec nous, elle pourrait nous présenter à Laye bu khess... elle répond du tac au tac : « *Ah oui tiens ! Je n'ai rien à faire aujourd'hui ! Mais seulement si vous allez voir Fatou Bâ !* » Nous commençons donc notre quête chez la fameuse Fatou Bâ non loin de la décharge. Amie depuis la fondation (ayant même accouché dans notre maison), l'amitié s'est conservée à tel point que le dernier petit-fils porte le nom sénégalais d'un ancien bénévole : Abou Bâ. Elle connaît aussi nombre de nos amis, et déjà nous oriente pour trouver le fameux Ablaye. C'est l'occasion aussi de mieux connaître sa famille tentaculaire (ils vivent à trente dans la maison). Nous partons en promettant de revenir pour le déjeuner.

Après avoir salué les gérants à l'entrée de la décharge (dont le président du syndicat des travailleurs, qui nous raconta comment étant jeune, il s'était échappé d'une prison mauritanienne située en plein désert, mais c'est une autre histoire), nous grimpons dans un camion poubelle pour nous enfoncer jusqu'au cœur de Mbeubeus, là où les ordures sont déversées ce jour-là.

Direction notre amie Antoinette, la *Borom ndekki*. Tout le monde connaît cette femme hors du commun dans la décharge. Vendant des petits déjeuners aux travailleurs sous une tente de fortune, elle se place toujours là où les camions déposent les ordures. Elle en a vu des clients violents, voleurs, malhonnêtes en tout genre. Sa poigne et son cuir se sont durcis pour la faire se maintenir à cette place depuis près de quinze ans, tous les jours, sauf un par semaine, le dimanche. Cette grande amie à l'humour complice et épicé, et la joie de vivre à toute épreuve, est au centre de ce territoire en mouvement. Antoinette, c'est ce centre mouvant mais toujours joignable, pour nous vagabonds de Mbeubeuss, un phare quand on est perdu dans un mauvais raccourci au milieu de cette mer.

Mais Laye bu khess, elle ne l'a pas vu depuis quelques temps. Il semble qu'il travaille moins à l'intérieur ces temps-ci. Cependant, elle nous conseille d'aller voir à la place Abdou Dieng, on en saurait peut-être plus là-bas. Une place

Abdou Dieng... ?? Rien à voir avec un carrefour nous explique Sophiatou. Les « places » sont les endroits de repos et de stockage des travailleurs. Là où pendant un temps, ils accumulent leur marchandise avant de vendre à la tonne. Mais Abdou Dieng, ça ne lui dit rien... Heureusement, nous croisons alors Babacar, un des neveux de Fatou Bâ au même moment ! Ramasseur de plastique, il travaille depuis deux ans dans la décharge (et ne semble avoir qu'à peine dix-huit ans...). Il accepte de nous emmener. Nous grimpons à l'arrière d'un camion, se tenant d'une main et laissant la moitié du corps pendre dans le vide. Grand moment de rodéo à dos de camion, secoué dans tous les sens au gré des bosses et des ornières du chemin. D'autant plus rodéo quand on sait que les conducteurs ont parfois moins de quatorze ans, et en sont à leur première leçon de conduite...

Arrivés dans un groupement de cabanes faisant comme un village, Babacar pointe son doigt vers la droite, et nous dit de sauter en marche en disant au revoir. Nous voilà donc, accostant dans un nouveau coin de la planète, sans carte ni boussole, inutiles de toute façon. Nous marchons vaguement dans cette direction et finissons par rencontrer Abdu. Mais, c'est lui le premier qui nous vit. « *Hey Point-Cœur là !! Point-Cœur ! hahaha !!* » La tête qu'on devait faire... Abdou Dieng est en fait un ami du Point-Cœur, lui aussi perdu entre les couches successives de bénévoles ! Nous découvrons alors dans cette autre rencontre providentielle, un ami enthousiaste. Nous parcourons le passé à l'aide de son album photo où se côtoient tant de bénévoles dont les noms résonnent comme un long pèlerinage dans les joies de sa jeunesse.

Abdu Dieng est un revendeur connu dans la décharge. Il centralise les métaux récoltés par des ramasseurs de base à qui il rachète pour revendre aux Chinois, ces nouveaux rois de la zone qui ont remplacé les Indiens il y a deux ans (au grand dam des revendeurs pour qui les prix ont chuté, du coup). Il est arrivé à Mbeubeus en 1997, il avait onze-douze ans. Il sortait de six ans d'éducation coranique comme talibé, et avait fini d'apprendre le coran. Il avait alors décidé d'aider ses parents en travaillant comme petit ramasseur de métaux. Convaincu que ça lui a apporté beaucoup, il a mis ses deux garçons dans une *daara*, vérifiant au préalable la réputation de l'école où il les mettait. Parce que malheureusement, certains marabouts sont loin d'être des saints. Des enfants sont parfois détruits par les traitements subis sous leurs mains.

Depuis lors, nous allons visiter Abdu presque à chaque fois, ramasser/compacter des métaux, boire le thé, palabrer... Ce jour-là, Abdu nous dit que Laye bu khess ne travaille pas dans ce coin-ci, mais plutôt vers Antoinette. On avait dû passer devant lui sans le voir... Il nous dit qu'il ne va pas très bien ces temps-ci, qu'il a recommencé à boire et à se droguer il y a quelques mois... La grande tristesse de Mbeubeus, c'est la facilité avec laquelle n'importe qui, à tout âge, peut se procurer des trucs pour se défoncer. Malgré toute la joie partagée, ce lieu reste à l'image du décor : une décharge, où la santé et la dignité sont bousculées chaque jour. Ce qui donne d'autant plus de sens à notre présence auprès de nos amis.

Alors en se quittant pour rentrer déjeuner chez Fatou Bâ (il était déjà 15h30), nous nous promettons de revenir la semaine suivante et d'organiser une rencontre avec Laye bu khess chez Abdu Dieng. Cette rencontre peut être résumée par le visage de Laye. Les traits tirés par le quotidien sans pitié de Mbeubeus, mais les yeux heureux d'avoir ces amis qui reviennent, et avec qui, seul compte d'être soi-même. Peu de mots, mais une joie sincère.

L'étable de Mbeubeus

La fois d'après, l'expédition recommence pour revoir Laye, mais en arrivant à la colline de déchets, on nous indique que Laye bu Khes doit se trouver dans son jardin... un jardin ?? « *Oui, il cultive des plantes !* » Marcel, un ramasseur rencontré lors d'une autre occasion, connaît le chemin, et nous explique brièvement comment faire... « *Vous partez par la gauche, il y a une trouée dans la colline, qui va vous permettre de descendre derrière. Là, vous faites le tour, et vous traversez le petit canal au niveau de la petite maison en construction. Le potager de Laye est à ce niveau* ».

En empruntant le chemin, nous passons soudainement de l'autre côté du miroir. Le sentier en descente contourne le plateau et nous fait longer une falaise d'ordures d'une quinzaine de mètres, calcinée par couches successives. Nous tombons finalement sur un potager assez vert, contraste ahurissant avec la déchetterie, espacé d'une trentaine de mètres. Manioc, carottes, pommes de terre, menthe, aubergines, manguiers... Mais Laye n'est pas là. Nous rencontrons Bamba son ami, la soixantaine, qui possède le terrain mitoyen avec celui de Laye. On parle (difficilement) culture et légumes. Ces terres fertiles sont probablement dynamisées par la potasse et autres substances provenant de la décharge. Mais aussi, nous apprenons que ce sont des terres inondables, et que quelques années plus tôt, ces terres n'étaient pas cultivables car sous l'eau pendant tout l'hivernage. Ils se sont mis à cultiver après avoir presque tout perdu lors d'un incendie ayant ravagé une grande partie de Mbeubeuss quelques années en arrière.

Mais Laye n'apparaît pas. Alors Bamba nous conseille d'aller voir à sa « place ». Un peu plus loin, en remontant légèrement sur le plateau. Et finalement, nous le retrouvons. Sa « place » est entourée d'un petit muret fait de tôles, de toiles et de nattes en mauvais état, accrochées à des piquets. Au centre, une petite tente/cabane sans fenêtre. Et Laye, tranquille, assis sur un bidon crevé, fumant une cigarette. Ha haha !!! Victoire pour nous, et joie commune de se retrouver, dans tous les sens du terme ! Noël est passé, et Laye, mal rasé ne ressemble pas vraiment à un nouveau-né. Mais peut-être que les Rois mages allant à Bethléem ont eu une joie similaire en trouvant Celui dont on leur avait parlé.

Ce Laye est né dans une famille aisée. Ses origines partiellement libanaises expliquent son teint clair de peau. Il avait peut-être tout ce qu'il voulait étant jeune, notamment une bonne éducation. Puis, les mauvaises rencontres, la drogue en particulier, l'ont emmené loin, trop loin, jusqu'à Mbeubeuss... Il fait partie du paysage ici. Une charrette passant, il nous explique que c'est lui qui a vendu au propriétaire les ânes qui la tirent. Quand on circule avec lui, il calme les gens qui viennent exiger agressivement de l'argent (parce qu'un blanc, ça a forcément de l'argent), il nous présente à ses amis, parfois aussi abîmés que lui... c'est le monde d'ici.

Partout, on est invité à boire le thé, à palabrer. Et la surprise de voir des toubabs qui parlent wolof, qui connaissent le *mbalakh* (musique sénégalaise), les résultats des derniers combats de lutte, et la cuisine sénégalaise, ça a un effet comique assuré.

La richesse de Laye, elle est dans le fait d'avoir réussi à préserver sa grandeur d'âme. Une humilité tellement belle, où il ne réalise pas l'honneur qu'il nous fait. Quand on vient à l'heure du repas, c'est avec empressement qu'il nous tend la cuillère et partage son assiette. On est mieux reçu que chez bien d'autres. Il n'a rien, mais c'est la Joie qui nous accueille. Il semble qu'il n'attend rien de la vie, que ce qu'elle veut bien lui donner. Quand il a besoin d'argent, il fait ramasseur. Quand il en a un peu, il cultive son potager. C'est un poète en son genre. Un amoureux des petites choses, qui n'a pas les mots pour les dire, seulement le temps de les vivre. Pour apprécier ses poèmes, il faut passer un après-midi avec lui. Le voir jouer ou rabrouer le chien errant qu'il a apprivoisé, le voir collectionner des objets cassés qu'il entrepose chez lui, parler des saisons et parcourir les petites allées de son potager, nous montrer les petits et les gros fruits...

Rencontrer un homme, apprendre à l'estimer, et à partager la douleur de savoir où la drogue l'a mené. Et s'il n'y avait pas eu la drogue... ? Mais il a sa vie, et il vit avec ce qu'il est, gagnant parfois contre lui-même, et ayant l'humilité de ne pas prétendre être autre chose avec nous, ni relativiser ou se justifier par ailleurs. Grande leçon, quand nous avons tant de mal à regarder nos petits défauts, et que l'on se raconte des mensonges à soi-même. En cela, l'humilité est source de liberté. D'autre part, c'est en admettant ses faiblesses, défauts, et en reconnaissant ses fautes que l'on est en mesure de regarder chaque être humain avec réalisme et amour.

La semaine sainte est déjà là, moment particulier pour chacun de faire le ménage, de cheminer avec le Christ, qui porte avec nous notre part de ténèbres. Suis-je tantôt Caïphe, ou Pilate, ou Pierre, ou Judas... ? Probablement, et je ne suis ni le premier, ni le dernier. Suis-je aussi, un peu au moins,

Simon de Sirène, Véronique, Marie, Jean, Nicodème, ou le bon larron ? Je l'espère !

Je vous souhaite une belle montée vers la fête de Pâques, pleine de joie et de lumière (et de chaleur) !

Ba beenen yoon samay Kharit yi !Mbaa ngeen dunde ak Jamm te dingeen noss bu bakh a bakh ! À la prochaine fois mes amis ! J'espère que vous vivez en paix, et que vous ferez bien la fête !

Joseph

Clément
Point-Cœur Herman-Cohen
Vienne – Autriche

Le 21 décembre 2016

Chers amis, famille et fidèles parrains,

C'est comme un cadeau de Noël que j'aimerais vous offrir cette lettre, en vous partageant quelques trésors.

« Comme je voudrais une église pauvre pour les pauvres »

Dans ma dernière lettre, je vous annonçais la préparation d'un pèlerinage, avec quelques personnes en situation de précarité accueillies par l'association *Vinzirast*[22], dont je suis l'aumônier. Nous étions au final douze à répondre à l'invitation du pape François, de venir le retrouver à Rome pour donner un témoignage de cette Église pauvre pour les pauvres. Une association du nom de *Fratello* vit le jour pour assurer la dimension logistique et proposer une préparation spirituelle au pèlerinage. Ce nom est probablement en référence au frère universel François d'Assise, dont notre pape a voulu prendre le nom et qui avait fait de Dame Pauvreté sa compagne. *Fratello* nous envoya un petit dossier du pèlerin, qui permit à notre groupe d'organiser des rencontres préparatoires et ainsi de tisser des liens un peu plus profonds entre nous. Le défi était de taille, puisque sur douze personnes il y avait tout de même six langues différentes. La pauvreté linguistique cependant, si elle est accompagnée d'une vraie bienveillance et d'une attention du cœur, peut produire des choses magnifiques. Un peu comme les bénévoles de

22 *Vinzirast* est un centre d'hébergement d'urgence pour personnes de la rue à Vienne qui accueille chaque jour une cinquantaine de personnes.

Points-Cœur, qui font leurs premiers pas dans leur pays de mission et qui, malgré le peu de mots qu'ils connaissent, parviennent à conquérir bien des cœurs, à toucher de nouvelles personnes. Et puis notre petit groupe n'en était plus à une pauvreté près...

De nombreux obstacles se sont présentés à ce départ : la question financière ne fut pas la plus terrible, car plusieurs donateurs anonymes — notamment dans la paroisse française dont je suis l'aumônier — ont rapidement pourvu à nos besoins. En revanche, la maladie de l'un, l'addiction de l'autre, les doutes du troisième, ont mis les nerfs de la responsable de notre groupe à rude épreuve !

Nous nous sommes donc envolés — première expérience inoubliable pour plusieurs d'entre eux — début novembre pour la Ville éternelle, où un programme magnifique nous attendait : le vendredi, audience avec le pape, déjeuner sur la place Saint-Pierre ; le samedi, catéchèses dans différentes langues, procession aux flambeaux, soirée adoration-confession ; et enfin, le dimanche, messe à la basilique Saint-Pierre, durant laquelle le pape François annonçait que ce jour — dernier dimanche du temps ordinaire avant la solennité du Christ-Roi — serait désormais célébré dans l'Église comme la journée mondiale des pauvres. Tout cela pour plus de trois mille cinq-cents personnes « de la rue », issues de tous les pays d'Europe — nous étions six-cent d'Allemagne et d'Autriche, dont cent de Vienne.

Que relater de ces jours tant ils furent denses ? Tous ces visages si abîmés et en même temps si rayonnants habitent désormais mon cœur, comme autant de « Visitations » de Celui qui a voulu se faire « le plus pauvre ». De même, tous ces gestes d'une incroyable noblesse, d'une désarmante générosité, d'une incomparable liberté, d'une singulière beauté. C'est à eux que le pape a voulu demander pardon pour toutes ces fois où d'autres personnes les ont ignorés, maltraités, blessés, méprisés. C'est eux qui, en nombre incalculable, se sont approchés des prêtres cachés derrière les colonnes de Saint-Paul-hors-les-murs, pour recevoir le sacrement de la Miséricorde.

Ce temps fut aussi une bénédiction toute particulière pour notre petit groupe, puisqu'Hajdi a vécu une journée dont elle se souviendra toute sa vie. Alors que nous étions persuadés de l'avoir perdue au moment d'entrer dans la salle d'audience, quelle ne fut pas notre surprise de l'apercevoir sur l'écran géant au premier rang — fauteuil roulant oblige ! —, mais aussi en première position pour recevoir, avec son ami Tamas, la salutation du pape ainsi qu'un chapelet béni de sa main. Le soir-même, elle fit officiellement son entrée en catéchuménat, lors d'une célébration intimiste à la maison religieuse où nous passions la nuit.

À cette messe, était présents les douze du *Vinzirast* et une vingtaine du groupe *Caritas* de Vienne, qui connaissaient bien Hajdi et avec qui nous avons passé une grande partie de notre temps. La procession pour bénir Hajdi fut un moment d'une rare intensité. Avec la liberté des gens qui ont beaucoup vécu, chacun a signifié son accueil par un signe de croix certes, mais par quelque chose de plus — un mot, un geste, un regard — qui rendit le moment si vrai et si beau.

Quelques semaines après le retour, notre petit groupe s'est retrouvé au Point-Cœur pour faire mémoire et rendre grâce, chacun partageant ce qui fut le plus important. Une atmosphère toute particulière régnait, le sentiment de faire « un », alors même que ces personnes ont parfois tant de mal à se lier d'amitié. Nous leur proposâmes de rester un peu plus, puisqu'après cette rencontre avait lieu la traditionnelle fête de Saint Nicolas avec de nombreux enfants de familles amies. Deux ont accepté de rester, dont Xristo, notre ami bulgare, qui a tout à fait le physique de l'emploi. Il accepta bien volontiers de se déguiser en Saint Nicolas, une tenue magnifique que nous avait prêté la sacristine de la paroisse voisine, et investit son rôle avec une justesse qui nous émut aux larmes. Cet homme qui vit seul, dans la rue, depuis si longtemps, nous fit une démonstration de douceur et de délicatesse, accompagné de son compère, l'ancien cabaretiste Édouard à l'harmonica. Imaginez quelques instants l'improbabilité de la scène : « *Ce qu'il y a de fou dans le monde, voilà ce que Dieu a choisi* ».

« Je ne veux pas dormir »

Voilà ce que m'explique George à 21h, en versant quatre cuillères de café soluble dans une petite tasse, du coup pleine avant même qu'il n'ait versé l'eau : « *Si je dors, je rêve, si je rêve, je cauchemarde* ». George est venu occuper une salle vide supplémentaire, que le curé met à notre disposition dans les locaux paroissiaux, après que père Denis eut découvert les conditions dans lesquelles il vivait. Si les réfugiés sont en général très bien traités à Vienne, il existe aussi des profiteurs et George a été vraiment victime de l'un d'eux. Voilà donc ce jeune homme, réfugié lui aussi, Syrien lui aussi, chrétien lui aussi, membre « en transit » de notre communauté Points-Cœur à Vienne. En transit, car c'est en attendant qu'il trouve quelque chose de mieux ailleurs.

Mais George n'a, à la différence de Shafik, pas de famille. N'ayant que vingt-quatre ans — donc vingt ans au début du conflit —, il n'a pas encore fondé sa propre famille. Par ailleurs, il n'a plus ni ses parents, ni son frère. Tous ont été tués, certains sous ses yeux, dans des circonstances suffisamment horribles pour qu'il évite de nous en parler, mais qui reviennent le hanter chaque nuit, au point qu'il cherche à éviter le sommeil. Que de souffrances rassemblées en une seule personne ! Alors nous tentons pauvrement d'être là, de passer du temps avec lui, de l'écouter faire des grandes considérations sur la politique du Proche-Orient, qui souvent se perdent dans le non-sens. Shafik nous surprend par sa délicatesse : George n'est pas du tout de même bord politique et, au début, nous craignions l'affrontement. Mais un jour, après une sortie très agressive de George à son égard, Shafik nous dit : « *Il ne faut pas lui en vouloir, nous, Syriens sommes tellement blessés par le destin de notre pays !* » Il prend du temps avec lui, s'assied pour boire un café, fumer une cigarette, préparer un *humos*, comme le ferait un bénévole de Points-Cœur, comme le ferait un ami, comme nous-mêmes essayons de le faire.

En même temps, tout témoigne chez George d'un désir de retrouver la joie. Malgré le regard qui s'éteint souvent, il rit volontiers. Un jour, père Denis eut l'idée géniale de lui offrir une place de concert qu'il avait reçue. Je l'accompagnai donc au *Musikverein*, dans la plus belle salle de concert de Vienne, pour écouter une messe de Bach dans laquelle jouait l'une de nos amies, venue d'ailleurs spécialement nous saluer à l'entracte. Il fallait voir sa joie et sa reconnaissance de pouvoir être là, avec moi, entendre une musique si belle.

Est-il besoin de vous demander de prendre tout spécialement George dans votre prière, afin que l'amour à main nue puisse, par la grâce de Dieu, aider cet homme à se remettre debout et à regarder à nouveau la vie avec une authentique espérance ?

Père Clément

Au pied de la croix
Italie © Anne Gallot

Anna, Roseane, Nathan et Yan Gustavo
Fazenda do Natal – Brésil © Caroline Mousset

Marie et les amis de la paroisse Ste Thérèse
Athènes – Grèce © Points-Cœur

Alexandre et les enfants de Market 3
Manille – Philippines © Romane Derbelen

Stage de formation des bénévoles Points-Cœur
Vieux-Moulin – France © Anne Gallot

Adélaïde et Piotrek
Athènes – Grèce © Diane Schaefer

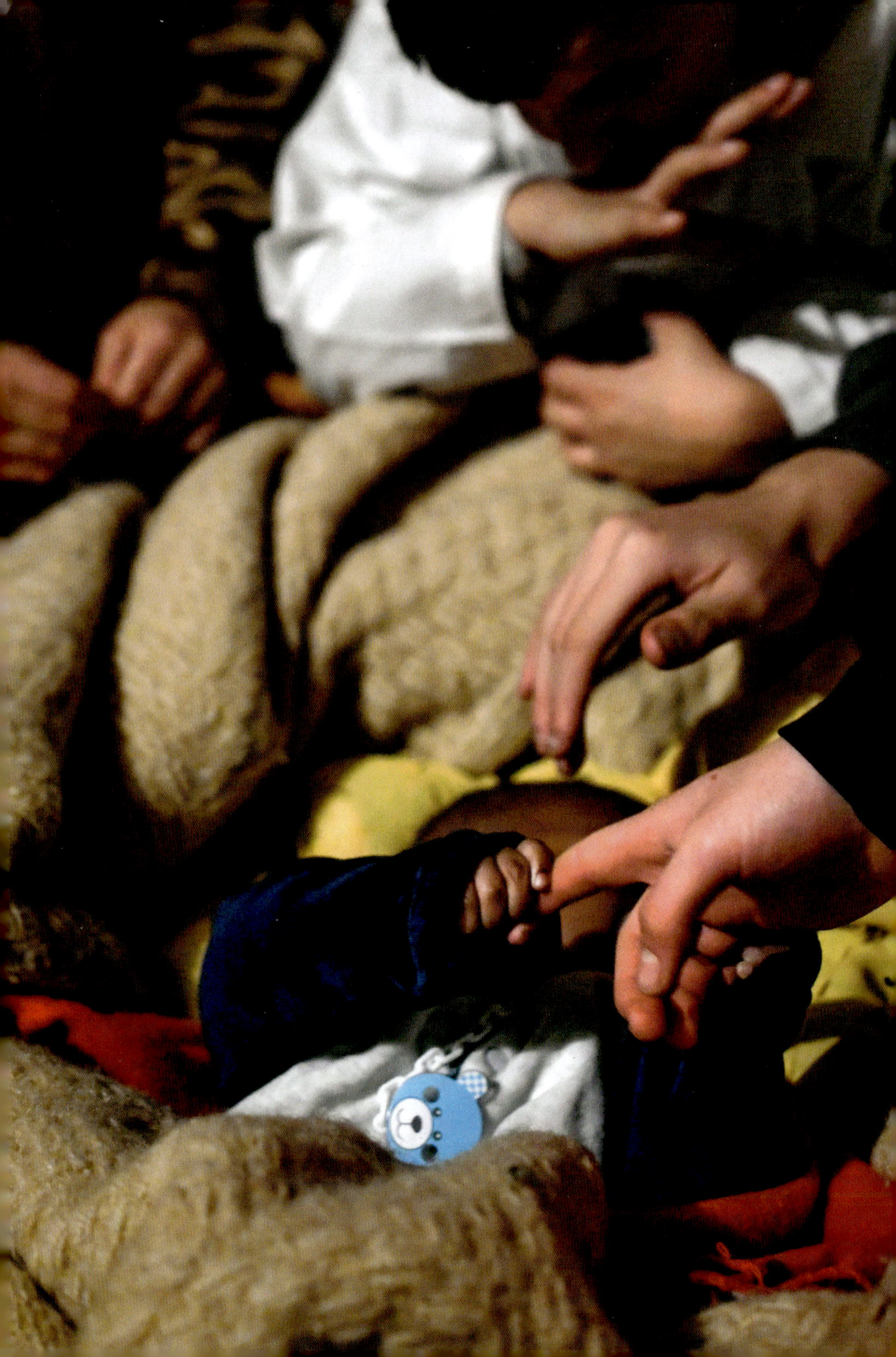

Crèche vivante
Afragola – Italie © Romane Derbelen

Fête sur le toit du Point-Cœur
Dakar – Sénégal © Pierre Baptiste Naux

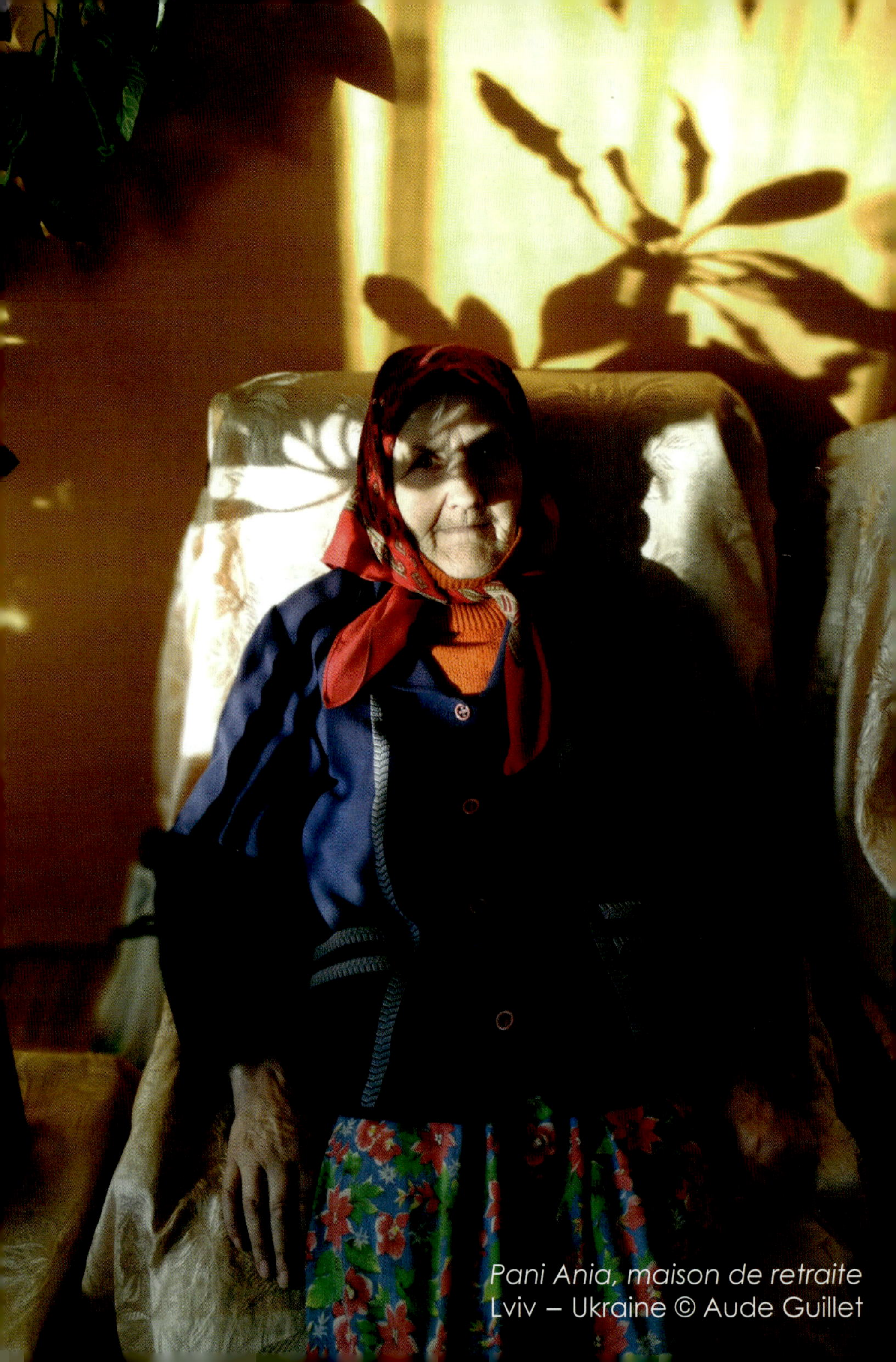

Pani Ania, maison de retraite
Lviv – Ukraine © Aude Guillet

Thibaut
Point-Cœur San Alberto Hurtado
Valparaiso – Chili

Le 23 avril 2016

Chère famille, chers parrains, chers amis,

C'est vendredi saint. Le jour au cours duquel la tradition chrétienne commémore la douleur du Christ crucifié, mort et mis au tombeau, et au travers du silence qui accompagne ce terrible événement, l'attente pleine d'espérance de sa résurrection.

Ce jour-là, nous avons regardé le film de Wim Wenders intitulé *Le Sel de la Terre*, réalisé à partir de photographies que ce dernier a pris au cours de ses voyages. Wim Wenders nous témoigne d'une humanité qui souffre, qui ne sait même plus ce qu'elle cherche. Le film, dont les photos sont toutes en noir et blanc, supprimant ainsi la distraction de la couleur, nous conduit directement à l'essentiel, à l'expression de ce visage qui souffre.

Je sors profondément marqué par ces images, et après avoir parcouru quelques mètres, je tombe sur Chicho. C'est un homme qui vit seul avec sa mère et qui est perdu. Il boit beaucoup, trop... et il souffre. Il nous regarde, nous prend dans ses bras, pleure, nous appelle à l'aide. L'écho avec le film me frappe au cœur. À travers ses souffrances, c'est toutes celles du quartier qui me remontent en tête. Tout semble décrit dans son simple nom : Porvenir Bajo, littéralement « l'avenir bas ». La souffrance est à chaque coin de rue sous un visage différent. La souffrance est d'abord matérielle, beaucoup vivent dans des *media aguas*, c'est-à-dire une maison-type, en bois, que l'on peut demander aux services publics. J'aimerais vous décrire la maison de la *Señora* Rosa, qui n'est même pas équipée du strict nécessaire, il n'y a ni cuisine, ni salle-de-bain, ni toilettes, et elle n'a pas de quoi payer l'eau et l'électricité. Le bois est pourri, les tôles rouillent et le jardin devrait prendre le nom de déchèterie. Bien qu'elle soit l'une des personnes les plus pauvres de ce quartier, elle n'est pas un cas isolé.

Ce quartier que la police n'ose pas patrouiller est la proie de la drogue. Combien sont tombés dans la consommation et n'en sont jamais ressortis ? Les jeunes sont les premières proies, commençant par des drogues douces, puisque « *ce n'est pas si grave, et puis les autres copains en prennent, il faut que je suive* », puis, progressivement, ils repoussent toujours plus les limites jusqu'à l'anéantissement de la raison. Danilo en est le plus triste exemple. Addict, il a vendu jusqu'à ses fenêtres pour obtenir de la drogue. Lorsqu'il est en manque, on le voit parfois traverser la rue à grands pas, fortement tourmenté et frappant les murs avec rage.

L'alcool également fait des ravages, défigurant totalement les personnes : vous leur donneriez cinquante ans, ils en ont trente... Le plus dur est de les voir exprimer en pleurs leur désir d'en sortir, mais ils n'y arrivent pas. Leur volonté même est détruite par ces produits.

Les familles ne sont pas épargnées non plus. Il est fréquent, par exemple, de rencontrer parmi nos amis des petits-enfants élevés par leur grand-mère, car la mère est devenue mère bien trop jeune et le père... et bien, il n'en a que le nom, car il ne fait plus partie de leur réalité.

Pati est l'une de ces grands-mères. Un jour, l'un de ses petits-enfants l'appela « maman ». Elle ne put réprimer une larme et lui dit : « *Mais non, ce n'est pas moi ta maman* ». Certains enfants n'ont pas la chance d'avoir une grand-mère pour s'occuper d'eux. Les parents absents, ils errent dans la rue, se mettent à voler, apprennent à se battre et développent une violence à peine croyable dans leur manière de parler. À dix ans, ils cherchent déjà à tuer l'enfant qui vit en eux pour mieux paraître adulte. Et face à l'absence d'un amour vital, subitement, vient la solitude, totale, assourdissante de silence. Il y a encore peu, un homme s'est suicidé dans le quartier…

Je revois *Don* David qui est passé, trois jours auparavant, au Point-Cœur, le visage perdu et tuméfié. Ses deux fils aînés l'avaient roué de coups. Je ne sais pas ce qui s'est passé chez lui, il m'explique qu'il risque la prison. Sa situation me parut totalement absurde, lui, qui s'est tellement donné pour sa famille, la voit se retourner contre lui, pourtant je sais que c'est un homme bon. Lorsqu'il m'a dit : « *Je veux partir sur les îles du Pacifique et basta, finie cette vie de fou* », je ne savais pas quoi lui répondre, j'étais perdu. Je me suis senti totalement incapable devant sa souffrance, affligé par mon inutilité, j'étais au bord des larmes. À ce moment-là, c'était devenu trop pour moi, je rentre au Point-Cœur sans regarder ce qui m'entoure, et je me précipite dans la chapelle. Je découvre le tabernacle ouvert et vide… C'est vrai, le vendredi saint, tous les tabernacles sont vidés.

Je reste quelques instants à regarder cette scène, puis je prends cette photo. Elle me paraît tellement bien résumer le film de Wenders, ou les souffrances de mon quartier : présentée ainsi elle paraît absurde, mais, accompagnée par l'attente de la résurrection, elle est chargée d'espoir.

J'aimerais vous témoigner de cette espérance qui vient d'un fait historique auquel nous sommes libres d'adhérer ou non, mais qui est avant tout une réalité que je vis ici, et qui jaillit le plus souvent des lieux où on l'attend le moins. Elle s'exprime avec tant de force dans l'appel de Chicho, quand il nous demande : « *Priez pour moi s'il vous plaît !* », il a confiance !

J'aimerais vous témoigner de cette espérance en vous contant l'histoire de trois hommes qui m'ont profondément marqué, trois hommes qui ont beaucoup souffert dans leur vie, trois hommes qui nous offrent l'honneur de leur présence au Point-Cœur tous les jours. Parfois, on oublie de valoriser leur présence car on s'y est habitué, mais elle est pourtant un signe magnifique de leur amitié : quand j'y repense deux secondes, c'est extraordinaire. Pour venir tous les jours dans la même maison, c'est qu'ils y ont trouvé quelque chose qui les rend heureux.

Je vois *Don* Jamen qui vient toujours avec son chien. En réalité, ce n'est pas le sien, mais son véritable maître l'ayant toujours laissé dehors, il a élu *Don* Jamen comme copain et le suit partout. Il l'attend à la sortie de la maison du Point-Cœur à chaque fois, et lorsqu'il sort, il lui fait la fête. *Don* Jamen le frappe pour le calmer, et lui l'aime encore plus !

Il me fait rire lorsqu'il se balade dans la rue avec ses lunettes vert-pomme, les mains dans les poches, et la tête en l'air. Sa chambre est rangée comme celle d'un écolier, les sacs sont soigneusement accrochés au mur, le lit bien fait. Il ne dort pas avec son chien : « *Il a plein de poux* ». En réalité, sa maison entière en est infestée.

Il vit avec son frère visiblement atteint d'une maladie mentale. *Don* Jamen se fait parfois frapper par ce dernier, mais il ne se plaint pas, jamais. Il ne vient pas pour ça, tout ce qu'il demande en arrivant au Point-Cœur, c'est un thé avec deux cuillères de sucre. J'y vois avant tout un prétexte pour venir s'asseoir avec nous, et nous regarder cuisiner, rigoler ou jouer avec les enfants.

Ce fut magnifique de voir Andrea (bénévole argentine) arriver dans la communauté, et lui apprendre à lire et à écrire. Et il arrivait au Point-Cœur, le lendemain, avec un énorme sourire, nous montrant avec fierté les exercices qu'elle lui avait préparés, tous terminés.

Don Tito est également un homme que la vie a broyé... Réellement, je crois que sans nous il serait totalement seul. Quand il a un problème, il donne notre numéro de téléphone, rien que ça c'est impressionnant. Il vit dans une maison, une cabane plutôt. Il fait son feu à l'intérieur... Déjà son corps en ressent les mauvais effets. Il vit avec ses chats qui lui tiennent bien compagnie. Il ne s'entend pas avec ses voisins qui prennent son jardin pour une déchèterie. L'autre jour, deux camions sont arrivés et ont déversé deux bennes de terre dans sa parcelle... Les jeunes du quartier viennent l'embêter, c'est leur passe-temps, voler quelque chose au vieux fou.

Il se plaint davantage que *Don* Jamen, mais, quand il est avec nous, il est heureux. On lui a appris le check des jeun's !

Et il en redemande ! C'est un homme qui a beaucoup travaillé dans sa vie, malheureusement sa pension de retraite ne lui permet pas de vivre correctement. Quand il arrive chez nous, on lui donne quelque chose à manger, mais il ne vient pas pour ça. Il vient pour regarder, comme *Don* Jamen. Il s'installe dans un fauteuil et nous observe, on le sent soudainement se détendre, je crois que ça le repose de venir ici. Un jour, je les ai surpris tous les deux à dessiner au milieu des enfants ! On les sentait revivre, oublier deux secondes leur propre réalité : quel bonheur !

Enfin *Don* Luis : c'est un homme qui a vraiment une vie compliquée, il s'est séparé de sa femme, ne voit plus ses enfants et ne parle plus à sa mère. Il vit seul avec son père borgne, dont l'autre œil faiblit chaque jour. Lorsque je l'ai connu en septembre, son père était parti et, fou de chagrin, il s'était mis à boire. Grâce à la patience de la communauté, qui l'a accompagné tout au long de cette difficile période, puis, par la suite, avec le retour de son père, nous l'avons vu renaître.

Aujourd'hui, il poursuit sa vie avec des hauts et des bas. Lorsqu'il va travailler, il revient souvent ivre. Ce n'est pas la même intensité qu'auparavant mais ça revient et ça repart. Le plus impressionnant, c'est qu'il revient toujours. Il sait très bien qu'on l'a vu ivre, mais il revient, il s'excuse, il reconnaît sa propre misère, il se reconnaît homme. C'est un homme, et il n'y en a quasiment aucun comme ça dans le quartier, qui est profondément reconnaissant de l'aide qu'on lui porte, et il la rend au centuple. Combien de fois est-il arrivé au Point-Cœur au moment où arrive le camion de poubelle, gants sur les mains, et nous a sorti les ordures avant même qu'on se soit dit : « *Allez, on y va !* »

Le plus beau fut lors de l'anniversaire de Carolina. Carolina est une amie qui pleure beaucoup la mort de sa mère, elle non plus n'a pas été épargnée par la vie. Elle est arrivée sans entrain ce jour-là. Et *Don* Luis s'est mis à danser la *cumbia*, la *cuequa*... C'était à mourir de rire. On avait tous les yeux rivés sur lui, à rire, à partager un bon moment. Pendant un instant, nous avons tous oublié notre réalité, et Carolina est rentrée chez elle, heureuse.

Le plus beau, avec ces trois hommes, c'est de les voir en fin de journée, alors qu'on est en train de ranger la maison : ils sont là à discuter autour de la table. Ils discutent de tout et de rien, peu importe. Chaque fois que l'un d'entre eux arrive, il demande des nouvelles des autres. C'est drôle parce qu'ils ne sont pas tendres entre eux ! « *Comment il s'appelle déjà le gars des chiens ? Jamen ? Bizarre comme prénom, et puis il se balade avec des gants, ça sert à rien* ». Ou l'autre qui arrive et qui dit, en parlant de *Don* Luis : « *Il a quelques problèmes avec l'alcool lui* » !! Mais, dans le fond, ils s'apprécient beaucoup. Je pense que, sans cet endroit un peu magique qu'est le Point-Cœur, peut-être ne se seraient-ils jamais parlé. Mais plus que tout, je me plais à croire que, si le Point-Cœur venait un jour à disparaître, ils continueraient à se voir.

L'histoire de ces personnes a une belle morale pour moi, c'est que si la souffrance existe et nous paraît parfois totalement absurde, elle n'a jamais le dernier mot.

Pour moi, elle est là cette résurrection, cette lumière que j'apercevais dans ce tabernacle totalement vide, dans nos amitiés, dans cet amour tout simple et gratuit que nous avons les uns pour les autres. Nous avons tous notre croix et chaque fois qu'un ami vient en supporter le poids, ne serait-ce qu'un instant, notre joie est immense.

Merci pour votre soutien !

Thibaut

VI. Le temps et la prière

Claire
Maison Adrienne-von-Speyr
Paris – France

Le 25 novembre 2014

Très chers parrains, amis et très chère famille,

J'espère que vous allez tous au mieux.

J'ai peur de ne pas mesurer l'espace temps entre mes lettres. Le précieux temps que Dieu nous donne et qui nous apprend à ne pas se croire les maîtres de nos vies. Celui que l'on ne peut emprisonner, que l'on ne peut faire passer plus vite, ou au contraire, parfois on aimerait qu'il ralentisse pour ne pas trop prendre de rides !

Paris est une ville exigeante au niveau du temps. Comme bien des grandes villes, il est facile de se laisser prendre par la course ambiante et de croire que le temps manque toujours pour tout. C'est aussi une grande tentation pour moi. Vouloir que tout soit fait avant même d'y avoir pensé car en mettant bout à bout les composants de l'agenda, je crois toujours que des minutes, des heures vont me manquer. Mais voici une belle leçon reçue un jour sur un quai de métro où j'arrive d'une marche plus que décidée — pour ne pas dire d'un pas très allongé ! — parce que ce rythme s'instille rapidement chez tout habitant de la capitale, et j'en fais partie maintenant. Voyant le métro partir, me fermant les portes au nez, je présente aussitôt l'autre face trop commune des voyageurs : je râle ! Retrouver la culture française est aussi une aventure qui ne tarit pas en clichés, pas si clichés que cela.

Aussitôt je regarde les affichages qui indiquent les prochains métros. Les chiffres lumineux inscrivent soigneusement deux minutes d'attente. Oui, deux minutes ! Me souvenant d'une conversation avec sr Claire à ce sujet, je souris en regardant mes pieds. La honte me monte aux joues qui deviennent surement rouges et très visibles aux autres voyageurs... deux minutes ! Tout cela car il m'est demandé deux minutes d'attente. Il y a pire non ? Comme le train dans lequel je suis actuellement et qui a plus de cinquante minutes de retard, tout en roulant maintenant à près de 300km/h ! Mais cette fois, allez y comprendre quelque chose, je suis on ne peut plus sereine. Je comprends une nouvelle fois l'absurdité de cet épisode du métro. Je suis en train de gagner du temps pour les prochaines fois : peut-être que ce temps deviendra un de ces amis que l'on aborde avec une distance apaisante, comme entre tout ami. Ne pouvant l'éviter autant s'en faire un allié, le don que Dieu fait pour rencontrer, réfléchir, prier, discuter ou chanter même. Se faire amie du temps, quel défi dans la course quotidienne ! Mais quel cadeau si je ne lutte plus contre lui, un incontournable et vital compagnon. La plus belle preuve en est qu'un moment goûté dans toute sa beauté, nous fait vite perdre la notion du temps, il s'incorpore à nous de bon droit.

L'autre jour par exemple, j'ai eu l'occasion et la joie de téléphoner dans un Point-Cœur à quelques milliers de kilomètres de France, invitée par une bénévole partie depuis peu y vivre sa mission. N'ayant encore jamais téléphoné dans ce Point-Cœur, je fais très attention au décalage horaire et voilà que quelqu'un décroche. Français ou espagnol ? Mon espagnol s'apparentant très franchement à du portugnol, le défi de me faire comprendre me laisse toujours un peu hésitante. Heureusement mon appel est attendu et l'amie décroche aussitôt. Quelle joie de l'entendre, de recevoir ses premières impressions, quelques difficultés bien sûr, elles font partie de la découverte et de la mission, mais surtout de prendre du temps pour elle, simplement. À ce moment les minutes ne comptent plus aussi urgemment, le temps est doux, pas de train à prendre, cela goûte bon. Ces instants précieux peuvent aussi nous surprendre et Dame Disponibilité est l'hôtesse qui permet au temps de suspendre aussi son cours.

Un soir, je priais dans l'église avant la messe. Les chaises étaient encore bien vides, seules quelques personnes assises parsemaient la surface de toute l'église. Les chaises étant fixées pour ne pas être dérangées, la distance entre chacune est mesurée à l'aune de l'économie, pour gagner de la place. Tant pis pour vous si un jour d'hiver votre voisin de 1,85m et une bonne centaine de kilogrammes s'assied juste à vos côtés. Vous serez au garde-à-vous pendant la durée de la célébration, et pas intérêt d'éternuer, le petit décrochement du coude risque de rentrer funestement dans les côtes de votre voisin. Et si c'est lui qui éternue, risquez-vous un coup fatal au menton ? Mieux vaut prévenir... Je tente toujours de laisser une place libre à mes côtés.

À cette heure, les places ne manquent pas. Quand, une dame arrive par le fond, claquant un peu des talons. Le bruit me surprend et par réflexe, distraite, je tourne la tête une demie seconde. La dame avance, s'arrête, regarde à droite et à gauche et s'enfile dans la rangée où je suis assise... tout au bout... juste à mes côtés. Il y avait bien dix places avant celle-là. Le regard fixé droit devant elle, elle prie, et moi aussi. Puis d'un coup elle me regarde et dit : « *Priez pour moi, s'il vous plaît, priez pour moi — Euh, oui bien sûr...* » Je ne sais que dire. Elle se rassoit et reprend sa prière le regard rivé sur le Christ en croix. Quelques minutes s'écoulent et elle se lève, me regarde dans les yeux, penchée sur moi et dit : « *Mes parents m'en veulent terriblement, je dois rencontrer une personne qui veut régler toutes ces histoires mais elle est de leur côté. J'ai peur. Priez pour moi* ». Ses traits sont tirés, son regard est très craintif. « *Comment vous appelez-vous ? – Claire* » me répond-elle. Je ne suis pas prête d'oublier son prénom. Elle se passe la main sur le visage, et me demande : « *Ça va, j'ai l'air de quoi ?* » En un éclair mon cœur cherche une réponse et il me souffle : « *Ça va ! Juste avec un petit sourire en plus, ce sera encore mieux...* » Où ai-je pu pêcher une telle remarque ? Mais elle sourit, sincèrement. C'est comme un petit combat de gagné qui lui rend un peu de confiance ; elle part à son rendez-vous après m'avoir serré la main. Je reste là sur mon bout de chaise du bout de l'allée. Mon rendez-vous est ici, priant pour elle. Je ne l'ai pas revue, mais cet instant donné, au temps précieux offert pour quelqu'un, est une autre perle qui fait de ce temps un ami cher.

Quelques jours après, lors d'un moment de prière au fond d'une autre église où je venais d'assister à la messe dominicale, je m'agenouille devant le tabernacle. D'autres personnes arrivent. Ici la place ne manque pas, pas de chaises fixées, juste quelques bancs de prière que l'on pose où l'on veut dans la chapelle. Puis un monsieur apparaît, passe devant moi pour se mettre à genoux à cinquante centimètres à ma droite. Prions, le silence est là, très porteur. Un instant, je relève les yeux et vois dans mon angle de vision quelque chose bouger. Je tourne doucement la tête. Le monsieur pleure et son corps sursaute, agité par ses sanglots. La tête de côté pour cacher au mieux sa détresse, je ne vois pas son visage mais devine son cri. Ses tempes grises, son air soigné, sa pudeur à tourner la tête me bouleversent. Son cri me transperce. De quoi s'agit-il ? Je m'en fiche, qu'importe, les larmes d'un homme sont tortures, encore plus que celles de ces femmes que parfois je croise dans la rue. Notre nature féminine a peut-être moins cette pudeur ? Son cri m'ébranle et monte avec le mien. Je reste là, immobile, imbibée de ses larmes. Le temps n'est plus cette course de deux minutes, le temps est à un autre, pour un autre, d'un Autre. Je resterai jusqu'à ce que ce monsieur parte, et resterai encore...

Ces cris sont des coups d'épée qui viennent remettre mon regard vers l'essentiel de ma présence à Paris, l'attention à ceux que je croise, où que ce soit. C'est une exigence bien difficile à tenir. Le temps est parfois un ennemi mais à travers ces rencontres, il devient l'ami que j'aimerais toujours avoir à mes côtés, libre de lui être disponible et non esclave.

Avec toute mon amitié.

Claire

Amaëlle
Point-Cœur Sainte-Rose-de-Lima
Lima – Pérou

Le 29 janvier 2020

À vous, ami(e)s et famille,

Mon cœur est lourd.

Non pas de tristesse, non pas de colère ni d'angoisse, mais lourd de quelque chose d'indescriptible. C'est comme si une ancre y était accrochée, une ancre qui me permet de vivre la profondeur des moments présents.

Je suis brûlée par la profondeur des moments présents. Par chaque sourire auquel il manque des dents et par chaque regard démuni auquel il ne manque rien.

Mon cœur est lourd d'un je ne sais quoi qui résonne au fond de mon être.

Je suis parfois surprise de sentir sur ma joue glisser tranquillement quelques larmes de joie parce que je viens d'entendre à travers les murs de la chapelle qu'une amie du quartier se souvient de mon prénom ; ou encore de sentir bien plus que mes papilles, tout mon être vibrer et se réjouir pour un chewing-gum dégueulasse qu'un enfant me tend attentivement.

Mon cœur est lourd d'un beau message, très beau, très grand pour moi ; que j'aimerais vous offrir mais qui me dépasse.

Mon cœur est lourd d'une richesse qui me rend légère.

Pardonnez-moi donc la maladresse de mes mots qui ne peuvent être que balbutiants face à ce mystère d'Amour qu'il m'est donné de vivre.

Nous nous levons chaque jour à 6h30 pour aller à la messe dans une des paroisses de Barrios Altos, déjà bien réveillé. Au sortir de notre maison jaune et rouge, les odeurs de pisse et de merde des chiens errants se confondent avec celles du petit marché couvert dont les portes viennent d'ouvrir. On aperçoit la voisine d'en face jeter un seau d'eau savonneuse sur le trottoir qui borde le pas de sa porte et frotter fidèlement le bitume sale. Un peu plus loin, c'est l'odeur de la fumée noire des bagnoles, celle un peu plus verte des pétards et celles aux couleurs innombrables des détritus de toutes sortes qui se confondent.

Sur notre chemin, on croise aussi un petit monsieur assis sur sa chaise avec sa veste de travail, lisant le journal en attendant qu'un *micro* passe (ce sont des vieux bus ou camionnettes rapiécées qui sont les transports en commun) pour gueuler harmonieusement contre quelques sous, sa destination aux potentiels voyageurs qui n'ont pas encore osé monter.

Au retour, on retrouve toutes ces couleurs et bien d'autres. Celles des maisons repeintes pour la nouvelle année, celles des uniformes des collégiens retardataires, celles des nombreuses variétés de fruits vendus à cheval sur le trottoir et la route, à côté des poulets pendus par les pâtes sur des étales bricolés, et celles des feux pour les voitures qui confondent le rouge et le vert.

On tend quelques mains, on en élève quelques autres pour saluer les passants que l'on reconnaît et celles et ceux que l'on ne connaît pas mais qui nous crient, parfois du trottoir d'en face : « *Punto Corazón, buenos dias !*[23] » Quelques fois on s'arrête pour causer un peu. C'est souvent le cas quand on croise Delia, assise sur son petit tabouret à côté de son petit kiosque rempli de petites sucreries, de petits sodas et de cigarettes à l'unité. Elle occupe un peu de ses longues journées en tricotant pour ses petits-enfants. Delia tient sans doute le 1001ème commerce ambulant de Barrios Altos. Tout au long de la journée, les enceintes d'une maison sur deux crachent des rythmes latinos, les mototaxis bataillent avec les voitures et les piétons bataillent avec les mototaxis, les chiens

23 *Punto Corazón* : Point-Cœur. *Buenos días* : bonjour

braillent et les mômes chialent... Bref, il y a beaucoup de vie à Barrios Altos.

Dans toute cette agitation, au milieu de toutes nos rencontres, de tous les témoignages et de toutes les confidences que nous font nos amis, au centre de notre vie, la chapelle et plus particulièrement le tabernacle, cette petite boîte qui abrite l'hostie est mon havre de paix et Jésus mon ami et mon frère le plus fidèle. Une heure par jour, je peux m'en approcher, tourner doucement la clé et contempler. C'est l'adoration, qui est à chaque fois une consolation.

C'est là que chaque jour, je me vide comme je peux de mes petites angoisses et de mes colères, que je pleure mes incompréhensions, que je confie mes amis et que mon cœur se remplit de ce je ne sais quoi dont je vous parlais au début. Là que je m'accroche un peu plus de jour en jour à cette ancre et que j'ai le silence d'écouter l'écho de l'amour qui me brûle. Peut-être là que tout se dépose et que mon cœur et mon âme se nourrissent sans que mon esprit ne comprenne grand-chose. Un espace-temps gratuit et simple comme on en a peu dans nos vies agitées d'Hommes modernes.

Il arrive que certaines personnes partagent ce temps privilégié avec nous. Un jour, Alexa est entrée dans la chapelle alors qu'on s'apprêtait à ouvrir le tabernacle avec Marie-Liesse, ma sœur de communauté. Alexa a neuf ans, on l'avait invitée à déjeuner avec nous et on l'entendait piailler depuis l'intérieur de la chapelle. Elle s'est agenouillée juste devant moi puis est restée à peu près cinq longues minutes. Je ne sais pas dire pourquoi mais sa présence m'a beaucoup offert. Je la regardais ; je regardais ses cheveux crépus tressés chichement, ses pieds marqués par les après-midis passés à jouer pieds nus dans la rue et sa tranquillité inédite. De temps en temps, elle tournait la tête pour observer Marie-Liesse puis elle reposait son regard sur le Saint Sacrement.

Elle a trois frères, Ivan qui a quinze ans, Facundo qui en a cinq et Fabiano de un an et demi. Toute la fratrie débarque souvent au moment des permanences pour les enfants, les après-midis. Ils habitent dans trois petites pièces, presque en face de notre maison, avec leur grand-mère Sulema et leur mère Stefany qui n'est pas très loquace mais que j'aime beaucoup aussi. Alexa ne sait pas lire, Facundo ne sait pas écrire son prénom et Fabiano vient déjà toquer tout seul à la porte du Point-Cœur.

« Si vous voulez grandir dans l'amour, si vous voulez parvenir au sommet de l'amour il vous faut aimer, aimer, donner, donner jusqu'à en avoir mal — comme l'a fait Jésus. » Mère Teresa

Chaque visage qui est devenu ici un visage amical me fait comprendre un peu plus cela. Je comprends qu'aimer vraiment, c'est risquer de se faire mal. Parce que ça fait mal d'entendre Albert te dire que son rêve c'est de s'endormir et ne plus jamais se réveiller ; de voir Berta pleurer amèrement parce que son frère les maltraite elle et José-Antonio, son petit neveu dont elle s'occupe depuis que sa mère, morte il y a deux ans, a décidé de le garder après s'être fait violer ; parce que ça fait mal d'essuyer les larmes, si rares, de Facundo quand il me confie, la peur au ventre, un peu de sa vie.

Albert, il vit sous le pont Tacna depuis un an, il ne peut plus beaucoup se déplacer à cause de son pied blessé depuis six mois et il galère depuis vingt-quatre ans qu'il est né.

Berta a cinquante-huit ans, plus de dents, une tumeur en puissance, un genou gros comme une cuisse, n'y voit plus grand chose, de l'arthrose plein les articulations et n'a pas la force de sortir la tête de l'eau. On l'a accompagnée de nombreuses fois à l'hôpital, pris un million de rendez-vous pour elle et souvent elle ne vient pas, cherché un foyer pour qu'elle puisse quitter la maison de son frère et elle ne veut pas.

Donc ça fait mal. Mais Albert, Berta, Facundo et tous les autres je les aime, je les appelle mes amis car vraiment, ils le sont !

Encore une fois, l'ancre qui tient mon cœur me donne de la force dans la tempête et chaque mardi et vendredi, les mystères douloureux que l'on prie au chapelet me rappellent que ça n'est rien comparé à la passion du Christ.

Je tiens un journal, voilà une bribe de ce que j'y ai écrit le 12 janvier, pour Facundo, Fabiano, Alexa, Ivan, Mia, Lucia,

Fernanda, Riana, Brittany, Jordan, Sebastian, Adriano, Luana, Tatu, Pancho, Luis, Matias, Fatima, Luciano, Joaquin, Gerard, Matias, Adriano, Yoshi, Valentina, Hendel, Santiago, Chocro, Caleb, Jorley, Estéfano :

Pour les sourires des gosses auxquels il manque des dents
Pour les cris des enfants qui se lassent d'injustices.

Je veux chanter sans cesse vos petits cœurs fragiles
Votre sage ignorance blessée par trop de bruits
De ces bruits rauques, de la violence des corps
De la dureté du bitume qui voit vos pieds prendre froid.

Je veux chanter sans cesse vos petits cœurs fragiles
Écrire comme vous êtes beaux aussi sales que vous êtes
Vibrer pour chacun de vos genoux cagneux, de vos mains abîmées.

Je voudrais vous porter pour que le monde vous voit
Je voudrais crier pour que le monde entende
Je voudrais m'essouffler pour que le monde accourt
Je ne voudrais surtout pas vous jurer au revoir.

Et si le monde ne voit pas, si le monde n'entend pas,
Si personne ne court et si je dois vous dire au revoir,
Si mon chant n'est pas beau, si mon cœur n'est pas juste,
Si je n'ai plus de souffle et que les forces me manquent
Je murmurerai ce qu'il reste dans la sincérité de mes prières.

Finalement, l'Amour est peut-être encore un beau risque, qui reste toujours à prendre et à reprendre dans cette vie. Quelle joie de découvrir cela !

Amaëlla

VII. Fioretti du quotidien

Aymeric
Point-Cœur Sainte-Mère-Teresa
Kasimode – Inde

Le 13 juin 2016

Chers amis et parrains

Content de vous retrouver à nouveau pour vous partager quelques épisodes de notre aventure Points-Cœur en Inde.

Le réveil du téléphone sonne, il est 6h, il fait déjà jour dehors. On entend Devi *Akka* (*akka* = grande sœur), Dipa et d'autres voisines qui s'activent à la pompe à eau, et les enfants qui se brossent les dents devant chez eux, et vont acheter du thé avec leur petit pot en métal à la main. Le thermomètre de la chapelle indique 32°C, cela est encore supportable pour un mois de mai. Dans quelques heures, sous notre toit en tôles de fibrociment, ce sera autre chose. La messe matinale en tamoul de 6h30 est toujours aussi suivie, avec entre cinquante et cent personnes dans l'église. Puis nous retrouvons quelques amis fidèles de la paroisse, Lozie *Akka*, Fathima Teacher, Hary Tison *Anna* (*anna* = grand frère), Roseline *Amma* (*amma* = mère), et quelques autres.

Roseline *Amma* nous accompagne derrière l'église pour prendre notre premier thé au lait du matin. Elle a la soixantaine et vit seule dans une petite pièce qu'elle loue, non loin de l'église. Elle n'a jamais été mariée et elle a vécu seule avec son neveu pendant longtemps, dans leur vieille maison de famille délabrée, et elle vit un peu dans son monde. Il y a deux ans, son neveu a décidé de vendre la maison qui s'écroulait et lui a forcé la main pour signer l'acte de vente, et la pauvre ne s'en est toujours pas remise. Elle a beaucoup de mal à pardonner à son neveu et sa nièce, qui ont obtenu l'argent de la vente et vivent bien, tandis qu'elle habite ce petit logement à pièce unique. Ils lui envoient chaque mois tout juste ce dont elle a besoin pour vivre, qui est consolidé par la maigre pension qu'elle reçoit du gouvernement. Elle espère toujours pouvoir racheter le terrain familial et y vivre à nouveau, et nous demande tous les jours de prier à cette intention. Nous voyons combien Roseline *Amma* est seule, enfermée dans ses soucis. Elle n'a aucun ami à part nous et est en demande d'amitié. Ce petit temps tout simple que nous prenons le matin est précieux pour elle, mais aussi pour nous. Nous essayons de lui faire oublier quelques instants ses soucis et de sourire à la vie. Et je suis touché de la voir peu à peu ouvrir son cœur, sourire et s'intéresser à notre vie, à d'autres personnes.

Sur le retour au Point-Cœur, nous saluons beaucoup de monde. Il y a Koumar, un homme pauvre sans famille, qui vit en rendant des petits services près du marché, mais qui a toujours le sourire aux lèvres et nous salue avec enthousiasme ; la vendeuse de fleurs, à laquelle il est difficile d'arracher un sourire (parfois on y arrive !) et qui cherche toujours à nous vendre le double de ce que nous demandons (et parfois elle y arrive !) ; une grand-mère qui vend des bonbons et des sacs en plastique aux vendeuses de poisson — qui passent dans des *rick-shaws* remplis de corbeilles de poissons venus du port — elle adore nous saluer en faisant de grands coucous et en riant. Elle aime aussi parfois nous donner des grandes tapes dans le dos à l'improviste, ce qui la fait bien rire, mais nous moins, car elle n'y va pas de main morte, notre grand-mère ! Son mari était boxeur, nous dit-elle parfois, en nous montrant sa mâchoire supérieure avec deux dents en moins, et il ne tapait pas que dans le *punching ball* apparemment, ça doit être pour ça qu'elle a une bonne droite, elle aussi...

Puis, en se rapprochant du port, nous traversons les différents entrepôts de thons jaunes, de raies, de calamars et crevettes, où les travailleurs s'activent à charger et décharger les caisses, et à mettre de la glace, sous les yeux du patron. Enfin, nous entrons dans notre petit quartier rempli d'enfants se préparant à aller à l'école, faisant la queue auprès des dames qui vendent des petits-déjeuners dans la rue : *itlis, dossais, brinji,* qu'ils mangent dans leur timbale, avec un peu de chutney à la noix de coco et un peu de *sambar* (sauce aux lentilles et légumes). Nous passons devant la maison de Marie Léna, une amie ayant la cinquantaine qui vit avec son neveu, une chèvre et un chevreau dans une pièce de 6 m^2. Outre l'odeur pénétrante des animaux, l'endroit est tellement exigu que c'est un défi de pouvoir rentrer chez elle ! Mais Marie Léna est extrêmement gentille et en fait, il est plus simple d'aller la trouver à son magasin de *karouvadeu* (poisson séché) à l'entrée du port, où elle passe toutes ses journées sous sa bâche pour se protéger du soleil qui darde, à moins que vous ne soyez indisposés par l'odeur fatale du *karouvadeu*, qui vous prend aux narines dès que vous rentrez dans le port. Notre amie, dans sa gentillesse, est toujours prête à nous en offrir, mais je ne vais pas souvent profiter de sa générosité, car mes frères de communauté me supplient de ne pas en acheter tant l'odeur est dissuasive !

Arrivés au Point-Cœur, nous posons un collier de fleurs fraîches autour de la statue de Marie, près de la porte d'entrée, à l'extérieur. Devi *Akka*, notre voisine sourde-muette, fait une petite prière à Marie en la voyant. Bien qu'hindoue, elle l'aime beaucoup. Naresh (treize ans) ou Ajith (huit ans) sont déjà à la fenêtre de la salle à manger, pour dire bonjour et voir ce qui se passe. Les voisins se succèdent ainsi, à la fenêtre, pendant nos repas, pour voir ce que nous mangeons et faire un brin de causette. En ce moment, nous sommes assez proches de la famille de Dessappan, un garçon de treize ans, qui habite juste derrière chez nous. Sa grande sœur, Saounderia, est souvent à la fenêtre, mais depuis que nous sommes allés au mariage de leur sœur aînée et que nous leur avons prêté notre salle-à-manger pour qu'ils puissent offrir un repas aux invités, c'est toute la famille qui est devenue très proche. Le grand frère Srinivasan et son cousin Dipak, qui est orphelin et vient souvent les voir, sont devenus de vrais amis. Nous sommes allés avec eux, un dimanche, pêcher à la ligne sur la digue du port, et nous avons passé un très bon moment même si nous sommes revenus bredouilles ! Ils ont dix-huit et seize ans, et aiment venir nous voir pour jouer aux échecs, apprendre à jouer de la guitare, améliorer leur anglais, discuter.

Aujourd'hui, mardi, j'accompagne Kolia à Shishu Bhavan, l'orphelinat pour enfants handicapés des Missionnaires de la Charité, les Sœurs de Mère Térésa. Nous y allons souvent à pied, en priant le chapelet, traversant Kasimode puis Royapouram, le quartier voisin. Le nouveau bâtiment est moderne et imposant.

En entrant dans la cour, déjà, on voit les enfants à travers les grilles à l'étage qui nous font coucou. Au premier étage, ce sont les filles, avec certaines qui sont là depuis très longtemps, comme Soumi et Banou, on se connaît bien. Il y a aussi la salle de gymnastique, où certains enfants font des exercices avec un kiné. J'y retrouve certains habitués, comme Rajesh, Nandini, et je les fais rire en les faisant rouler sur un gros ballon en plastique mou, ils essaient de ne pas tomber tandis que la balle roule dans tous les sens. Nous prenons aussi l'un ou l'autre par les mains pour l'aider à marcher, et nous allons parfois faire un tour en bas, dans la cour, respirer les massifs de fleurs et faire un tour de toboggan ou de balançoire.

Au deuxième étage, ce sont les garçons. Certains, plus faibles, sont alités ou en fauteuil, comme le petit Paul qui est autiste et très faible, toujours allongé dans son lit et qui a du mal à respirer. Il me touche particulièrement car il est très angoissé et ne sourit jamais. Mais les Sœurs sont là et veillent bien sur lui. Il y a Jose, qui éclate de rire dès que je lui fais des chatouilles ; Peter, qui est calme et a toujours le sourire ; Tony, qui ne parle pas mais qui est un véritable bolide : il passe son temps à courir dans le couloir et à se jeter dans son lit. Il y a Robin, qui est aveugle et connaît un peu la musique indienne — il me dit des noms de *ragams* (sortes de gammes dans la musique indienne) et me demande de les chanter —, et Aroun, qui me demande de lui raconter des histoires. Bref, j'essaie de prendre un petit temps avec chacun, de leur apporter un peu de joie, de leur donner des nouvelles des anciens bénévoles. Puis nous terminons par le déjeuner, où nous aidons les dames à nourrir les enfants en fauteuil. Un beau moment de partage.

Tous ceux qui viennent à Shishu Bhavan sentent tout de suite que c'est un endroit qui respire l'amour, la paix. Malgré les maladies, les handicaps, les enfants sont heureux et les Sœurs savent diffuser cet amour à tous ceux qui vivent là, c'est un lieu où on retrouve l'essentiel : aimer et être aimé.

Avant de conclure cette lettre, je voudrais vous dire quelques mots sur notre camp d'été, avec les enfants de Kasimode. Cette année était la deuxième édition de notre camp scout, au Jardin de la Miséricorde, avec vingt-six enfants de huit à seize ans, et ce fut une semaine excellente. Bien sûr, nous sommes encore loin du modèle d'une troupe scoute en France, mais, petit à petit, la pédagogie scoute porte ses fruits. L'uniforme est réduit au foulard, mais ils retiennent déjà bien le sens du salut scout (le fort protège le faible, et les trois vertus : franchise, dévouement, pureté). L'esprit de patrouille, le sens du service et de responsabilité se développent peu à peu.

Nous avions trois patrouilles de garçons et deux de filles, et des activités parfois séparées pour être adaptées à chacun. Bien sûr, ils adorent et attendent avec impatience les nombreux jeux, le feu de camp avec les sketchs à préparer, et l'incontournable tournoi de cricket (culture indienne oblige !). Cette fois-ci, le thème du camp était le *Livre de la Jungle*, et ils ont découvert avec joie cette belle histoire si liée au scoutisme. Nous envisageons de refaire un petit camp aux vacances d'octobre car tous le demandent.

Vive le scoutisme !

Je souhaite à tous un bon été et une bonne fin d'année scolaire aux enfants, à bientôt dans une prochaine lettre.

Aymeric

Sylvie
Point-Cœur Saint-Maximilien-Kolbe
Sendai – Japon

Le 4 juin 2015

Chers famille, parrains, amis

Mon livre préféré est *Le Petit Prince* d'Antoine de Saint-Exupéry. Je pense que vous le connaissez tous et l'avez tous lu au moins une fois. Il parle d'un jeune prince, sur une planète loin de la nôtre. Le livre raconte toutes ses aventures sur différentes planètes à la recherche de connaissances pour s'occuper de sa rose. Il rencontrera un renard qui lui enseignera l'importance de l'amitié et finalement rencontrera aussi Antoine en panne dans le désert. Ce livre parle donc de l'amitié, de la patience qu'il faut pour la voir éclore comme une fleur. Il nous montre l'importance de celle-ci qui n'est pas palpable, ne peut se mesurer... « *On ne voit bien qu'avec le cœur* ». Vous me croirez ou pas, j'ai lu ce livre tardivement pour la première fois en Argentine et en espagnol au cours de l'année 2003. J'avais environ vingt-et-un ans... et depuis je le lis et le relis dans la langue du pays où je me trouve. Je l'ai donc lu en espagnol, en français, en anglais et en japonais. Bon, je vous l'accorde, cela me prend du temps en japonais et je le lis en parallèle en français aussi, mais je m'accroche... je l'ai fini une fois et je recommence avec une autre version.

Je vous raconte cela car je pense souvent à des passages du *Petit Prince* en regardant ma mission japonaise. Il faut du temps et beaucoup de patience pour nous apprivoiser les uns les autres. Il en faut d'autant plus au Japon, ne connaissant pas encore les subtilités de la langue et de la culture... je me suis confrontée plusieurs fois à des incompréhensions. Mais comme le dit le Renard : « *Il faut être très patient. Tu t'assoiras d'abord un peu loin de moi, comme ça, dans l'herbe. Je te regarderai du coin de l'œil et tu ne diras rien. Le langage est source de malentendus. Mais, chaque jour, tu pourras t'asseoir un peu plus près* ».

Cela fait déjà deux ans et demi que je suis au Japon et j'ai la joie de voir éclore quelques fleurs et au printemps beaucoup de beaux bourgeons apparaissent çà et là sur le chemin japonais. C'est de toute beauté ! Suivez-moi sur ce chemin pour voir petit à petit éclore ces surprenantes amitiés !

Action de grâce !

Je voudrais vous présenter un jeune ami japonais de vingt-et-un ans. N. a perdu sa maman alors qu'il était au lycée. Sa maman pianiste allait souvent en Pologne et est décédée là-bas. Vous imaginez bien la douleur et l'incompréhension d'une mort si lointaine et brutale. N. n'a jamais terminé le lycée et habite maintenant avec son grand frère et sa grand-mère. Il ne travaille pas, ne fait pas d'études mais dessine merveilleusement bien. Il a une grande culture sur les mangas et aime énormément la France et la Pologne. D'ailleurs N. parle très bien le français. C'est comme si avec la mort de sa maman, on avait coupé la tige de vie de ce jeune. Nous avons rencontré sa grand-mère il y a déjà deux ans à l'église et nous sommes allés lui rendre visite régulièrement – dégustant ses excellents plats ! Petit à petit, son petit-fils s'est approché de nous. Comme dans le *Petit Prince*, « *jour après jour tu te rapprocheras mais pas trop vite...* » Je me rappelle qu'au tout début, il n'osait pas sortir de sa chambre et venait tout juste nous saluer alors que nous étions sur le point de partir. Puis il s'est assis sur le canapé, puis à la table pour nous regarder manger, et enfin nous avons commencé à avoir une conversation. L'amitié s'est beaucoup développée avec Stéphanie car ils ont tous deux la même passion pour les mangas... et donc un vaste sujet de discussion. N. a pris peu à peu confiance et a commencé à venir à la maison. Il faut dire que N. était de ceux qui ne sortent pas de chez eux ou très peu... Il accompagnait sa grand-mère çà et là en voiture et c'est tout. Nous avons intégré N. à notre groupe de sport de badminton avec les jeunes adultes et aussi notre petit groupe de projection de films à la maison une fois par mois. N. est un grand cinéphile et a choisi régulièrement les films pour la soirée, ce qui le rend très heureux et responsable de quelque chose !! N. vient régulièrement partager un repas, un temps de prière, faire des jeux à la maison, etc. Il a commencé les cours de catéchisme pour être baptisé dans deux ans, si Dieu le veut. Nous nous rendons compte que la racine de la fleur n'a pas été atteinte, loin de là, et elle a repris de plus belle. Qu'il est beau de contempler une fleur doucement éclore...

Je ne peux m'empêcher de vous partager un petit mail de sa part reçu il y a peu (tel quel avec la traduction de la partie en japonais) :

« *Chère Sylvie,*

Je te remercie de ton encouragement et les photos. Merci beaucoup. Tu me réconfortes toujours. Grâce à toi, je peux vivre. (ほんとうですよ!) *Je prie pour Points-Cœur.* 何か私にできることがあれば、言ってくださいね。*Si je peux faire quelque chose pour vous aider, fais-moi signe s'il te plaît.* いつもありがとう、*Sylvie*さん。 *Merci beaucoup Sylvie. À très bientôt ! N.* »

Explosion de joie !

Durant le printemps, que de belles fleurs éclosent n'est-ce pas ? Vous connaissez déjà mes activités à Ishinomaki avec les jeunes femmes et les cours de cuisine que je vous avais décrits lors d'une lettre antérieure. Dans cette lettre, je vous partageais ma joie de voir l'amitié avec Kim grandir et je vous avais traduit son petit témoignage. Depuis lors, Kim vient régulièrement à la maison et répond toujours présente à nos propositions. Au début du mois de mai, nous avons passé la journée chez sa maman (qui vient aussi au cours de cuisine) avec Kim et son fils. Je suis vraiment impressionnée de sa confiance et de son amour pour nous. Sa maman est très démonstrative, elle m'embrasse comme du bon pain et me fait même la bise (ce qui est très rare au Japon puisqu'on ne se touche pas et pour se saluer, nous faisons une petite courbette bien connue). Elle vient d'emménager dans une toute nouvelle maison non loin de son ancien habitat devenu insalubre après le Tsunami de 2011. Son mari est pêcheur et rentre environ deux à trois semaines par an chez lui. La retraite au Japon est à soixante-cinq ans. Il en a soixante-huit mais ne veut pas encore arrêter ses activités. Sa femme me disait dernièrement combien elle redoute ce moment car ils se sont tous les deux habitués à ce mode de vie...

Ces amitiés, bien différentes les unes des autres, grandissent petit à petit. Je voudrais aussi vous parler d'une autre fleur que je vois éclore. Il s'agit de Makiko. Je l'ai rencontrée lors du premier cours de cuisine. Il y a de cela un an environ. Elle vient de temps en temps à la maison pour un repas et répond souvent présente à nos propositions de rencontre. Makiko a environ mon âge, elle travaille et vit chez ses parents à Ishinomaki. Sa maison natale a été emportée par le Tsunami et avec ses parents, ils ont vécu quelque temps dans une maison provisoire avant de trouver un nouveau pied-à-terre. Elle me confie souvent combien le traumatisme est profond et long à guérir... Pour notre blog, Makiko avait écrit un petit témoignage sur le dernier cours de cuisine (argentin). Elle partage surtout le fait que ces cours de cuisine, nos rencontres, lui font du bien et font du bien à beaucoup de personnes qui ont été touchées par la tragédie du 11 mars 2011[24]... C'est un beau signe d'amitié et de confiance.

C'est ainsi chers parrains que petit à petit, de belles fleurs éclosent dans le Tohoku (région de Sendai), fleurs que je n'aurai pas la joie et la chance de voir sans votre précieuse et fidèle aide. Merci infiniment.

Je vous dis à très bientôt !

Sylvie

24 Le 11 mars 2011, le Japon a été frappé par le séisme le plus puissant de son histoire, suivi d'un tsunami au large des côtes nord-est du pays près de la ville de Sendaï.

Laetitia
Point-Cœur Saint-Jérôme-Emiliani
Guayaquil – Équateur

Le 5 avril 2018

Chers parrains, parents et amis,

Bien souvent, je pense à vous, à beaucoup d'entre vous, et regrette de n'avoir le temps de m'asseoir à un ordinateur pour vous partager toute la beauté de ce que nous vivons. Aujourd'hui, me voici donc assise, avec l'espoir de vous envoyer quelques lignes qui puissent vous témoigner ma reconnaissance, au nom de tous nos amis.

Qui n'aurait besoin d'être aimé ?

Il y a une femme dans le quartier que je n'aurais jamais pensé pouvoir prendre dans mes bras pour l'embrasser. Une femme de constitution robuste, au regard dur et fier, à qui il a fallu bien deux ans avant qu'elle réponde à mon « bonjour » quotidien. Or, un après-midi, alors que j'étais à la maison avec pas mal d'enfants, deux frères commencent à être un peu insupportables. Je les menace d'aller parler à leur maman, ce qui est normalement la punition suprême ! Mais ils continuent. Alors, je finis par mettre tous les enfants dehors, ferme la maison, et vais d'un pas résolu jusqu'à chez eux. J'arrive, (un peu énervée, je dois le reconnaître) et attends quelques minutes que quelqu'un vienne à la porte. Puis, je m'aperçois que ce n'est pas leur mère, mais leur grand-mère qui sort. Et tout de suite, je vois qu'elle a certainement mis du temps à sortir car elle était en train de pleurer. Elle a les yeux bien rouges. Elle me demande ce que je veux. Je ne veux plus rien. Mon énervement est entièrement passé ! Je suis juste complètement impressionnée de ce que je vois. Cette femme est considérée comme l'une des plus dures du quartier. Elle est crainte par tous. Et, aujourd'hui, je vois cette tour inébranlable s'effondrer. Je lui demande ce qui ne va pas. Elle a un petit moment de recul, disant que tout va bien, gardant sa position de force. Mais, devant mon silence qui respecte ce qu'elle vit et ce qu'elle voudra m'en partager, elle se laisse regarder, telle qu'elle est, et peu à peu, m'en dit un peu plus. Son mari vient de la quitter, sans un mot, sans une explication et elle se retrouve seule. Et elle a mal. Qui aurait pu croire, un jour, qu'elle se laisse approcher dans sa faiblesse, qu'elle se laisse consoler ? Oui, elle doit avoir bien mal et mon cœur fond devant sa souffrance. Je commence à comprendre que, même des enfants qui se portent mal, peuvent être instrument de la Providence. Grâce aux enfants, le Seigneur me conduit aujourd'hui à recueillir les larmes de cette femme qui, malgré toute apparence, a besoin comme tout le monde, d'un cœur aimant, d'un cœur qui l'écoute et accueille ce qu'elle vit. Après un moment passé toutes les deux, un sourire surgit sur ses lèvres et elle me remercie.

Depuis ce jour-là, une amitié spéciale est née entre nous, à tel point qu'en revenant de mon séjour en France en novembre, j'étais si heureuse de la revoir que je lui ai presque sauté dans les bras ! Il est beau de voir aussi que, depuis ce moment, elle est plusieurs fois venue nous demander de l'aide pour elle ou pour d'autres, nous faisant part de ses difficultés ou de celles des autres, avec beaucoup d'humilité, avec une sincère confiance. Et moi qui pensais, mes premiers mois ici, que cette famille n'aurait jamais besoin de nous, ou qu'il nous serait bien impossible de pouvoir nous en approcher ! Qui n'a besoin de compassion un jour ou l'autre ?

Danny et Carla

Un après-midi, les enfants étaient partis plus tôt et je prends le temps de balayer devant notre porte. Tout à coup, je suis interrompue par un spectacle inattendu ! Une jeune femme, tenue par les mains et par les pieds est emmenée je ne sais où et elle se démène à corps et à cris... Je suis toute seule à la maison et je ne sais pas trop si je dois m'en mêler ou pas. Je demande à une personne qui accompagne et que je connais : « *Avez-vous besoin d'aide ?* » Je me disais que, certainement, elle allait me répondre que non, étant donné qu'ils sont déjà assez nombreux. Mais elle me répond « *oui* » sans hésiter. Surprise, je le reçois vraiment comme un appel du Saint Esprit et je me joins à ce cortège un peu spécial.

Sur le chemin, je suis présentée au papa de la jeune fille, qui m'explique qu'il veut récupérer sa fille qui se drogue. Cela fait plusieurs jours et plusieurs nuits qu'il la cherche et il veut la ramener chez elle, pour la faire revenir à la raison. Je ne sais pas trop où cette histoire me mène, mais je suis la petite troupe jusqu'à chez eux, à quelques centaines de mètres de chez nous. Le papa, Danny, essaie de m'expliquer un peu la situation, sa vie de veuf avec son unique fille qui se drogue, son impuissance face à cela, sa tristesse. De son côté, Carla continue de hurler qu'elle veut rester dans la rue et ne veut pas vivre avec son père. Les insultes continuent à fuser et la confusion monte. Je demande à rester un moment seule avec Carla, que j'essaie de calmer. Après les insultes, coups de pieds et de poings, elle finit par se réfugier dans mes bras et devient tel un petit bébé qui pleure son besoin de tendresse. Je crois que j'aurais pu rester des heures sans qu'elle ne bouge. Mon cœur est prêt à exploser, de toute cette souffrance ! Elle me demande d'aller dormir chez nous, ou de rester dormir avec elle. Lui, me supplie de l'aider à trouver une solution. Je ne promets pas de solution mais, après avoir ramené un peu le calme, je promets de revenir le lendemain et de chercher un lieu pour qu'elle se désintoxique en dehors de chez elle.

Le lendemain, puis le surlendemain, nous allons les voir. Carla, peu à peu s'apaise. Il est beau de la voir reprendre le goût de vivre quand nous lui proposons de cuisiner avec nous : le poulet frit préparé par nos deux cuisinières est partagé par tous avec une grande joie. Mais la question reste : Carla veut bien tenter de sortir de la drogue, mais ne veut pas rester chez elle.

Finalement, après avoir cherché de notre côté, c'est Danny lui-même qui me parle d'un lieu dont il a entendu parler mais dont il ne sait pas grand-chose. Je lui propose qu'on aille avec lui voir ce lieu. Je suis particulièrement touchée par l'attitude de Danny, si humble et plein de confiance envers nous. Dès le premier jour, il s'avoue totalement imparfait, comme père, confesse ses défauts et ses erreurs. Et, plusieurs fois en quelques jours, il nous demande humblement ce que nous en pensons avant de prendre une décision pour sa fille. Ce jour-là, alors que nous allons voir cet internat de réhabilitation, il est rassuré que nous soyons avec lui, afin de pouvoir juger avec lui, si c'est un bon lieu ou pas. Carla aussi est avec nous. Après quelques détours dans un quartier de banlieue que nous ne connaissons pas, nous arrivons enfin sur place et y rencontrons quelques personnes. Le lieu semble correct, propre et bien tenu même si, à vrai dire, ce genre de lieux ne donne jamais envie. C'est un genre de mini-prison, où l'on s'enferme bénévolement, avec un régime strict, l'impossibilité de voir sa famille pendant plusieurs mois, avec tout de même l'espérance de sortir désintoxiqué et avec un plus grand désir de vivre ! Carla semble ravie d'avoir la proposition concrète d'un lieu qui ne soit pas sa maison et elle semble toute prête à entrer le jour-même ! Danny, lui, n'a pas du tout prévu de laisser sa fille et est pris de court ! Mais ce qui lui fait le plus peur, c'est de ne pouvoir s'acquitter de la mensualité, finalement rabaissée à cent-cinquante dollars. Il travaille dans la construction, au jour le jour, et ne sait jamais s'il aura du travail le lendemain ! De plus, il avait, à un moment, quelques économies, mais a décidé d'arrêter de travailler environ un mois pour veiller sur sa fille, afin qu'elle n'aille pas vivre dans la rue, jusqu'à ce que les économies arrivent à leur fin. Aujourd'hui, il a, en tout et pour tout, trente dollars. Il est prêt à les donner, mais comment trouvera-t-il le reste ? D'un autre côté, nous savons tous que Carla accepte aujourd'hui de rentrer dans ce lieu, mais personne ne peut dire si demain ou après-demain elle acceptera, ou si entre temps, elle s'échappera, répondant à l'appel de la rue et de la drogue ! Nous invitons Danny à faire un pas dans la foi, et lui assurons de nos prières. J'admire, à ce moment, la décision qu'il prend de sauter à l'eau, par amour pour sa fille. Il s'engage à travailler autant qu'il le pourra pour payer cette somme considérable pour lui, sachant que le travail n'est jamais sûr, surtout en ces temps de crise économique que nous traversons. Appuyé sur notre foi, il se confie en Dieu et par amour, dit au revoir à sa fille, la larme à l'œil. Dans le bus, il a le cœur gros, laissant ce qu'il a de plus cher au monde dans les mains d'autres. Son amour ne pourra plus se manifester par des mots ou des gestes, mais par son travail afin que sa fille puisse rester le temps nécessaire dans ce lieu.

Justement, nous avons besoin d'un travail de maçonnerie et l'embauchons pour quelques jours. Cela ne fait pas même la moitié de ce dont il a besoin, mais cela aide un peu et l'encourage pour la suite. Et après à peine deux jours, il vient nous dire, en sautant de joie : « *Ça y est !!!* » Deux autres petits travaux lui ont été confiés et il sait qu'il va pouvoir payer le premier mois à temps. Un sourire illumine son visage. Il vient d'avoir la preuve qu'il n'est pas seul dans cette aventure ! La Providence se manifeste : le Seigneur est avec lui et nous aussi !

Aujourd'hui, Carla est retournée chez elle, après plusieurs mois de réhabilitation, mais continue de lutter avec l'appel de la rue. Je vous demande de prier pour elle.

Chers amis, une fois de plus, avec toute ma gratitude pour nous permettre de vivre des moments si profonds de vérité, d'humanité, d'amour, de foi et d'espérance. Je vous embrasse et vous confie à notre Mère, si belle, si présente et si aimante.

Avec toute mon affection.

Laetitia

Benjamin
Point-Cœur Saint-François-d'Assise
Montevideo – Uruguay

Le 15 mars 2019

« L'homme ne peut vivre sans amour. Il demeure pour lui-même un être incompréhensible, sa vie est privée de sens s'il ne reçoit pas la révélation de l'amour [...] et s'il ne le fait pas sien, s'il n'y participe pas fortement. »

Saint Jean-Paul II, *Redemptor Hominis*, n°10

Chers amis, chère famille,

Le campamento

Une bonne partie du mois de janvier a été consacrée à la préparation d'une grande aventure : le *campamento* (ou camp d'été) !

Avec Kamil, le bénévole polonais, nous avons planifié une sortie de trois jours loin du quartier avec une dizaine de jeunes garçons ayant entre neuf et treize ans. Pour cela, nous avons organisé plusieurs rencontres avec les jeunes du quartier que nous connaissons, pour jouer au football et apprendre à mieux se connaître, puis nous avons invité les plus sages (il serait plus juste d'écrire « les moins désobéissants » !) à notre colonie. Les huit terreurs retenues, j'ai nommé Nacho, Derian dit Coco, Jefferson, Maikol dit Pantera, Ezekiel, Gino, Benjamín et Dylan étaient tous surexcités à l'idée de partir avec nous au bord de la mer pour ces trois jours de vacances ! Une joie électrique se dégageait de ce petit groupe ! Pour contenir une telle énergie, Mathilde et Sofía (les deux autres bénévoles de la communauté), ainsi qu'une maman du quartier nous ont accompagnés.

Avec la fine équipe que voici, nous sommes donc partis le mardi 12 février en direction de la petite ville de La Floresta, où nous allions loger. Ont suivi trois journées chargées de football, baignades, rires et conflits... Ce serait mentir de vous écrire que les enfants se sont toujours bien comportés, mais toutes leurs bêtises ont bien peu d'importance à côté de leur joie de jouer ensemble et de goûter de nouveau à une certaine insouciance, dont ils sont si souvent privés dans notre quartier (et puis, ils m'ont bien fait rire quand j'ai réveillé toute la troupe le deuxième jour et que la moitié avait le visage tartiné de dentifrice... et que le coupable s'était endormi le tube encore dans la main). J'ai été profondément touché par la grande mélancolie qui s'est emparée d'eux, quand ils ont pris conscience que le *campamento* se terminait et qu'ils s'apprêtaient à retourner dans le quartier.

Ce camp a vraiment été bien différent de tout ce que j'ai vécu avec le MEJ durant mon enfance (Mouvement Eucharistique des Jeunes, un groupe très recommandable !!), et j'étais assez frustré de ne pas pouvoir proposer un projet pédagogique et un panel d'activités plus variées que football et baignades. Mais je me suis rendu compte que la véritable grâce du camp s'est vécue simplement dans le fait de s'éloigner du quartier et, pour ces jeunes enfants, de recevoir toute l'attention qu'ils espéraient.

Trois jours, c'est vraiment peu, mais cela a suffi pour nouer une belle amitié et une grande complicité avec les garçons ! Nous essayons de continuer à les voir chaque semaine pour la traditionnelle partie de football du dimanche (vous l'aurez compris, le football a une place centrale dans la culture uruguayenne) et, eux qui ne jouaient pas ensemble avant car ne vivaient pas dans la même rue, aujourd'hui vont se chercher l'un l'autre pour que nous soyons tous présents !

Cette amitié nouvelle avec eux nous a également permis de gagner la confiance des parents et nous fait ainsi entrer un peu plus dans la vie du quartier. Maintenant, à chaque fois que nous croisons « la panthère noire », Maikol, il nous parle du camp et de ses meilleurs souvenirs avec une joie incroyable !

Zulema, une amie qui veille sur la communauté

Zulema est l'archétype de la grand-mère grincheuse, et elle a, pour notre communauté, cette responsabilité informelle de la grand-mère qui veille sur tous. Chaque semaine, elle vient nous rendre visite aux moments les plus inespérés en se manifestant à grands cris : « *MATHHIIIILLDDE !* », depuis la rue (eh oui, Mathilde, la bénévole française, la connaît depuis ses débuts en Uruguay). Ces cris sont réellement des cris du cœur, des cris d'amour pour nous et sont suivis par les embrassades avec chacun, accompagnées d'un compliment ou d'un reproche selon son humeur. L'amitié a mis un certain temps à se nouer avec elle, car elle est très attachée à chaque bénévole qui passe par la maison. Elle ne comprend pas pourquoi les bénévoles doivent partir à un moment et ne souhaite pas que de nouveaux viennent à leur place.

Il y a peu, Zulema m'a apostrophé en me disant : « *Mais je ne veux pas que tu partes ! Pourquoi ne peux-tu pas rester dans le quartier avec nous ?* » J'ai beau savoir que je ne suis qu'un petit maillon dans la chaîne des bénévoles (et que d'autres viendront après moi et se lieront également d'amitié avec elle), sa remarque m'a profondément touché, car j'ai pris conscience de faire aujourd'hui pleinement partie du quartier. J'ai fêté la moitié de ma mission, ici, début mars, et me voici déjà membre de cette grande famille !

Je me remémore une soirée où nous avions dû nous diviser, et je m'étais retrouvé, avec Sofía, la bénévole costaricaine, à garder trois enfants d'une amie : Benjamín (qui est venu au camp), Julietta (qui ne tient pas en place) et Hannah (qui vient de souffler sa première bougie). De 15h à 23h, nous avons dû jouer les *baby-sitters* sans savoir à quelle heure allaient rentrer les autres, mais accompagnés, pendant tout ce temps, de notre chère Zulema, qui refusait de nous laisser seuls avec les enfants avant que la maman ne rentre. Quelle belle scène que Zulema berçant le bébé, Sofía jouant avec Juli, Benjamín somnolant et moi, jouant du ukulélé à 22h pour apaiser tout ce petit monde ! Cela restera longtemps gravé dans ma mémoire.

Telle une mère veillant sur ses enfants, Zulema nous a pris sous son aile et son amitié fidèle et unique envers chacun d'entre nous est une grâce ! Elle nous raconte souvent qu'elle souhaite à son tour devenir bénévole dans un pays lointain et, à chaque fois, nous rions ensemble en lui expliquant qu'elle doit pour cela prendre l'avion ou le bateau (ce dont elle a une peur bleue !). Peut-être que cela est mieux ainsi, car Zulema est, à nos côtés, une formidable bénévole de l'amour dans le quartier. Cette grande amie m'aide également à me souvenir que notre maison est un refuge d'amour, un lieu d'accueil au symbole fort pour tous nos amis du quartier. Quelle joie, pour moi, de me voir perturbé par mes occupations pour recevoir la visite d'un ami, pour partager un maté (les amis me laissent le servir maintenant, c'est le test d'intégration ultime pour un Uruguayen !) ou simplement pour discuter au soleil sur notre perron !

Lundi 21 janvier : une visite particulière au Cottolengo

Le Cottolengo est ce centre qui accueille des hommes de tout âge ayant un handicap plus ou moins lourd. Nous y allons tous les lundis pour visiter nos nombreux amis qui y vivent.

Ce lundi 21 janvier, les trois autres membres de la communauté avaient eu des empêchements à l'heure de notre visite mais, par chance, plusieurs amies avaient prévu de nous accompagner. Je me suis donc rendu au Cottolengo en compagnie de trois générations d'amies : L. qui est ingénieure bientôt à la retraite, E. qui est institutrice et C., quatorze ans, qui vit dans le quartier. L. a une certaine habitude au Cottolengo, et je l'ai accompagnée au second étage, où sont placées les personnes au comportement compliqué. Dès qu'ils nous ont vus, tous ont couru vers L. avec de grands cris, « Mama !! », fusant de tous les côtés. Elle s'est installée avec Marcelo, Stiven, Maikol et d'autres et a commencé à leur lire une histoire. Tous fascinés, tous attentifs et apaisés, j'ai assisté au miracle de voir tous ces amis qui, d'ordinaire ne tiennent pas en place avec moi, tellement en paix autour de L.

Nous avons ensuite pu rejoindre les deux autres amies dans la salle des enfants. C. s'occupait de Nelson, qui a un problème moteur grave et ne peut quasiment pas bouger. Avec sa maman improvisée, qui a presque le même âge, il était radieux ! E., fidèle à sa vocation d'éducatrice, enseignait des comptines à deux garçons qui jubilaient de recevoir cette leçon ! De mon côté, je vagabondais avec Lauti, accroché à mon cou tel un koala (les griffures en témoignent !) et rendais grâce de pouvoir être témoin de ce moment si fort en douceur maternelle.

Instant culture : le carnaval uruguayen

Une des grandes fiertés de l'Uruguay est de posséder le carnaval le plus long du monde : depuis début janvier jusqu'à début mars, quarante-quatre groupes vont et viennent dans les *tablados* (qui sont des scènes de théâtre de quartier), pour tester leurs spectacles auprès de la foule avant de les présenter au *Teatro de Verano* (le théâtre d'été, une grande scène au bord du *Rio*) et tenter de remporter un prix.

Dans mon quartier, nous avons pu aller plusieurs fois à notre *tablado*, y retrouver quelques amis en partageant un maté et découvrir un peu plus de la culture uruguayenne. Ce qui m'a le plus touché dans cette coutume est la convivialité et la joie qui se dégage des *tablados !* Véritable sortie en famille du week-end, c'est un lieu incroyablement vivant ! Il y a également une dimension familiale très forte dans les groupes qui passent, et il n'est pas rare de voir chanter et danser, côte à côte, plusieurs générations de *Murgistas* (ainsi s'appellent les personnes qui performent la *Murga* qui est le carnaval).

Chers amis, chère famille, je vous remercie de me soutenir dans cette aventure humaine incroyable que je vis cette année ! Je continue à vous porter dans mes prières, et vous souhaite un beau chemin jusqu'à Pâques !

Benjamin

VIII. Souffrance et mort

« *Regarde ici, mon garçon ; réjouis-toi !*
Tu contemples des choses qui vont mourir ;
moi, des choses qui viennent de naître. »
Shakespeare, *Le conte d'hiver*

Astrid
Point-Cœur Paul VI
Bangkok – Thaïlande

Le 30 mars 2018

Chère famille, chers amis,

Ces trois premiers mois de l'année 2018 ont été intenses et riches, l'envie de vous partager certains de ces moments est grande même si l'exercice ne s'avère pas chose aisée !

Le mois de février a été marqué par le départ du père Jacquemin. Agé de quatre-vingt-seize ans, il est parti au ciel dans la paix malgré une fin de vie dans la souffrance. Prêtre des Missions Étrangères de Paris, la Thaïlande devient son pays. Arrivé en 1952, il y restera jusqu'à sa mort. Il y eut un grand rayonnement dans la plus grande simplicité et discrétion. Il fut aussi le père spirituel du Point-Cœur depuis le début de l'œuvre, il y a vingt-cinq ans.

Nouvelles arrivantes, Pauline, Thien et moi, avons fait de notre mieux pour l'accompagner jusqu'à son dernier souffle et pour représenter toutes les anciennes bénévoles de qui il était très proche. Nous allions le visiter tous les jours à l'hôpital, ce qui était intense et fatiguant mais aussi une immense richesse. Chaque jour, Boupa, la dame qui s'est occupée de lui pendant plus de vingt ans, nous recevait dans la chambre d'hôpital avec un immense sourire aux lèvres malgré la difficulté de voir le père autant souffrir et la fatigue due aux nuits sans sommeil, les infirmières venant toutes les deux heures et le père ne dormant quasiment pas ayant beaucoup de mal à respirer. L'état du père se dégradait chaque jour, c'était impressionnant mais nous étions fidèles à notre chapelet pour l'accompagner dans sa souffrance. C'était de vrais moments de grâces et de partage. Lorsque le père n'avait plus la force de parler, nous pouvions lire dans son regard son envie de monter au Ciel. Il attendait patiemment.

Après une semaine, Boupa nous a demandé de rester la nuit avec elle de peur d'être seule au moment où il allait partir. Nous avons donc arrêté de venir la journée, mais tous les soirs l'une d'entre nous allait à l'hôpital pour y passer la nuit. C'était un vrai cadeau de pouvoir être si proche de lui dans ses derniers instants. Un dimanche soir, le 13 février, exceptionnellement, aucune d'entre nous ne pouvait rester dormir, c'est cette nuit-là qu'il a décidé de partir. Heureusement, il était entouré de gens qu'il aimait et qui l'ont accompagné jusqu'à son dernier souffle. Les messes et prières qui ont suivi sa mort furent magnifiques. Le père a reposé trois jours dans l'église de sa paroisse à Saraburi, beaucoup d'amis venaient pour le veiller et lui dire au-revoir une dernière fois. La messe d'enterrement fut très belle. Quarante prêtres étaient présents ! C'était de beau de voir à quel point cet homme était aimé et respecté. Il fut enterré dans le cimetière de la ville de Nakhon Sawan, qui veut dire « Cité du paradis », en voilà un beau nom pour une dernière demeure !

Nous sommes rentrées à Bangkok et la vie a repris son cours plus tranquillement. Nous sommes allées visiter nos amis que nous avions peu délaissés ces dernières semaines. Eux comme nous, étions heureux de nous retrouver. Nous sommes allées visiter ensemble *Phii*[25] Pou, une amie extrêmement pauvre qui vit dans une pièce faite de bois et de taule sans eau ni électricité et qui souffre d'une grande solitude. Ses parents et son mari sont morts il y a longtemps, elle a deux fils qui ne s'occupent pas d'elle, or ils sont sa seule famille. Ses voisins ont peur d'elle et refusent de l'aider car ils pensent qu'elle a la tuberculose, qui est une maladie très contagieuse. Faute d'argent, elle ne se nourrit quasiment pas et ne peut se soigner alors qu'elle est très malade. Lorsqu'elle a rencontré Marianne, il y a quelques mois, elle lui a demandé de revenir la visiter même si on ne lui donnerai ni argent ni nourriture.

La semaine dernière, nous l'avons accompagnée à l'hôpital à sa demande. En Thaïlande, si le patient ne paye pas, il n'est pas soigné ou très mal. Les médecins ne donnent jamais

25 Grande sœur ou grand frère

de diagnostic et n'expliquent pas aux patients de quoi ils souffrent. Après lui avoir demandé, le médecin nous a tout de même affirmé sans grande conviction qu'elle n'avait pas la tuberculose mais de l'asthme seulement. Sur le chemin du retour, nous avons appelé un ami médecin qui a accepté de venir l'ausculter. Nous nous sommes retrouvées à la maison, je lui ai donné à manger et à boire, elle a pris une douche et nous l'avons écoutée lorsqu'elle nous a confié sa vie. Pour la première fois depuis très longtemps, on s'occupait d'elle, elle était moins accablée que la veille et se sentait déjà mieux. Trois jours après, nous revenons la visiter accompagnées d'une dame australienne, appartenant à une association du quartier, qui se trouve être sa voisine. Lorsque *Phii* Pou s'est présentée à elle, elle lui a dit tout de suite qu'elle n'avait personne à part nous qui étions devenues sa famille. Malgré la difficulté de cette relation car elle nous demande sans cesse de l'argent ou de la nourriture, c'était très beau et la preuve d'une belle amitié en devenir.

Sur le chemin du retour à la maison, nous nous arrêtons quelques instants chez *Phii* Jack et *Paa*[26] Noi. Ce couple est pour moi un véritable exemple de courage et de patience.

Tous les jours, de 5h du matin à 21h le soir, ils vendent des *kannon krok* sur le marché, des gâteaux à la noix de coco délicieux. Malgré une vie difficile, fatigante et redondante, ils ont toujours un immense sourire et ne se plaignent jamais. Ils sont magnifiques et très touchants. De religion bouddhiste, comme la plupart de nos amis et malgré la simplicité de leur vie, ils ont une profondeur qui me touche à chaque fois. Nous rions car *Paa* Noi fait une blague et voilà que *Phii* Jack nous dit simplement : « *Quand on arrive à être heureux sur terre, c'est que nous goûtons déjà un peu à la joie du Ciel* ».

Je souhaite à tous de magnifiques et joyeuses fêtes de Pâques ! Grâce à vous, malgré la chaleur étouffante de l'été qui s'installe, je vis cette mission de toute mon âme et de tout mon cœur !

Vous êtes dans mon cœur chaque jour.

Astrid

26 Tante

Marie
Point-Cœur Bienheureux-Charles-de-Foucauld
Buenos Aires – Argentine

Le 2 janvier 2019

Chers amis,

Vous parler de Noël, ça serait tout d'abord vous parler de la crèche vivante que nous avons organisée dans notre quartier, la joie de voir se mêler ces visages qui me sont devenus si familiers à la grandeur de l'événement fêté. Ce serait vous parler de la joie de célébrer cette fête, à minuit, le 25 décembre dans nos rues avec tous nos amis, enfants... Mais, plus que tout, ce serait vous parler de Yasmina.

Yasmina est rentrée dans nos vies il y a plusieurs mois. Yasmina est une femme d'une cinquantaine d'années, mère de dix enfants. Veronika, sa petite sœur, grande amie du Point-Cœur, vient nous annoncer que sa sœur aînée est très malade et souhaite nous la présenter : « *Cela lui ferait tellement du bien de vous parler, elle en a bien besoin.* » En chemin, Veronika me parle de sa sœur, des douloureux événements de sa vie : comment elle a vécu le décès de son frère il y a plusieurs années, les conflits familiaux et, surtout, le grand drame de sa vie, le décès de son fils dans un accident de moto, qui l'a fait tomber en dépression et dont elle ne s'est jamais vraiment remise. Nous rencontrons Yasmina, elle habite dans une très humble maison, je découvre une femme très maigre, au visage défait, marquée par la douleur. Durant cette première rencontre, Yasmina me parlera peu, elle s'adressera surtout à sa petite sœur, en larmes. Dévoilant sa souffrance : les douleurs physiques dont elle ne connaît pas l'origine, elle sent que quelque chose de terrible lui tombe dessus... Elle parlera de son impuissance face à une famille qui va mal, et dont elle n'a plus la force de s'occuper. En sortant, Veronika m'avoue son impuissance : « *Comment l'aider ? Que lui dire ? Comment lui donner du courage pour qu'elle aille de l'avant ? Je suis sa petite sœur, les rôles sont inversés...* » Elle insiste : « *Continuez à aller la voir, et surtout priez avec elle, elle est loin de l'Église et en a tant besoin* ».

Nous allons la visiter régulièrement avec ou sans Veronika. L'amitié et la confiance grandissent. Nous terminons chaque visite par une prière, elle sent que ça lui fait du bien, et exprime le désir d'être baptisée. Nous envisageons donc d'organiser le sacrement. Son état physique et moral est inquiétant. Elle parle beaucoup de sa famille, de son fils décédé, de son inquiétude pour sa santé, et de sa fatigue. Nous sentons une profonde désespérance. Les examens médicaux sont longs, pénibles, les médecins n'arrivent pas à se prononcer et l'incertitude rend l'attente difficile. Jusqu'à ce que le diagnostic tombe : cancer des poumons.

Après une chute dans la rue, à deux heures du matin, Yasmina est hospitalisée, l'attention que sa famille lui porte l'apaise, les nombreuses visites lui donnent du baume au cœur. Elle ne parle plus de la douleur, mais de l'affection qu'elle reçoit, elle en avait bien besoin.

Il y a maintenant quelques semaines, son beau-frère vient annoncer à Sixtine, qui était seule à la maison, que Yasmina est agonisante. Elle contacte aussitôt le Père Édouard et ils se retrouvent au chevet de Yasmina à l'hôpital. Entourée de toute sa famille en larmes, elle est à peine consciente. Moment fort et particulier dans cette chambre d'hôpital où le Père Édouard donne le sacrement du baptême à Yasmina qui est entre la vie et la mort. Yasmina ouvre les yeux : « *Vous avez célébré un baptême et vous ne m'avez pas invitée !* » Elle sourit. Et demande aussitôt qu'on aille chercher sa fille. Elle la prend dans ses bras et lui demande pardon pour tout le mal fait. Quelques instants plus tard elle fera de même avec son compagnon. Plus tard, elle affirmera être une femme nouvelle, se demandant même si ses enfants allaient la reconnaître, comme revêtue « d'un long vêtement blanc ». Elle dit s'être débarrassée de « *cette lourde valise qu'elle porte depuis des années* ». La prière devient également importante pour Yasmina.

Le 24 décembre, avec Sixtine, nous sommes allées voir Yasmina à l'hôpital. Une ambiance joyeuse règne dans la chambre : enfants, neveux, petits-enfants, sœurs sont réunis autour d'elle. Yasmina est sereine, pleine d'humour. Le matin même, elle vient de recevoir sa première communion, elle en est si heureuse. Elle porte un regard plein de foi et d'espérance, je l'écoute prononcer des mots sur Dieu que je ne lui connaissais pas. Je l'entends parler à son neveu : « *La vie est belle, ne l'oublie pas !* » C'est la première fois que je la vois autant en paix. Jusqu'alors, je l'avais souvent vue triste, abattue voire désespérée.

Alors que nous nous apprêtions à partir, les membres de sa famille se tournent vers nous : « *Pouvez-vous prier ?* » Sixtine guide alors la prière, confie Yasmina et rend grâce pour les sacrements reçus. Moment particulier dans cette chambre d'hôpital où toute la famille recueillie autour de Yasmina prend le temps de prier pour elle. Comme souvent dans la mission, cette petite phrase résonne en moi : « *Qui suis-je pour être là ? Pour vivre cela ?* » Être présente pendant ce moment familial, dans l'intimité de cette chambre d'hôpital. Yasmina nous prend dans ses bras et nous remercie pour notre présence : « *Vous faites partie de la famille* ».

Quelques jours plus tard, nous apprendrons que, la nuit de Noël, Yasmina l'aura passée à discuter avec son compagnon : du passé, de leur couple, leur famille... Parler comme ils ne l'avaient peut-être jamais fait, retrouvant une complicité nouvelle. Ils annonceront, le lendemain, qu'ils souhaitent se marier après trente ans de vie commune. Dans la jolie chapelle de l'hôpital, ce samedi 12 janvier, ils ont officialisé leur amour devant Dieu et leur famille. Yasmina est arrivée en chaise roulante, le visage à la fois ému et en paix. Main dans la main, entourés de leur famille, ils se sont dit oui, pour le meilleur et pour le pire. Pour tous, cela n'a jamais eu autant de sens.

Le 19 janvier, quelques jours plus tard, Yasmina a rendu l'âme, entourée de ses sœurs et de son mari, prononçant ces derniers mots : « *Ne pleurez pas !* » La douleur de son départ est évidente, chacun devra apprendre à vivre sans elle. Mais une certaine sérénité demeure, car elle est partie en paix : elle a su se faire pardonner et s'est débarrassée de cette « valise de souffrance ». Elle a fait un véritable chemin de foi, qui a transformé le poids de sa maladie, avec un fond de Paix et d'Espérance.

Depuis son départ, nous nous sommes beaucoup rapprochés de sa famille. Nicolas, son mari, en général très effacé, s'ouvre auprès de nous. Il souffre d'une grande solitude et n'hésite pas à se confier. L'amitié et la confiance grandissent. « *Elle me manque mais elle ne souffre plus* », répète-t-il. Nous avons fait une neuvaine chez eux, en priant pendant neuf jours pour l'âme de Yasmina. Au-delà d'un moment de prière, ça a été un moment de rencontre avec la famille. Depuis son départ, sa sœur et sa fille font des démarches pour se faire baptiser, cela leur paraît comme une évidence, après le chemin de foi parcouru par Yasmina. Je confie à vos prières son mari, ses enfants, ses sœurs et ses proches pour qu'ils trouvent la paix dans ce douloureux chemin de deuil.

Avec toute mon amitié.

Marie

Adélaïde
Point-Cœur Saint-Jean-de-Patmos
Athènes – Grèce

Le 14 août 2017

« *Dans votre immense sagesse, immense ferveur, faites donc pleuvoir sans cesse au fond de nos cœurs des torrents de tendresse, pour que règne l'amour jusqu'à la fin des jours.* »

Bourvil

Chers parrains, chers amis,

Ces dernières semaines semblent être de celles où l'on peut avoir le doute quant à une possible malédiction, tant les mauvaises nouvelles se sont enchaînées. Pour autant au milieu de tout ce sombre, j'ai trouvé une douceur et un espoir que je ne connaissais pas jusqu'alors.

J'ai rencontré Piotrek au tout début de ma mission. Nous allions lui rendre visite toutes les semaines dans un petit parc au centre d'Athènes. Avec deux bancs et un arbre, il s'était créé avec ses amis une sorte de maison en plein air, ayant même un pigeon domestique (allez savoir comment il savait que c'est toujours le même, il en était pourtant convaincu).

Quand on approche de la « maison » des Polonais, ça sent l'alcool, la joie et l'accueil. Et puis, il y a les yeux malicieux de Piotrek. Il nous invite à nous asseoir, après avoir rangé rapidement et discrètement son « lit » pour qu'on puisse avoir une bonne place. Comme je ne parle pas polonais et que ni lui ni moi ne sommes de grands spécialistes du grec, on se sourit et on rit plus qu'on ne parle. Piotrek me donne de la joie et de la tendresse à chacune de nos visites. Un jour, il sort timidement de son portefeuille — vide d'argent — une petite bague, toute simple, un peu rouillée mais si belle et me demande avec ses yeux rieurs si je veux bien l'épouser. Je crois qu'il n'attendait pas vraiment de réponse, lui-même n'ayant jamais pu retenir mon prénom et quelque part le but n'était pas vraiment là. C'était encore une façon à lui de m'offrir toute sa tendresse et de me faire sourire.

Il y a deux mois, trois jeunes filles ont demandé à nous suivre dans nos apostolats afin de monter un petit documentaire sur nous. Elles sont donc venues visiter Piotrek avec nous, un jour où la lumière était si belle qu'elles ont finit par filmer toute la rencontre. Ce jour-là d'ailleurs, tout était un peu plus beau et je me souviens en avoir discuté le soir même avec Roki, ma sœur de communauté.

Piotrek est décédé deux jours après cette rencontre. Il avait une grande infection aux jambes suite à un accident de voiture l'année dernière et n'ayant pas les moyens de se faire soigner, la plaie en était arrivée à un point où les médecins lui ont annoncé qu'il fallait couper ses jambes. N'ayant pas supporté l'idée, il aurait pris une forte dose de psychotropes, prescrit par des médecins qui n'ont pas semblé tenir compte du fait que Piotrek était alcoolique et que le mélange serait fatal. Quelle violence. Quelle absurdité. Et pourtant.

Je ne sais pas bien comment vous en parler sans avoir l'air de négliger le drame de cette perte, d'être devenue « illuminée » ou de me chercher une consolation pour échapper à la souffrance. La douleur était réelle, elle l'est toujours. C'est un coup de couteau dans le cœur malgré toute la foi que l'on peut avoir. Mais la tendresse qu'il m'a donnée tout ce temps, je la ressens décuplée depuis qu'il est parti. Elle est en moi, je la chéris chaque jour. Je la donne tout autour de moi et je remercie Piotrek tous les jours de m'avoir donné autant de joie, de m'avoir aimée sans même savoir mon prénom.

Le lendemain de l'annonce du décès, Diane, l'une des réalisatrices du documentaire, est venue nous montrer le résultat. Le film est centré sur la communauté, mais le seul ami que l'on voit et dont on parle, c'est Piotrek. Il y a une courte séquence où Roki explique que cet homme est un cadeau. Providence ou coïncidence, une fois encore Piotrek a su nous faire sourire. Et lorsque Diane a appris la nouvelle, elle a fait un montage de notre dernière rencontre. Grâce à elle, je peux le regarder rire encore et encore.

Comme il était sans-abri, il était question qu'il finisse dans la fosse commune, sans aucune cérémonie. Klaudia, ma sœur de communauté polonaise, s'est battue pour trouver les fonds afin de pouvoir l'enterrer dignement. Et quelle bataille ! Jusqu'à la dernière minute, on a dû faire face à des contretemps de tous côtés. Mais nous y sommes arrivées. Tout cela a été possible car les pompes funèbres ont confondu Piotrek avec un autre homme. Sans cette erreur, ils n'auraient jamais conservé son corps.

J'avais peur que ses amis ne viennent pas à l'enterrement, que ce soit trop loin, qu'ils ne se sentent pas prêts, que sais-je. Quand nous sommes arrivés au cimetière, ils étaient là depuis longtemps, en moins de vingt-quatre heures, ils avaient trouvé des vêtements de circonstance, des bougies et ont dépensé leur peu d'argent dans un bouquet de fleurs, déjà flétri tant celle qui le tenait s'y accrochait pour contenir un peu son émotion. Quelle dignité. Je revois un de ses amis insister auprès des employés du cimetière, pressés d'en finir, pour garder encore quelques instants le cercueil à l'extérieur. Lorsque les employés sont partis, les amis de Piotrek ont replacé silencieusement les bougies et les fleurs sur sa tombe. Son nom était remplacé par un chiffre écrit rapidement au feutre sur une pierre, alors on a placé une photo de lui devant ce nombre bien trop froid.

La première fois que nous sommes retournées dans la « maison polonaise » après le décès, nos amis semblaient éteints et perdus. Une grosse valise était au centre, toute la vie de Piotrek dans un simple sac. À côté, un système de sono, scotché dans tous les sens et rattaché à un vieux portable. À la fin de notre visite, ils ont allumé leur machine bancale. Avec une simplicité déroutante, ils nous ont expliqué que Piotrek adorait danser, alors de temps en temps ils mettent la musique qu'ils avaient l'habitude d'écouter ensemble, et l'imaginent danser à nouveau.

Merci de tout cœur, toujours et encore pour votre soutien, je pense à chacun de vous et vous embrasse.

Adélaïde

IX. Un esprit de fête et de liesse

« Faire la fête est un art qui se pratique ! »
Bertille

Charles
Point-Cœur Sainte-Monique
Dakar – Sénégal

Le 30 mai 2018

Chers parrains, chers amis, chère famille,

Laissez-moi commencer par la joie que j'ai eu de célébrer la fête de Pâques avec nos amis. Ici, dans toutes les fêtes religieuses, chrétiennes ou musulmanes, on partage la joie de la fête sans distinction de confession. Pour Pâques, cela commence dès le vendredi saint, où la tradition est de partager avec tous nos amis musulmans le *ngalax*, un repas à base de mil (la céréale locale), de pain de singe (le fruit du baobab) et de *tiguédégué* (de la pâte d'arachide... et oui c'est drôle à prononcer). Le *ngalax* symbolise le mystère de la mort du Christ dans l'attente de fêter sa résurrection. Ce fût l'occasion, pour nous, en l'espace d'une journée, de voir presque tous nos amis du quartier. C'est fou comme un geste si simple d'apporter un petit quelque chose à quelqu'un peut consolider une amitié. La vigile pascale non plus, je ne risque pas de l'oublier. Ce n'est pas tous les jours que l'on assiste à une messe où se sont déroulés cent baptêmes, cinquante confirmations et cinq mariages ! Mais outre ces nombreux sacrements, celles qui m'ont le plus marqué, furent ces cinq personnes qui, au milieu de la messe, se sont engagées à retourner à la foi catholique, regrettant d'avoir apostasié par le passé. Il en faut du courage pour affirmer sa foi retrouvée, devant 4 000 personnes !

Quelque temps après, j'ai eu la chance de recevoir la visite de mes parents et de mon petit frère. Quelle joie pour moi de les revoir après six mois de mission ! Quelle joie de leur faire découvrir ce beau pays de la *Teranga*[27] qu'est le Sénégal !

27 Hospitalité

Quelle joie de leur montrer là où je vis, mes enfants, mes amis. Mais aussi, quelle joie pour moi de présenter à tous ceux qui m'entourent au quotidien les membres de ma famille, entité ô combien importante pour eux. C'est une grande grâce de savoir aujourd'hui que, lorsque je parle des uns aux autres, ceux-ci sont capables de mettre des visages sur ces noms si abstraits. Mamie sait que lorsque je parle de Thibaut, cela correspond à celui qui est venu la voir avec son fils accroché au cou comme une sangsue, et réciproquement, je sais que si je dis à ma chère maman qu'Alphonse m'énerve car il ne fait que des bêtises, elle comprendra d'autant mieux. Cela tisse un lien d'autant plus fort entre les deux parties de ma vie aujourd'hui : ma mission ici à Arafat et ma famille, mes amis, ainsi que tous ceux qui m'ont permis de venir vivre dans cette maison, en particulier vous, mes parrains.

Bien qu'ayant eu l'occasion, lors de cette visite, de prendre le temps de sortir de mon quartier pour découvrir le pays, la plus grande rencontre que j'ai faite avec le Sénégal fut, quelques semaines plus tard, lorsque nous sommes partis en communauté au village. Le village, ici et comme partout en Afrique, c'est sacré. Avant d'appartenir à un pays, avant d'appartenir à une ethnie, on appartient à un village. Le village ce sont les racines de chaque famille, de chaque personne. La famille Diouf, qui nous accueillait, est l'une des plus anciennes familles amies de notre Point-Cœur. Le frère de Bernard, le chef de famille, fut même l'un des tout premiers bénévoles sénégalais, et son fils aîné, Alphonse, vécut deux ans au sein de la communauté. Notre venue n'y était pas une simple rencontre. Nous sommes allés en visite chez nos amis, comme nous partons chaque jour dans notre quartier. Sauf que cette visite ne durait pas deux heures, mais deux jours.

Lorsque nous nous sommes arrêtés sur le bord de la grosse route, Bernard nous attendait avec sa charrette, avec laquelle il nous accompagna jusqu'au petit village sérère répondant au doux nom de *Ndioukh Thiarokh* (à prononcer comme vous voulez, je n'y arrive pas non plus) qui signifie « le village des pélicans », à quelques kilomètres en s'enfonçant dans la brousse. Sa femme, Louise, nous attendait, ainsi que tous les voisins, et une quantité impressionnante d'enfants. J'ai pu découvrir, là-bas, un paysage entièrement différent du milieu dans lequel je vis. Le calme, la beauté de la brousse, avec les troupeaux de vaches aux longues cornes qui se baladent en toute liberté, la joie des enfants, la simplicité de la vie, l'hospitalité. Dans le pays où celle-ci est reine, nous avons été accueillis comme des rois. Et non seulement par nos hôtes, mais aussi par leurs voisins, chacun tenant à nous rencontrer personnellement, et à nous offrir le repas.

Mais ce cadre si idyllique de loin, cache une réalité très dure, dès que l'on s'approche un peu. La vie au village est rude, l'eau est rare, la terre aride. Le travail des champs se fait sous une chaleur insupportable, avec des outils très précaires. La pauvreté est grande, pour ces gens qui vivent au milieu de leurs animaux, qui cuisinent grâce aux bouses de vaches et qui vivent au milieu des briques de leur maison, à jamais en construction. Il ne faut donc pas très longtemps pour comprendre pourquoi les gens veulent aller travailler en ville, à Dakar. Même si c'est pour travailler dix heures par jour pour un salaire ridicule, comme le fait Alphonse le fils aîné.

Cette souffrance n'est qu'au deuxième plan, tant leur foi en Dieu rayonne dans leur vie. Qu'ils soient catholiques ou musulmans, j'ai l'impression qu'elle résiste à toute épreuve, ne laissant pas les difficultés de la vie atteindre leur paix et leur joie. Je garderai toujours dans ma mémoire ce chapelet récité dans la nuit étoilée avec l'ensemble de la famille, au pied d'une icône de la Sainte Famille de la taille d'un timbre-poste. À travers les visages de ces personnes priant avec une ferveur incomparable, s'en remettant entièrement au Seigneur, une seule chose me venait à l'esprit : *Yalla bakh na*, Dieu est bon, Dieu est grand.

La famille Diouf connaît notre maison depuis longtemps, je vous disais : vingt-cinq ans. Et oui, car l'année 2018 n'est pas pour nous une année comme les autres. Le 13 mars 1993, une équipe de cinq jeunes était arrivée pour vivre la compassion dans notre quartier. Depuis lors, ce sont presque quatre-vingt-dix bénévoles de dix-sept nationalités différentes qui m'ont précédé. Moi, simple maillon d'une chaîne d'amour qui *Inch'allah* va encore longtemps perdurer. Un simple maillon au milieu de ces innombrables moments de joie, de souffrance, de beauté, de simples amitiés qui, depuis toutes ces années, ponctuent notre présence dans ce quartier. Simple maillon recueillant aujourd'hui les fruits des graines d'amour dispersées par mes aînés. Comme il est beau de voir ces anciens enfants du Point-Cœur qui, après vingt-cinq ans, sont devenus grands, et sont toujours heureux de venir partager avec nous quelques moments de simplicité.

Il est donc venu, pour ma communauté, le temps d'organiser une fête pour ce beau jubilé d'argent de notre présence dans le quartier. Pour cela, nous avions décidé d'organiser un beau spectacle avec les enfants qui partagent notre quotidien, sur l'histoire de Leuk le lièvre. C'est un récit écrit par le premier président de Sénégal, Léopold Sedar Senghor, et connu (normalement) par tous les petits écoliers. Comme ce fut compliqué ! Organiser un spectacle avec vingt-cinq enfants de six à douze ans, dont certains ne comprennent même pas le français, n'est vraiment pas une chose aisée. Entre ceux qui n'en font qu'à leur tête, ceux qui, un jour sur deux, ne veulent plus répéter, et ceux qui font comme s'ils comprenaient, ma patience fût très vite écoulée. Mais il fallait continuer car nous savions que, même si les enfants faisaient tout pour nous décourager, ils étaient très heureux de participer. Ce ne serait pas vous mentir que la préparation de ce spectacle fût une vraie croix pour moi, et pour l'ensemble de ma communauté. Prenant nos journées entières pendant des mois, sans que l'on ait l'impression d'avancer. Mais, grâce au courage, à la patience et à la volonté de fer de mes sœurs et frères de communauté, le jour de la fête est finalement arrivé.

Après avoir passé la matinée à tout préparer, la messe d'action de grâce put commencer. Qui aurait imaginé que le cardinal Sarr, archevêque émérite de Dakar, aurait eu une telle joie de venir dire une messe dans notre toute petite rue, pleine de sable, dans ce quartier dit « mal famé » ? Animée par une des chorales de notre paroisse, la messe fût belle et priante, joyeuse et recueillie, solennelle et tellement simple. Une belle manière de rendre grâce pour ces vingt-cinq ans ici. Et elle donna le ton au reste de la journée. Quelques-uns de nos amis de la décharge étaient là, ainsi que beaucoup de nos amis expatriés. Et même si la plupart de nos amis adultes ne pouvaient venir, car notre fête tombait le jour des premières communions de tout l'archidiocèse, il y avait assez d'enfants pour tous les remplacer. Même si ce n'était pas vraiment comme cela qu'on l'avait prévu, cette fête fût essentiellement pour eux, et je pense que c'était ça qui était le plus important. Après tout, les *points-coeuristes* sont avant tout des « Amis des enfants », car ce sont eux qui, ici, ont le plus besoin de notre présence.

Merci Seigneur de m'avoir ainsi montré de nouveau ma mission pour laquelle j'ai été envoyé. Certes rien n'a été parfait, mais ce n'était pas cela qui importait. Même le spectacle que j'ai tant redouté fût très apprécié par tous ces jeunes qui, en deux mois de préparation, en avaient beaucoup entendu parler. Le jeu d'acteurs, pas très efficace, était grandement rattrapé par la beauté des décors, des déguisements et des maquillages qu'Ewa et Sofia avaient préparés. Et pour finir en beauté cette fête, Simon, un grand ami qui, quelques jours avant, nous disais : « *De toute façon, cette fête c'est ma fête, car cette maison c'est ma maison* », est arrivé pour organiser le traditionnel concours de danse où, comme d'habitude, j'ai fini... je vous laisse deviner !

Enfin, avant de finir cette lettre, j'aimerais vous présenter Awa Petit qui est pour moi l'illustration de notre mission dans ce quartier. Awa est une jeune fille d'environ quinze ans atteinte d'un handicap sur la moitié droite de son corps réduisant sa mobilité, et d'une épilepsie très prononcée. Ayant l'âge maintenant d'être indépendante, comme toutes les filles du quartier, sa mère et sa grand-mère ne s'occupent plus d'elle, et les caractères de chacune ne font rien pour aider. Elle qui aurait tant besoin d'aide tout au long de la journée, se retrouve toute seule, au milieu d'une maison où plus personne ne veut l'aider. En plus de cela, bien qu'allant dans une école spéciale pour enfants souffrants d'un handicap, elle ne reçoit pas le suivi médical qu'elle devrait. Et sa mère ne peut payer les médicaments qu'elle devrait prendre. Je vois donc, ces derniers mois, son état mental se dégrader lentement, à cause de crises à répétition, qui la fatiguent, sans qu'elle n'ait nulle part où se reposer.

Oui, la voir traîner dans la rue, dans des habits qui sentent l'urine toute la journée, se faisant frapper par sa mère et moquer par le reste des enfants du quartier, me révolte. Que faire ? Qu'est-ce que moi, bénévole de Points-Cœur, ai de plus précieux à lui apporter ? Un prêtre nous a raconté une histoire qui m'a bien aidé. À l'occasion de la fondation d'une maison dans une *favela* de Salvador de Bahia, il avait demandé au prêtre qui les faisait visiter : « *De quoi ont-ils réellement besoin ces gens-là, qui n'ont rien ?* », et le prêtre de lui répondre : « *De la même chose que vous* ».

Alors, oui, Awa, avant même d'avoir besoin de médicaments gratuits, et d'un suivi médical régulier, c'est bien d'attention dont elle a besoin. Non pas une attention matérielle, mais d'une vraie amitié, d'avoir quelqu'un sur qui compter, d'avoir quelqu'un avec qui rire sans avoir peur d'être jugé, d'avoir quelqu'un patient avec elle, prêt à l'écouter. Je suis à chaque fois marqué de voir, au moment où nous passons devant chez elle, son visage si fermé, perdu, comme assommé, se transformer en un magnifique sourire. Cette relation que le Point-Cœur a avec elle est un cadeau du ciel, et je ne pense pas que ce soit par hasard, que chaque jour, Awa Petit soit la première au chapelet, prête à réciter le « Notre Père » et le « Je vous salue Marie » en latin, ainsi que tous les mystères du rosaire, alors qu'elle a tant de mal à retenir l'alphabet.

Je vous confie donc bien Awa, mais aussi ses frères Tony et Djerkka, qui eux aussi ont tant besoin d'être aimés.

Déjà juin, décidément le temps passe trop vite ici. Je vous souhaite une bonne fin d'année scolaire et un bon été. Le mien s'annonce bien mouvementé avec l'organisation de deux camps d'enfants ! *Inch'allah* j'aurai le temps de vous réécrire avant mon retour fin août !

Merci encore pour tout le soutien que vous m'apportez. Soyez assurés de mes prières.

Nio far.[28]

Charlie toubab

28 « *On est ensemble* » en wolof

Bertille
Point-Cœur Sainte-Rose-de-Lima
Lima – Pérou

Le 26 février 2018

« *Je sais pas comment te dire ce que je peux pas écrire, faudrait que j'invente des mots qu'existent pas dans le dico. C'est toi que je t'aaaime vachement beaucoup !* »

Un Inconnu

Chers parrains,

J'espère que vous allez tous bien. Voici quelques nouvelles du front, toujours aussi joyeux et palpitant. Le temps montre son importance avec les enfants, les amis, le quartier. Il me permet d'approfondir mon étude de l'*homo peruanus,* qui n'est décidément pas banal. Il est, en général, plein de bonté et d'attention, ce qui me surprend toujours. Au service des *migraciones*[29], on me demande : « *Mon petit cœur, tu peux remplir ta fiche ?* » Puis, on me renvoie avec le papier officiel qui, en guise de formule de politesse, arbore un « *Dieu te bénisse* »... Il promène ses statues à la messe de temps à autre pour leur faire prendre l'air, répond « *plus ou moins* » quelle que soit la question qu'on lui pose (y compris si on lui demande l'heure) et règle sa vie autour de la nourriture.

Le *barrioaltinus* est encore plus détendu, il fait participer tout le monde à sa vie, installe sa piscine sur la route, vit en pyjama, parfois il ne peut pas assurer le service de bus parce qu'il « *doit aller prendre son petit déjeuner, désolé* », bref il sait vivre.

29 Service des migrations pour obtenir le permis de séjour.

Le *barrioaltinus miniaturis* reflète de façon plus brute son quartier et nous apprend à trois ans comment on dessine une prison : « *Pas comme ça, Hermanita*[30], *il y a des barreaux aux fenêtres !* », comment on devient roi du quartier à deux ans et demi à force de vivre dehors... Mais il fait souvent nos plus grandes joies et nous attire la reconnaissance et la protection de ses proches, y compris les plus dangereux.

Faire la fête est un art qui se pratique

J'ai toujours eu l'intuition qu'il fallait élever la fête au rang d'art et ces quatre mois m'en ont donné la confirmation. Nous vivons dans le quartier le plus festif de Lima, où le nouvel an se fête jusqu'au 1er janvier, 6h du soir sans interruption, où il y a toujours un motif pour mettre de la musique, danser et boire. En somme sur 24h nous profitons de 2h de silence, de 9h à 11h du matin (quand le *barrioaltinus* se repose de sa fête). J'ai découvert en la fête un vecteur de compassion, à travers des anniversaires, parce qu'à Points-Cœur, on fête tous les anniversaires, y compris celui de Miguel qui vend des bananes et que nous connaissons depuis deux minutes. C'est toute une technique de chercher ce qui fera le plus plaisir à la personne, de le célébrer en lui donnant une fête à son image. Nous avons fêté l'anniversaire de José Antonio (qui est autiste et ne parlait pas) avec des confettis, un gâteau et le plus grand calme pour ne pas lui faire peur.

L'anniversaire de Jonathan (enfant handicapé du foyer des Sœurs de la Charité) était l'opposé, avec des haut-parleurs de boîte de nuit qui crachaient du *reggaeton* à ne plus s'entendre, deux clowns, deux gâteaux d'anniversaire, une *piñata*[31] remplie de bonbons... Les deux étaient enchantés. Après cet anniversaire, José-Antonio que j'allais visiter depuis trois mois déjà, m'a parlé pour la première fois. Puis, en lui mettant une aquarelle offerte par un parrain dans les mains, j'ai réussi à le mettre en confiance et à lui donner un moyen de

30 Petite sœur

31 La *piñata* est un récipient qui peut prendre la forme d'une figurine ou de tout autre objet et que l'on remplit de sucreries et de jouets.

s'exprimer, et quelques instants plus tard nous conversions, potes comme deux piliers de comptoir. Maintenant, il traîne sa tante Berta au *Punto*[32], parce qu'il veut jouer avec nous et nous pouvons même le serrer dans nos bras. C'est une grâce pour nous de le voir s'ouvrir et être heureux.

Nous avons pu exercer notre art à l'occasion de Noël, qui a été pour nous trois semaines de préparation et de fêtes ininterrompues. Nous nous sommes lancés dans la préparation d'une crèche vivante, ce que vous pourrez qualifier, avec raison, de masochisme connaissant nos enfants. Effectivement, ils ont soumis nos nerfs à rude épreuve, mais nous étions particulièrement heureux de voir que les enfants ont sorti le meilleur d'eux-mêmes et que le résultat était beau. Noël a été l'occasion de peindre des crèches, sculpter des cadeaux, j'ai repris la peinture avec bonheur et reçu un certain nombre de commandes. Je peux maintenant ajouter à mon C.V. : « Spécialiste en Vierges Marie latino-américaines ». C'est une expérience irremplaçable, une mission Points-Cœur.

Le 24 décembre, nous avons déjeuné avec Berta et José-Antonio, puis nous sommes allés à la messe et nous avons dîné avec Elena, sa maman et ses quatre enfants. Après avoir vu les feux d'artifices depuis le toit (tirés de tous les côtés parce que chacun fait péter le sien depuis sa maison), nous sommes descendus souhaiter un joyeux Noël dans le quartier. Puis, les jeunes sont venus faire la fête avec nous, échanger des cadeaux... Le lendemain, nous avons prolongé la fête avec les petites grand-mères seules du quartier (dont je suis décidément amoureuse) puis, avec le Point-Cœur de la Ensenada, les Sœurs et la Fraternité Saint-Maximilien-Kolbe... Quelque chose d'intime, en somme. Si je fais un *burn-out* à Pâques, ne vous étonnez pas, mais c'est l'un des plus beaux Noël que j'ai passé.

32 *Punto* : abréviation de *Punto Corazón* = Point-Cœur

Aimer l'autre avec son péché

En arrivant à Points-Cœur, j'ai été surprise par la relation au péché que les Permanents avaient, une conscience plus grande et, en même temps, une acceptation plus profonde, plus aimante du péché que ce que j'avais pu voir ailleurs. Ici, le péché saute au visage, il sort de tous les côtés et se voit énormément. Il se voit en communauté, mais il se voit aussi avec les amis, qui savent que nous accueillons toutes les personnes qui le souhaitent en sachant quels peuvent être leurs problèmes, leurs vices. J'ai été tout de suite émerveillée de voir que les personnes qui venaient à la maison ne se sentaient jamais jugées et nous faisaient confiance immédiatement. Je n'avais pas encore mesuré le chemin que c'était, car je crois que nous avons beaucoup de mal à pouvoir aimer les personnes de cette façon : nous savons qu'ils sont pécheurs, mais nous les aimons quelque part, « malgré leur péché », en se disant que nous « passons au-dessus » ou en essayant de l'oublier.

Cependant, quand il m'est arrivé pour la première fois que ce péché m'éclate en pleine figure, j'ai compris qu'il était impossible de garder cette posture, mais qu'aimer la personne en continuant de placer son espérance et sa confiance en elle est très difficile. Un soir, Sonia nous a demandé de l'emmener aux urgences car elle était très mal, elle avait des douleurs insoutenables au ventre, vomissait sans discontinuer... Sachant qu'elle a la tuberculose et des kystes aux reins, Charlotte et moi l'accompagnons inquiètes. Arrivées aux urgences, ses douleurs s'empirent, je me retrouve seule avec elle. J'ai dû lutter toute la nuit pour qu'un médecin, qui n'a même pas examiné Sonia me donne un diagnostic, en jetant un coup d'œil sur une radio. J'ai vu à quel point les pauvres gens qui vont à la sécurité sociale sont arrosés de mépris à chaque instant. Bref, huit heures de félicité. Toutefois, j'étais soulagée, ils avaient fini par s'occuper d'elle. Jusqu'au moment où j'ai compris que son mal était dû à une cuite monumentale qu'elle s'était prise la veille avec cent-cinquante *soles* de bière, alors qu'elle est interdite de bière et sodas. Elle ne m'avait rien dit sciemment. Elle est amie du *Punto* depuis qu'elle a sept ans, nous connaissons tout de sa vie, tous ses vices, et nous lui avons toujours été fidèles, et elle sait que nous continuerons. Pourquoi nous mentir et nous laisser perdre une nuit entière ? Je me suis sentie trahie et traitée comme une servante.

Je me suis dit que c'était mon rôle, qu'en le sachant dès le début, je n'aurais pas moins lutté. J'avais offert ma main et elle m'avait mangé le bras mais, finalement, étais-je venue pour donner seulement la main ou le bras tout entier ? J'ai quand même essayé de lui en parler, ne serait-ce que pour lui dire qu'elle ne pouvait pas se permettre de détruire son corps avec des enfants si jeunes à sa charge. Je me suis heurtée à un mur de déni. C'est la même chose pour sa nièce, Fatima, et ses douleurs permanentes (elle a été testée positive à la tuberculose), mais Sonia refuse de l'emmener se soigner : « *Non elle n'est pas malade* ». Il n'y a rien à faire, nous tentons de tous les côtés mais, à chaque fois, c'est le mur. Pourtant, il faut rester là parce que nous sommes ses seuls vrais amis et qu'elle viendra toujours toquer à la porte. Il faut rester là en voyant les dégâts de son attitude sur les enfants qui sont en permanence chez nous. Ça, c'est la partie dure, mais au moins on se rend compte que le pardon est une grâce (et que le vin est bien meilleur pour la santé que la bière !).

De l'importance d'un yaourt

Heureusement, les moments difficiles sont beaucoup moins nombreux que les moments de joie et, surtout, on sait bien se consoler en communauté et avec les amis. On se fait plaisir comme on peut, la bouteille de yaourt étant notamment une institution quand l'un de nous a du chagrin. Quand Magdalena m'a offert un KFC pour la Saint Nicolas, j'avais les yeux humides devant mes frites molles, ça attendrit le cœur la pauvreté ! Les amis nous offrent des festins, des spectacles de danses magnifiques, des cadeaux de Noël, nous apprennent la tauromachie, la salsa, la sculpture, vous l'aurez compris c'est un calvaire et je me plaindrai à mon syndicat.

Je vous remercie pour vos nouvelles, vos vœux, vos réponses émouvantes, vos prières. Je vous embrasse fort et je vous laisse avec cette petite pépite du quartier : Adriano, six ans, le plus grand sourire que je connaisse, a eu une petite sœur il y a quatre jours. Elle va bien mais il ne se rappelle plus comment elle s'appelle. Il court voir sa maman et revient me voir en disant que sa maman non plus ne sait plus et qu'il faudra attendre l'oncle parce qu'elle lui a donné un nom compliqué et que lui s'en rappelle...

Bertille

Hortense
Point-Cœur de la Sainte-Famille
Simoes Filho – Brésil

Le 28 février 2015

« *Petites – toutes petites comme le petit bambino de Noël, comme le petit ouvrier de Nazareth –*
Si petites que le mépris et l'oubli ne les touchent même plus. »
Petite Sœur Magdeleine de Jésus

Chers parrains, chers amis,

De jolis cadeaux de Noël

Nous sommes le 24 décembre, et chacune des *Tias*[33] est occupée à préparer la veillée de Noël. Quelqu'un frappe à la porte, j'ouvre. Natalia, notre petite voisine que vous connaissez déjà, est là, ravissante dans sa nouvelle robe, les cheveux en ordre pour une fois. « *Tia, eu vim me despedir de você porque eu vou passar 15 dias na casa de minha avo* » (« *Tante, je viens te dire au revoir parce que je vais passer quinze jours chez ma grand-mère* »), me dit-elle d'une douce voix, comme rarement je l'ai entendue. Elle m'embrasse, me demandant de transmettre sa salutation à mes deux sœurs de communauté, et s'en va heureuse. Un cadeau de la voir sourire, un cadeau de voir qu'elle se sent avec nous comme en famille, un cadeau de la voir en paix, un cadeau de voir qu'elle prend le temps de passer chez nous avant de partir ! Un cadeau de voir qu'elle va quitter un peu l'atmosphère étouffante de sa maison pour Noël. Le lendemain, nous avions invité deux familles à partager avec nous le repas de Noël, dont la famille de Cristina, voisine de *Dona*[34] Ana. Cristina a six enfants, mais seuls deux

33 Tantes
34 Madame

d'entre eux habitent avec elle : Mateus, huit ans et Daniel, cinq ans. Ils vivent dans des conditions de vie extrêmement précaires. Cristina fait des petits services de couture à droite et à gauche pour subvenir aux besoins de la famille. En plus de lutter pour sa famille, elle a toujours été aux petits soins pour *Dona* Ana, allant la voir tous les jours pour vérifier que tout allait bien, l'accompagnant à l'hôpital... Son mari est alcoolique. Mateus haut comme trois pommes, fait partie de ces gens que j'appelle « les miracles du quartier ». Son sourire est constamment accroché aux oreilles, d'une douceur incroyable. À huit ans, il tire sa maman vers le haut, l'encourage, l'aide.

Deux jours avant le 25, nous passons les voir et au moment de partir, Mateus dit : « *Je vais apporter une bouteille de coca !* » Le jour J, le voici qui frappe à la porte, et apparaît sa petite mine réjouie, une bouteille de Pepsi à la main. Il est venu tout seul, et nous dit que sa maman arrive. Quelle dignité, quelle générosité chez ce petit garçon de huit ans qui apporte sa pierre à la construction d'un monde meilleur, partageant le peu qu'il a !

Le 24 au soir, à l'heure d'aller à la messe, nous allons chercher Zica, notre voisine de soixante-trois ans qui souhaite nous y accompagner. Madame n'est pas prête, il reste encore à se maquiller, coiffer sa chevelure rebelle, mettre un peu de parfum. Une demi-heure après, Madame est enfin prête, mais il est déjà 9h, heure de la messe, et nous avons une demi-heure de marche pour y parvenir. L'idée me vient de demander au tenancier du bar de nous y emmener en voiture. Nous crions à l'entrée du bar pour appeler notre homme. Cinq minutes plus tard, arrive l'individu. Après une courte explication aidée de Zica qui a la chance de ne pas avoir ce magnifique accent français, Shany comprend et accepte. Mais avant de partir, il rentre dans le bar et augmente le son du reggae qui tourne en boucle et nous dit : « *C'est ça le bonheur ! Bob Marley ne nous dit-il pas qu'il faut s'aider les uns les autres ?* » Nous arrivons à la voiture. Anna souhaite ouvrir la porte de gauche, mais Shany s'écrie : « *C'est une voiture bahianaise, on n'y entre que par la droite !* » Je monte à l'avant et nous voilà partis. Le moteur tousse au démarrage, mais finalement cette bonne vieillie carcasse accepte de se mettre en route. Le monologue du chauffeur commence : « *Je ne vous cache pas que je m'en suis bu une petite, c'est Noël non ?* » dit-il en me regardant au lieu de regarder sa route. Puis il se tourne vers le fond de la voiture et dit : « *Vous avez peur ? Ne vous inquiétez pas, je suis un bon chauffeur ! Et puis n'est-ce pas ça le bonheur, s'aider les uns les autres ? Quand quelqu'un a besoin, le voisin est là pour prêter main forte !* » Je serre les fesses à chaque dos d'âne, priant pour qu'on ne fonce pas dans la voiture qui nous précède. Après quelques bons coups de frein et un beau discours, nous arrivons saines et sauves et presque à l'heure à la messe. Shany nous a offert son temps, sa joie, ses talents de chauffeur, et surtout son immense disponibilité le soir de Noël ! Il m'a offert son exemple et j'essaie de me souvenir de lui lorsqu'un enfant frappe à la porte et que je suis en pleine sieste sans la moindre envie de sortir de mon lit !

Ireni, une maîtresse d'amour

Laissez-moi, avant de conclure cette lettre, vous présenter Ireni. Depuis le début de la mission, j'entends parler d'elle, mais je n'ai pu la rencontrer qu'il y a quelques mois car elle n'habitait plus dans notre quartier. Ireni fait partie de l'histoire de notre maison depuis sa fondation. À l'âge de vingt-quatre ans, elle a eu un accident de vélo, est tombée dans un égout qui court en bas de notre rue, et est tombée dans le coma. Depuis ce jour, elle n'a plus toute sa tête. Ireni a eu huit enfants, mais n'a élevé que sa fille aînée qui a aujourd'hui quatorze ans. Tous les autres ont été adoptés par des parents ou amis. Elle habite aujourd'hui avec un homme, José qui s'occupe d'elle. Jusqu'à il y a un mois, ils habitaient à Salvador. Nous ne les voyions donc que très peu, mais depuis, ils sont rentrés à la Coroa pour se réinstaller dans la maison qu'Ireni avait laissée à sa fille Vitoria. Tous les jours depuis leur arrivée, Ireni vient nous saluer, nous demande un café, un déjeuner, un thé, mais surtout, de l'attention ! Lorsqu'elle arrive, elle salue chacun d'un « *abraço* » très affectueux, et parfois un peu étouffant... L'autre jour avec Sœur Marie, notre visiteuse, nous étions chez sa voisine dont le jardin communique avec celui de la maison d'Ireni. La voilà qui arrive et nous passe à travers le grillage un morceau de melon et du jus de goyave. Un geste si simple, si beau ! Ce n'est pas toujours facile de garder patience lorsqu'elle vient chez nous avec sa tasse vide et son désir de parler, mais plus je la connais, plus je me rends compte qu'elle est comme un puits d'amour. Elle a un tellement grand besoin d'aimer et d'être aimée qu'il en devient parfois étouffant. Mais toute sa vie est tournée autour de ce besoin. Ce n'est pas du café qu'elle demande, c'est un sourire, c'est un cœur qui aime. Elle me provoque dans ma patience, mais aussi dans mon regard sur l'autre. Car cet amour qu'elle a à donner est une leçon de patience et de persévérance.

Chaque fois, lorsque j'entends sa manière unique de toquer à la porte, je soupire. Mais n'est-ce pas pour cela que je suis venue ici, aimer jusqu'au bout, me donner toute entière ? Après un de ses passages, lors de la visite de Joseph, celui-ci me dit : « *Elle est trop choute !* » Et il avait tellement raison ! Elle me permet de ne pas entrer dans le confort des amitiés faciles, de rester consciente de ce que signifie réellement aimer. Le Christ n'est-il pas venu pour les plus faibles et les plus démunis ?

Lors d'une visite chez elle avec Virginia et Joseph mon frère, nous avions apporté un appareil photo, et nous lui proposons de la prendre en photo avec *Senhor* José. Toute heureuse, elle s'assoit à côté de lui et le sert dans ses bras. Il se défend : « *Il y a du monde, pas comme ça Ireni !* », d'une voix peu convaincue qui montre la tendresse qu'il lui porte derrière son air rude. Très régulièrement, Ireni disparaît, et il passe chez nous tout inquiet à sa recherche. Il répète : « *Elle est malade, personne ne s'occupe d'elle, personne ne lui prête attention. S'il lui arrive quelque chose, personne ne s'en rendra compte !* », et continue, fidèle, faisant ce que personne ne veut faire, par amour, car il est aimé d'elle.

Chers parrains, chers amis, je conclus là cette lettre. Encore une fois, un immense merci pour vos prières, pour vos dons, c'est grâce à vous que j'ai pu et peux encore vivre ces dix-huit mois de joie bahianaise. Je vous garde tous dans mes prières.

Avec toute mon affection,

Hortensia

Mathilde
Point-Cœur Saint-François-d'Assise
Montevideo – Uruguay

Le 14 mai 2017

Chers parrains et amis,

Le jeudi 3 novembre 2016, nous fêtions, en compagnie d'une centaine d'amis, cette première année à Montevideo.

Notre évêque et Cardinal, Monseigneur Sturla, est arrivé plus tôt pour visiter le quartier avec nous. Sulema a reçu le Cardinal avec nous et lui a fait mettre, avant tout, sa croix pectorale dans la poche de sa chemise ! Et lui, avec une belle humilité, lui a obéi sans un mot. Mais le Cardinal est si connu dans notre quartier, qu'il ne courait aucun danger et aucun de nos amis ne lui était inconnu. C'est finalement lui qui nous a guidés. C'était magnifique de le voir parcourir les ruelles, saluer les mères de famille comme les jeunes des bandes réunis aux coins des rues, appeler chacun par son nom, aller jusqu'à la maison d'une amie, Lili, et s'adresser avec autorité à son fils qui retombe dans la drogue, avant de lui proposer un travail. Notre quartier lui est cher, car il y a passé du temps comme séminariste puis comme prêtre.

Puis, nous avons célébré la messe en compagnie des amis de tout bord. Cela faisait quelque chose de voir cette petite chapelle, souvent bien vide et, en ce jour, si remplie. Et puis, le naturel, la joie et la communion entre tous nous ont émerveillés, le cadeau de recevoir quelque chose de bien plus grand que le temps et l'effort consacrés à l'organisation est simplement plus grand que ce que nous avions imaginé et désiré.

Quelques perles de ce jour :

Un ballet de plus d'une dizaine de voitures dans notre petit bout de pelouse et, pour sortir, une seule porte : cela m'a occupé la soirée et m'a permis un petit bout de conversation avec chacun à la sortie.

Fernando est un grand ami qui nous reçoit les jours de repos, dans sa famille. Toute la soirée, inlassablement, il a fait sauter dans ses bras et sur ses épaules trois petites filles de notre quartier, à qui le papa manque tant. J'ai rarement vu une telle joie sur leurs visages !

À l'heure de regarder ensemble la vidéo que nous avions faite pour l'occasion, la place manquait et nos amis, dont le Cardinal, se sont simplement assis par terre. Et, Ermita, l'une de nos grands-mères, à l'exemple de Monseigneur Sturla, insista pour me laisser sa chaise et s'asseoir elle aussi sur le sol !

Finalement, tout s'est terminé autour de la guitare, où Sulema est devenue le centre de la ronde d'amis : elle, la plus « pauvre », est devenue la reine ! Vraiment, « *les derniers seront les premiers* » !

Quelques semaines plus tard, Andres repartait pour l'Argentine. Il ne voulait pas de grande réunion. Et là encore, nos amis du quartier ou ceux de la ville, si occupés la plupart du temps, nous ont offert leur présence avec une grande spontanéité. La guitare et les chants ont accompagné cette belle journée d'adieux.

Le 1er janvier fut marqué par une belle invitation. Jorge, chargé l'an passé des travaux de notre maison, a offert une journée sa maison aux amis de notre quartier. Avec notre fidèle Liliana et d'autres, ils ont organisés le transport, le barbecue, des lots et des cadeaux pour les enfants et Jorge nous a même prêté ses maillots de bain pour pouvoir nous baigner dans sa piscine ! Le départ du quartier fut épique car il nous fallut rassembler nos amis au petit matin d'une nuit de fête, et cela, sous une pluie battante. Pour cette raison, les maillots de bain avaient été abandonnés ! Mais le soleil est doucement arrivé et ne nous a plus quittés !

Là encore, je fus marquée par la fraternité entre tous. Il semblait ne plus y avoir de différences entre nos amis du quartier et ceux qui avaient tout organisé. Et puis, chacun avait son espace et cela, non en fonction de son importance, sinon de ses talents. C'est ainsi que Sulema nous a offert un défilé de mode, que plus tard nous avons découvert que notre amie, Olga, qui ne sait ni lire ni écrire, chante et joue de la guitare avec une voix si pure que le « public » en fut touché. Et puis Antonela a fait ses premières brasses dans la piscine. Pablo, bénévole polonais a fait son premier barbecue : tout un art ici ! Bref, ce fut une belle journée de vacances partagée.

L'été fut aussi marqué par nos premiers camps d'été. Un premier, pour les garçons, de huit à douze ans. Pablo (bénévole de Pologne) l'a organisé avec Père Édouard, Cachulo, oncle de deux des enfants et Nacho un autre ami. Puis nous les trois filles de la maison, et Florencia, une amie, sommes parties à notre tour, avec sept préadolescentes. Le thème du camp fut *L'amitié*. Nous avions préparé pour chaque jour, un contenu sur le sujet, entre jeux, conversations et bricolage. Le grand défi de ces trois jours fut, plus que d'avoir laissé leur maman, celui d'avoir laissé leur téléphone portable... Et pour nous, le défi de leur proposer une véritable alternative.

Le petit village qui nous hébergeait était rempli de trésors : une immense laiterie qui nous a offert le spectacle des vaches à traire , une rivière, Leo, une artiste française installée là, et qui a peint plusieurs des murs du village avec les habitants eux-mêmes...

Merci pour vos nouvelles. Chacun de vos visages habite mon cœur.

Je vous embrasse bien.

Mathilde

Inès
Point-Cœur Faustino-Perez
San Salvador – El Salvador

Le 30 janvier 2015

« *L'âge n'est rien aux yeux du Bon Dieu, et je m'arrangerai de façon à rester petit enfant, même en vivant très longtemps.* »
Sainte Thérèse de l'Enfant-Jésus

Mes très chers parrains,

Les vingt ans de Points-Cœur au Salvador

Il me semble que dans ma première lettre, je ne vous ai pas parlé (ou du moins peu) de la fête que nous avons eu la chance de vivre en novembre dernier. En effet, à l'occasion du vingtième anniversaire de la présence de Points-Cœur au Salvador, nous avons pris les grands moyens ! Nous avons organisé un cocktail et invité un jeune pianiste talentueux américain, Evan Shinners, à venir jouer pour cette occasion. Moment idéal pour réunir tous nos amis autour des merveilles artistiques que nous a présentées Evan. L'occasion aussi d'échanger de nouveau avec chacun d'eux, et de partager davantage.

Puis, une semaine après, nous avons invité tous nos amis à venir voir la pièce de théâtre *Le Petit Prince* d'Antoine de Saint-Exupéry, jouée par les enfants du quartier. Mes frères et sœurs les avaient fait travailler dur depuis quelques mois. La scénographie, les rideaux, les costumes, le ton, la gestuelle : tout y était ! De vrais acteurs ! La pièce a eu un franc succès. C'était incroyable de voir combien ces petits bonshommes sont bourrés de talents et gagnent à être connus ! Suite à cette réflexion, Felipe et Sibylle, mes frères et sœurs de communauté, ont eu l'audace de participer à un concours proposé par l'Alliance Française, donnant l'opportunité à une troupe de théâtre de représenter sa pièce aux quatre coins du pays. Nous avons récemment appris que nous avions remporté le premier prix — oui oui oui ! — et nous allons donc emmener toute notre petite troupe en représentation dans les lieux réputés du Salvador. Ils sont heureux et tellement fiers ! Ça se lit dans leur regard !

À l'occasion des vingt ans du Point-Cœur, nous avons aussi eu la chance d'avoir une messe célébrée par notre évêque Jose Luis, dans notre paroisse, au cœur de notre quartier. Cette messe fut magnifique. Chaque enfant se sent membre de la grande famille Points-Cœur et nous avions l'impression de célébrer une messe pour l'anniversaire de chacun d'entre eux ! Ce fut également incroyable de voir qu'un grand nombre d'amis, non croyants ou non pratiquants, étaient présents, et se sont laissés toucher par la beauté de cette célébration. Un cœur qui chantait fort, des instruments qui se faisaient entendre, des enfants aux yeux brillants... Je vous laisse imaginer le tableau. Dieu était là, au milieu de nous.

Un Noël pas comme les autres

Ensuite, j'aimerais vous raconter comment nous avons préparé puis fêté Noël cette année, en communauté, loin de nos familles, mais tout proche de tant d'autres !

Durant la première quinzaine de décembre, la coutume au Salvador et de faire *las Posadas* [35]: nous partons en communauté avec une tribu d'enfants du quartier, déguisés en bergers et en bergères, avec différents instruments musicaux sous le bras et avec nos voix bien échauffées. Une enfant est déguisée en Marie et un autre en Joseph. Nous demandons l'hospitalité à de nombreuses maisons du quartier, comme l'ont fait les parents de Jésus au moment de sa venue dans

35 Littéralement, ce terme signifie « auberge », en espagnol. Les *posadas* se déroulent du 16 au 24 décembre. Ce sont les 9 soirées pendant lesquelles Marie et Joseph voyagent de Nazareth pour se rendre à Bethléem, en tant que pèlerins.

notre monde. Nous nous mettons à chanter devant la maison en demandant à ses habitants d'accueillir Joseph et Marie pour la nuit. Puis nous entrons dans la maison. Le *padre*[36] Simon, après avoir lu l'Évangile, bénit la maison et la famille, moment important en cette période de l'Avent, d'attente et de préparation de la venue du Sauveur. Ensuite, nous chantons, prions, et dégustons bien souvent *un pan dulce* (une sucrerie) et *una gazosa* (une boisson), que nous offrent généreusement nos hôtes. Trois soirs par semaine environ durant le mois de décembre, nous avons donc organisé *las Posadas* avec les enfants du quartier : quoi de mieux pour se préparer à Noël !

Le soir de Noël, le 24 décembre, nous sommes allés à la messe dans notre paroisse, puis nous avons visité différentes familles du quartier. Nous nous sommes rendus tout d'abord chez notre ami *Don* Oscar avec qui nous avons dîné, puis nous sommes allés visiter Rosita et son neveu Joseph. La tradition ici, c'est d'acheter des tonnes et des tonnes de pétards bien bien bruyants et de passer la soirée à les lancer dans les rues. J'adore ça. C'est ce que nous avons fait avec mon cher Joseph et son cousin, le petit Andy. Nous sommes ensuite allés visiter d'autres familles voisines avec qui nous avons festoyé, en chantant, en dansant, mais surtout en jetant des pétards ou des « minis volcans ».

Le 25 décembre, le jour de Noël, fut vraiment merveilleux. Nous sommes allés en communauté à l'hôpital Bloom, visiter les enfants malades. Déguisés en berger ou en ange, nous sommes passés de chambre en chambre, de lit en lit, pour chanter, rire et parler avec les enfants. Pour consoler leurs mamans aussi. Elles se tenaient là, à l'hôpital, au pied du lit de leurs enfants malades, le jour de Noël. Les enfants étaient rayonnants et dans la joie et les mamans en peine tentaient d'esquisser de beaux sourires. Ce fut un moment très fort pour moi. Cette après-midi là, j'ai eu le sentiment de vivre la parole du Christ : *« Pleurez avec ceux qui pleurent et réjouissez-vous avec ceux qui sont dans la joie »*. Au pied du lit du petit José, on priait avec le *padre* Simon et mes larmes coulaient devant sa maman en pleurs. Un peu plus tard, dans une autre chambre, quand j'aperçus le petit Steven, ce fut

36 Père

le grand amour au premier regard : nos regards complices exprimaient déjà tant de tendresse. Quand je me suis approchée de lui pour lui parler, chanter, faire le pitre et lui lire un conte, nous avons tout deux explosé de rire. Nous partagions une joie tellement immense ! La joie de nous connaître le jour de Noël.

Quand je suis retournée au Bloom deux semaines plus tard, j'ai retrouvé mon petit Steven, fidèle au poste, toujours au même endroit, dans la même chambre et sur le même lit où je l'avais quitté. Quand il me vit, il se mit à sourire puis à rire. Il avait bien grossi et j'ai compris que sa santé allait mieux. Il s'est adressé à son compagnon de chambre en s'écriant : « *¡ O mi angelito ! ¡ Mira ! Es ella mi angel de que te había hablado !* », ce qui signifie : « *Oh mon ange ! Regarde ! C'est elle, mon ange, dont je t'avais parlé !* » En effet, oui, j'étais déguisée en ange le jour de Noël. Nous avons bien ri et échangé, une fois de plus, un vrai cadeau du Bon Dieu. Sa maman Alicia m'a appris que Steven allait pouvoir retourner vivre chez eux car le traitement avait fonctionné. Alors depuis ce jour là, je n'ai plus revu mon *angelito*, mais c'est mieux ainsi, car je sais que si je ne le vois pas au Bloom, c'est qu'il se porte bien, et que mon petit guerrier poursuit sa route. Je reste en contact avec sa maman et nous devrions nous organiser un déjeuner ensemble d'ici peu.

Le 25 au soir fut aussi un moment très riche. Après la messe que le *padre* Simon a célébrée dans la chapelle de l'hôpital, nous sommes rentrés dîner en communauté au Point-Cœur. Nous étions réunis, tous les six, autour d'un repas sans prétention. J'ai beaucoup aimé ce repas car il y régnait la simplicité. Aucun de nous ne s'est forcé à rien, il y a eu des moments de silence, j'avais vraiment le sentiment d'être en famille. Je me sentais bien, libre, et goûtais à la simplicité et à la pauvreté de Noël, jour où Jésus s'est fait petit enfant et a vu le jour dans une étable.

Deux jours de désert

Il y a deux semaines, pour la première fois depuis le début de la mission, j'ai pris un temps de désert. « Le désert » est un moment en silence, qui se fait seul, durant lequel nous avons la possibilité de méditer sur un texte, de prier, de lire la Bible, de nous reposer, de nous balader, d'observer la beauté des paysages qui nous entourent, d'écouter de la musique, d'écrire un peu... Je dois avouer que je paniquais à l'idée de faire ce désert, car comme vous le savez, le calme et le silence, ce n'est pas vraiment mon truc. Mais finalement, ce temps fut très riche. J'ai ainsi pu réfléchir sur un texte du prêtre italien Mauro Lepori[37], *Je suis, moi qui te parle*. Ce texte m'a rappelé une fois de plus que Jésus ne veut pas seulement que nous le priions, mais il veut être réellement notre Ami, il veut que nous partagions notre vie avec lui. Il attend de nous que nous lui montrions toute notre vie, dans tous ces aspects, les plus beaux comme les plus mauvais. Dieu s'intéresse à TOI, à TA VIE. Il veut faire partie intégrante de TA réalité. Dès lors que nous acceptons cela, que nous confions au Christ notre vie, nous arrêtons d'être les esclaves des circonstances, nous arrêtons de subir notre réalité, nous ne sommes plus dépendants de comment vont les choses, mais nous décidons de faire confiance à Dieu, de le laisser agir dans notre vie selon sa volonté.

Le 1er Janvier, pour commencer l'année, nous avons chacun pioché un saint : le saint qui va nous accompagner personnellement et spirituellement durant toute cette année, à qui nous pourrons nous confier tout particulièrement et qui intercèdera pour nous. Ce fut pour moi un grand honneur de piocher Saint Jean-Paul II avec la phrase suivante : *« La famille est appelée à être temple, c'est-à-dire, lieu de prière. Une prière simple, riche d'efforts et de tendresse. Une prière qui se fait vie, pour que toute la vie devienne une prière »*.

Je vous embrasse chacun bien fort et vous garde dans mes prières.

Inès

---

37 Don Mauro Lepori est un moine cistercien, abbé général de l'ordre cistercien

Ségolène
Point-Cœur Sainte-Claire
Manille – Philippines

Le 22 janvier 2018

Chers parrains, chères marraines, chère famille,
chers amis et amies, parents d'amis et amis des parents,
chère famille scoute,

Un Noël au bout du monde

Quelle joie de passer Noël à l'autre bout du monde (désolée papa et maman, hein...) ! Quelle joie de plonger dans les entrailles de la culture de ce pays.

J'ai découvert une nouvelle joie de Noël, une joie qu'on a tendance à oublier alors qu'elle devrait être le centre de la fête. J'ai découvert une autre « impatience » que celle d'ouvrir des cadeaux et manger un bon repas. (D'ailleurs, je me suis surprise à rêver de manger des coquillettes au beurre pour Noël... Mais ne vous inquiétez pas, le repas vietnamien et les crêpes ratées étaient quand même mieux !!).

Une impatience qui prend naissance avec *Simbang gabi*[38]. Durant les neuf jours qui précèdent Noël, la messe est célébrée à 4h du matin dans toutes les églises. Cette période permet de se préparer à la naissance de Jésus, de se préparer à l'accueillir avec joie. C'était très touchant de voir les églises remplies, probablement plus que pour une messe de Noël en France, déjà une heure avant la messe, malgré l'heure matinale, la pluie ou le froid. Les gens sont chics, bien préparés, on chante tous les chants de Noël. Tout le monde est vraiment joyeux. « Faire *Simbang Gabi* » n'est pas une question

38 *Simbang Gabi* est une série dévotionnelle de neuf jours de messes pratiquées par les catholiques philippins en prévision de Noël.

pour eux, ça fait partie de Noël, la question est l'heure de la messe à laquelle ils vont.

Nous avons passé les 24 et 25 décembre à Navotas, ce qui nous a permis de visiter de nombreux amis, seuls ou vivant dans la rue et, bien que les rues soient étonnamment calmes (elles n'étaient pas calmes mais plus que ce à quoi on s'attendait), la joie de Noël se ressentait dans chaque maison. Les gens sont dans la rue, dansant, chantant (buvant aussi mais ça, ce n'est pas vraiment spécifique de la magie de Noël !), papotant...

C'était pour moi une chance immense, un coup de pouce dans ma foi et un coup de pied au derrière de célébrer Noël au milieu de ces bidonvilles grouillant d'enfants. Plusieurs fois, l'évidence m'a frappée au visage : Dieu s'est fait tout petit bébé, nécessiteux, dépendant mais il n'a pas choisi de naître dans un berceau en or. Il est né dans le secret et la pauvreté. Difficile d'en faire une plus belle incarnation qu'ici, dans ce bidonville de Manille. Difficile d'en faire une plus belle incarnation que dans ce petit bébé d'un mois qui ne connaît rien d'autre que la rue depuis sa naissance ; que dans ce petit gars trisomique qui n'a pas hésité trois secondes avant d'aimer et de me donner sa confiance ; que dans ce grand enfant ou jeune ado qui vit sur un pont, sans parents, en sniffant de la colle à longueur de journée ; que dans cet enfant magnifique et toujours souriant qui vit avec son papa malade qui l'a jeté à la poubelle quand il était bébé ; que dans ces enfants qui vivent sur le pont, que l'on croise tous les jours, qui vivent leur quotidien à jouer dehors en riant ; que dans cette femme qui nous annonce avec un immense sourire que sa maison c'est la terre entière puisqu'elle n'a pas de maison et qu'elle y accueille le monde entier...

Je pourrais continuer la liste longtemps, mais l'important, pour moi, n'a pas été de faire l'état des lieux de la situation, mais de découvrir avec émerveillement la source de la joie débordante qu'ils ont au fond du cœur, de découvrir que Dieu les avait choisis, eux, les plus pauvres et les plus petits, pour se faire chair. Ce n'est plus seulement une parole théorique, c'est devenu une évidence que je redécouvre chaque jour.

« You know, my friends they are not poor, because they have Jesus. » Joey Velasco[39]

Pendant cette période de Noël, j'ai pu visiter Nanay Vicky. Elle est une très vieille dame, aveugle, vivant dans la rue. Cependant, elle s'est construite une sorte de « logement » en carton et tout ce qu'elle a pu trouver d'autre. Vu de l'extérieur, on se demande où est-ce qu'elle a la place de dormir, voire même de s'asseoir, tant le lieu est étroit. Chaque fois que nous lui rendons visite, elle est en train de cuisiner, juste devant chez elle. Elle vit seule depuis qu'elle a perdu, à peu près au même moment, presque tous les membres de sa famille et sa maison. Elle travaille dur à ramasser tout ce qui peut se vendre dans les poubelles, comme des pièces de ventilateurs, des canettes..., pour gagner un peu d'argent qui lui permet de vivre chaque jour. Mais sa générosité dépasse sa fragilité de très loin : dès qu'elle a quelque chose, elle va aller le partager avec ses voisins de rue, une famille avec de nombreux enfants tous petits, vivant également dans la rue. Une accumulation de faits qui en auraient découragé plus d'un ! Plusieurs fois, je me suis dit qu'à sa place, sous cet ouragan de misère, je me serais juste assise là, à attendre que la fin arrive. Et bien, elle, elle continue de vivre, chaque jour, avec son visage creusée par la dénutrition et ridée par l'âge et la fatigue, avec ses chiens qu'elle continue à nourrir dès qu'elle peut (fidèles amis puisqu'ils l'accompagnent jusqu'à la communion, à la messe !!), sa solitude.... Elle garde son sourire, elle garde sa générosité, son accueil. Elle n'est pas comme nombre de nos amis, qui nous accueillent avec une grande joie visible de l'extérieur, des rires et des blagues. Sa joie se manifeste différemment, elle a une sérénité profonde, une joie de l'intérieur mais qui a parfois du mal à percer les souffrances de sa vie quotidienne.

Quand nous lui rendons visite pour Noël, elle me dit qu'elle va à la messe de *Simbang Gabi*, tous les jours, à 3h du matin, toute seule. Ce qui, entre nous, paraît déjà de l'ordre du miracle quand on la voit marcher sur deux mètres avec nous et quand on sait le nombre d'accidents qu'elle a eu à cause de sa

39 Tu sais, mes amis ne sont pas pauvres car ils ont Jésus.

vue. Elle dit qu'elle finit chaque messe en pleurant, épuisée par le poids de sa solitude et de sa fragilité, mais qu'elle sait qu'elle va tenir, qu'elle va avoir la force de rentrer chez elle et de continuer à vivre parce que Jésus est là, dans son cœur, qu'Il l'aime et qu'Il lui donne sa force et la protège.

Quelle foi !! C'était incroyable de voir à quel point elle n'a tellement plus rien, que plus rien ne peut la séparer de Dieu, plus rien ne peut lui cacher le visage de Jésus qui souffre puisqu'elle souffre avec lui. C'était vraiment touchant de voir sa force dans sa fragilité et ses victoires de vie dans ses souffrances. Elle ne se plaint pas, elle ne nous raconte pas sa vie pour qu'on se lamente, mais elle a besoin de déverser ce qui lui pèse sur le cœur. Elle ne demande pas notre pitié, elle nous raconte sa vie, comme elle est. Elle est pleine d'espérance au quotidien.

J'espère que j'ai mis les mots justes sur ces quelques témoignages pour que vous puissiez percevoir la force de ce peuple. Ils ont une force physique et morale qui m'impressionne chaque jour un peu plus. Combien de fois je me suis sentie tellement dépourvue face à leur pauvreté (matérielle) ou leur souffrance, face aux enfants dans la rue, face aux histoires d'enfants seuls, rejetés de chez eux, de parents qui ne s'en occupent pas, qui les battent et, en ce moment particulièrement, face aux enfants malades... Pourtant, à chaque fois, leur foi jaillit, leur espérance est bien plus puissante que ces souffrances, leur force est incroyable.

Je vous confie quotidiennement dans mes prières. S'il vous plaît n'oubliez pas les vôtres, elles sont indispensables puisque, seuls, nous ne pouvons rien.

Ingat kayo[40],

Ségolène

---

40 Merci beaucoup pour tout.

Philippine
Point-Cœur Saint-Nicolas
Deva – Roumanie

Le 22 octobre 2019

« *La pierre qu'ont rejetée les bâtisseurs est devenue la pierre d'angle,*
C'est là l'œuvre du Seigneur, la merveille devant nos yeux. »

Psaume 117

Chers parrains, chers amis, chère famille,

Narcisa, l'enfant du Père

Il y aurait mille manières de la décrire, cette petite voisine tsigane. Délaissée par un père, vivant à l'étranger avec le reste de la famille, mise sous la responsabilité de ses grands-parents malades, du haut de ses six ans, elle apprend à vivre toute seule. Enfin... toute seule ? Non, Dieu merci, le Point-Cœur est juste à côté et est ouvert tous les matins. C'est donc notre plus fidèle visiteuse. Pas nécessairement la plus sage, mais la plus fidèle, pour sûr. Et sa fidélité n'est pas adressée qu'à nous : elle l'est aussi envers Dieu. À force de rester avec nous pour prier le chapelet, de réclamer la messe (en hongrois !) et de bénir tous les repas partagés ensemble, ce petit minois halé, à l'attention très volatile, sait désormais le « Notre Père » et le « Je vous salue Marie ». Tous ces moments spirituels n'étaient peut-être, au départ, qu'une stratégie enfantine pour obtenir le fameux droit sacré de rester un peu plus chez nous. Mais, quand je l'entends prier à présent pour « *tous ceux qui sont malades, tous les enfants qui n'ont pas leurs parents, tous ceux qui n'ont pas de maison* », quand je vois son regard s'illuminer à la vue d'un prêtre, quand je la vois saluer d'un geste de la main notre prêtre parce que, dans son esprit d'enfant, malgré nos explications, c'est Dieu lui-même, alors mon cœur fond. Sa joie et son désir d'aller le voir, de lui offrir ce qu'elle a dans sa poche ou, de son regard implorant, de recevoir elle aussi l'Eucharistie, j'en suis certaine, c'est la rencontre d'un enfant avec son père.

Cette rencontre ne lui extirpe pourtant pas cette douleur d'abandon qu'elle porte dans son cœur : un jour, lors d'une messe de mardi, jour de la Saint Antoine, Margit lui explique qui est Saint Antoine et lui dit qu'on peut le prier aussi, si on a perdu quelque chose. Narcisa lui répond alors : « *Je vais prier alors, parce que moi, j'ai perdu mon papa* ». Et, un instant plus tard, montrant à Margit sa dentition toute cariée : « *Et j'ai perdu mes dents* ». Là, tout l'exercice fut de ne pas exploser de rire ! Il faut croire que cette rencontre ne lui extirpe pas non plus sa spontanéité !

Scout un jour... Scout toujours !

Comme l'a si bien dit Margit : « *qu'est-ce qu'elle était belle cette journée avec vous, mais qu'est-ce qu'elle aurait été difficile sans vous !* » Cinq scouts de France du Mans sont venus nous filer un coup de main pour deux jours en août. Leur adaptabilité sans pareille à tout changement nous a bluffées, leur dévouement, leur sens du service et, surtout, leur maturité et leur sensibilité nous a toutes impressionnées. Chaque soir, chacun revenait spontanément sur la journée qu'il venait de vivre : les moments qui l'avaient touché, les limites qu'il avait dépassées. Nous ayant annoncé leur visite, déjà depuis plusieurs mois, nous avions prévu et préparé une excursion avec les enfants tsiganes de notre rue. C'est un type de journée que l'on ne peut pas proposer régulièrement (le un pour un étant vivement conseillé). Mais les parents des enfants, tous plus casaniers les uns que les autres, ont gentiment décliné cette proposition. Nous nous sommes donc rabattus sur une journée au Point-Cœur : moins vendeur sur le papier et, pourtant, tout aussi incroyable dans les faits. Nous avions une douzaine d'enfants dans les pattes avec tout autant d'activités : atelier de poupées, de perles, de peinture sur la cabane du voisin, de tresses, parties de foot, de volley, de balançoire... De quoi laisser le temps nous filer entre les doigts. Jusqu'à ce qu'on se rende compte de l'heure tardive : il est grand temps de nourrir les petits monstres ! Nous mettons alors en place un atelier *bruschettas*, un lointain souvenir niçois dans la tête... Avant d'enchaîner sur une ribambelle de jeux dans l'herbe avec, en prime, du pop-corn en illimité et une belle surprise : la petite Maia me glisse au creux de l'oreille, en pleine partie de tomate-ketchup : « *Peut-on aller dans la chapelle pour prier ?* » Aussitôt réclamé, aussitôt exécuté, nous voilà tous dans la chapelle à réciter des « Je vous salue Marie » et à chanter à pleins poumons (les enfants) et à tympans percés (nous) des alléluia. Chacun remercie ensuite Jésus pour cette journée et c'est le retour aux festivités : un tour au parc en guise d'excursion, c'est tout aussi bien ! Surtout si on termine par le fameux jeu du chef d'orchestre. Pas sûr que tous aient compris les règles du jeu, mais l'essentiel réside surtout dans ces fous rires communicatifs. Retour à la maison avec une glace pour clore le tout : ahhhh on est bien là.

Allez, salut les lascars, nous, on va se coucher ! Enfin, plutôt discuter avec les scouts autour d'un bon barbec, jusqu'à épuisement complet de nos batteries (car oui, il nous en reste un peu : estimation 1%). Merci pour tous les scouts !

La smala acasa (« à la maison »)

Fin août, toute ma petite famille, excepté Arthur, est venue passer huit jours en Roumanie. Ils vous raconteront (ou vous ont déjà raconté) leur expérience mieux que moi. Cependant, je ne peux finir cette lettre sans vous faire un petit résumé de notre semaine familiale. Ils sont d'abord venus passer deux jours au Point-Cœur, afin de goûter un peu de ma mission. Au programme : découverte de ma maison, de ma communauté, de mon quartier préféré, de l'accueil des enfants à la maison et de quelques figures emblématiques. Ils ont, notamment, découvert Elisabeta, qui avait préparé un bracelet pour chacun, la *Tanti* Irina, qui nous a reçus dans son appartement et qui, du début à la fin de la visite a pleuré et ri du trop plein d'émotions, Nicolae, que nous avons emmené à la messe ensemble et tant d'autres visages auxquels je tiens tant.

Nous sommes ensuite partis en vacances pour découvrir les villes de Hunedoara, Sibiu, Brasov, Sinaia et Bucarest. Un aperçu de la Roumanie au pas de course, qui s'est terminé par la célébration de mon anniversaire (vingt-cinq ans, quand-même, ça me rajeunit pas tout ça), dans un restaurant avec mets et musiques traditionnels et... beaucoup de fous rires !

Ma pépite d'or de la grisaille

Comme j'ai pu l'exprimer dans l'une ou l'autre lettre, il m'est parfois difficile de comprendre, ou plutôt d'apprécier la manière de penser des gens des quartiers. Les sujets de conversation sont toujours les mêmes, souvent très terre à terre : les derniers repas préparés, les événements à venir, la météo... Alors, quoi de plus émerveillant quand l'un ou l'autre me laisse découvrir sa profondeur !

Je veux, bien-sûr, parler de mon Armando. J'ai déjà évoqué ce petit gars de onze ans, qui vit dans le quartier tsigane à côté de la gare que nous n'allons pas visiter, car il est trop dangereux. Ce petit bonhomme nous saute à chaque fois dans les bras mais, plus que pour nous saluer, je crois qu'il le fait pour réellement nous partager et nous offrir l'amour qu'il a dans son cœur. Il a en lui une sincérité et une pureté d'âme que je n'ai jamais vues ailleurs. Certains d'ailleurs se moquent bien de lui et il le sait. Mais lui, il a cette faculté de passer au-dessus, de laisser les railleries, parfois de tout son groupe, derrière lui. Je crois qu'au fond de son cœur, il sait qu'il a ce rôle à tenir : de souffrir pour être bon, pour être lui-même. S'il a tenu jusque-là, dans cette atmosphère si malsaine et si violente, avec toujours cette même âme de saint, alors, je suis profondément persuadée qu'il a cette pierre précieuse, cette pépite d'or à offrir au monde. C'est certain que, pour y arriver, il aura besoin de soutien et de prières. Car, quelle croix de rester soi quand tout porte à t'attirer vers le bas : il faut supporter les injures, les moqueries, les blagues, les sous-entendus, il faut refuser de voler, de fumer, de boire...

Encore hier, je l'ai croisé. Il mendiait comme on mendie ici, en marchant à côté d'un passant. Je me revois l'appeler, le voir se retourner vers moi, regarder la passante, hausser les épaules et s'arrêter dans sa quête pour se jeter dans mes bras ! Plus précieux que l'argent, il y a notre amitié.

Mon Point-Cœur, c'est le meilleur !

Le 16 octobre 1994, une bande de quatre Françaises s'installait à Deva. C'était la première équipe du Point-Cœur Saint Nicolas, ce même Point-Cœur où je suis actuellement..., vingt-cinq ans plus tard. Un quart de siècle. Toute ma vie. Et tant de gens approchés, touchés par la présence du Christ à travers l'une ou l'autre des bénévoles. Ici, nous n'avons pas l'habitude de faire des chiffres mais, tout de même, je ne peux m'empêcher de penser à toutes ces rencontres faites depuis la création.

Tout cela méritait bien une journée festive, non ? Ou même un week-end ? Non, non, mieux, une semaine ?! Allez c'est parti ! À chaque jour son événement : une exposition de photos sur le thème des beautés de Deva, une journée spéciale enfants, une excursion, une journée des talents, une journée chapelle ouverte, une messe et une soirée festive. Quelques semaines de préparation, des petites prises de tête, une pincée de stress et... on y est : le grand jour arrive !

Tous nos amis n'ont pas forcément pu honorer notre invitation (dans un sens, heureusement, je ne sais pas si on était vraiment en mesure d'accueillir plus de trois cent personnes), mais chaque jour a été pour nous comme un doux miel succulent à savourer après tout le travail de préparation, et avec tant de belles surprises.

Le jour de la chapelle ouverte, nous avions prévu un temps d'adoration, des citations de la Bible à piocher, des possibilités pour déposer des intentions de prière, etc. Nous n'avons pas eu beaucoup de visites ce jour-là. Mais en ville, le soir, nous avons croisé dans la rue un père de famille. Il nous demanda si notre chapelle était toujours ouverte malgré l'heure tardive. Nous ne pouvions lui refuser ça et l'invitâmes à entrer. À pas de velours, il pénétra dans notre chapelle en bois et se recueillit. Quelques instants volés, dérobés à une semaine sûrement bien chargée... pour la confier à Dieu : les soucis du quotidien, les enfants partis loin... Rien que pour cette visite, cette journée en valait la peine.

Mais, le point culminant de cette fête restera la messe de clôture en plein air, dans notre jardin, présidée par l'évêque. Tous nos amis fidèles ont répondu présents, certains se déplaçant pourtant de loin. Le soleil même nous honora de sa présence. Ses rayons illustrant sur nos visages la joie qui transportait nos cœurs. Jour pour jour, huit ans après la mort de ma petite filleule, Béatrice, avoir cette si belle fête, cette liturgie des anges gardiens et cette joie communicative fut pour moi, à la fois le sentiment d'un abîme important mais, aussi, un signe plein d'espérance de la joie qui doit régner là-haut. Ce fut comme un avant-goût de la vraie joie qui nous attend et qu'elle doit déjà goûter.

Sur ces belles paroles, il faut que je vous laisse, j'ai un dîner à préparer. Je vous confie quelques amis, particulièrement Braia et son frère Tibi, *Tanti* Ana, *Tanti* Margareta et tous ceux dont j'ai parlé dans ma lettre.

Je vous confie également ma communauté et toute notre mission.

Je vous embrasse.

Philou

X. La beauté et les humiliés

« Oui il y a la beauté et les humiliés.
Quelles que soient les difficultés de l'entreprise,
je voudrais n'être jamais infidèle ni à l'une ni aux autres. »
Albert Camus, *L'Été*

Aude
Point-Cœur Fra-Angelico
Lviv – Ukraine

Le 19 janvier 2018

Très chers parrains et amis, très chère famille,

Ce Noël fut pour moi marqué (entre autres) par des personnages quelque peu insolites : l'âne et le bœuf de la crèche et les anges ! Il reste au fond de nous cette spontanéité qui nous fait courir à la crèche et rejoindre l'âne et le bœuf qui nous appellent à être nous-mêmes, à reconnaître que nous sommes fils de Dieu : ne pas être en déséquilibre entre Dieu et le monde, le ciel et la terre mais être bien assis, heureux sur la terre, tendus vers le ciel. Que peuvent apporter l'âne et le bœuf ? C'est leur souffle ! Ils rendent au Créateur la vie qu'ils ont et c'est ce que Dieu attend de nous : qu'on lui rende la vie qui vient de Lui comme action de grâce.

La Famille de Pani Maria

Pani Maria, son époux malade et leurs cinq enfants Lilia (handicapée mentale), Bohdana, Petro, Roman et Oleh sont une famille qui porte bien des souffrances mais, plus que tout, vit d'une grande foi et d'une grande confiance en Dieu. Ils sont heureux parce que Dieu les aime et qu'ils n'ont besoin de rien d'autre. Ils ont tout compris, pourtant c'est une chose que l'on ne peut réaliser tout de suite tant leur façon de vivre et de parler est simple. C'est une famille aussi où les enfants peignent et même très bien ! Chacun a son talent, son regard, son univers mais une chose les unit : l'amour de la couleur et la fraîcheur de leurs gestes.

Nous avons eu l'occasion d'organiser une petite rétrospective de leurs œuvres à l'Alliance française de Lviv. Cette exposition pleine de fraîcheur fut comme un parfum léger, un regard transparent venu se poser sur nous... Et c'était tellement beau de voir leur joie et leur reconnaissance, et tellement beau de les mettre un peu en lumière, eux qui dégagent une lumière intérieure si profonde et si cachée aux yeux de beaucoup. Beaucoup de leurs amis mais aussi des amis du Point-Cœur et une dizaine de Français, amis du directeur de l'Alliance Française étaient présents le jour du vernissage. L'un d'eux, un ancien ministre m'a confié : « *J'ai vu pas mal de choses dans ma vie et j'ai beaucoup voyagé. Je suis un homme plutôt "blindé" mais ce soir, ce que j'ai vu m'a beaucoup ému* ». Un autre : « *Quelle est belle l'âme de l'Ukraine !* » Anne, une amie suisse qui a été d'une grande disponibilité toute la journée pour nous aider, a eu des mots très beaux : « *Merci à la maman, Pani Maria, pour avoir donné vie à ces cinq merveilleux artistes. Grâce à elle, nous avons pu vivre ce grand moment de communion. La joie qui se dégage de Pani Maria se retrouve dans les œuvres lumineuses de ses chers enfants. Un immense rayonnement nous touche profondément.* » Le soir même, elle m'écrivait : « *Je repensais à cette famille ce soir et c'est vraiment un privilège de les connaître* ».

Après le vernissage, ces amis de France ont voulu acheter quelques unes de leurs belles œuvres. L'argent est parvenu quelque temps après et me voilà un soir, apportant l'enveloppe à *Pani* Maria, en lui disant en riant : « *V'là la postière !* » Visiblement touchée, elle me disait que j'étais la main de la Providence : sans le sous, ils avaient une facture à payer le lendemain. Le plus beau, se passa le lendemain, lorsque *Pani* Maria arriva avec cette même enveloppe au Point-Cœur : elle avait glissé 10% de la somme reçue pour nous faire un don... Mes arguments (pour refuser) se sont brisés devant sa ferme certitude que c'est ainsi : lorsqu'on reçoit, il faut tout de suite partager. « *Fais de même* », me dit-elle ! Quel christianisme...

La maison de retraite

Cela fait maintenant onze ans que je visite la maison de retraite de Lviv, presque chaque semaine et je vous avoue que certains dimanches d'hiver, c'est rude de s'y rendre, tant c'est un lieu de grande solitude et d'abandon. Parfois le courage me manque et un certain dimanche particulièrement... Mais à la fin de la visite, je bavardais sur le seuil avec une jeune-femme handicapée qui vit là-bas et tout d'un coup, elle me bénit en faisant un grand signe de croix sur moi en disant, *Au nom du Père et du Fils et du Saint Esprit*. Cette bénédiction du Seigneur qui vient des mains du plus pauvre, quel baume pour nos vies...

Une autre rencontre qui m'a beaucoup touchée : *Pan* Petro, un tout petit vieux de plus de quatre-vingt ans, extrêmement touchant, aveugle, manchot depuis que, pendant la guerre, une grenade lui a éclaté au visage (il avait douze ans). Il était à demi allongé sur son lit, posé comme une petite branche, à prier son chapelet : ses doigts se perdaient dans les grains, et ses lèvres murmuraient sa prière qui ne faisait plus qu'une avec tout son être. Je lui ai demandé de prier avec lui et alors, c'était comme si je récitais le chapelet pour la première fois : sa voix s'est faite claire, lumineuse, elle m'a prise dans sa douce ferveur pour la Vierge. *Pan* Petro partage sa chambre avec un jeune handicapé, Pavlo qui tressaillait physiquement de joie à chaque invocation de Marie.

C'est bouleversant d'être conduit dans de tels lieux. Comme Dieu est bon de nous faire toucher, goûter à la présence de telles personnes, de nous donner cette possibilité de nous immerger dans l'immuable.

Le Point-Cœur de Lviv

« *Bonjour, chère Aude !*

Merci beaucoup pour ces beaux mots... Tu sais, pour moi aussi la rencontre avec Points-Cœur était très significative, elle a marqué une nouvelle période dans ma vie, cette période lorsque j'ai découvert tant de choses extraordinaires et en même temps naturelles. J'ai vécu une expérience inoubliable avec vous, c'était quelque chose de très vrai et très beau. L'amitié et l'intimité qui régnaient toujours dans la maison étaient un vrai remède contre toutes les difficultés qu'on rencontre dans la vie quotidienne. Je ne sais pas si je peux trouver les mots pour exprimer ma gratitude à toi et à toutes les personnes, maintenant mes amis aussi, que j'ai connus grâce à

Points-Cœur. En tout cas, je suis sûre que c'est juste le début de notre amitié qui grandira avec le temps ! »

Ce petit mot émouvant fut écrit par une jeune étudiante Nathalia au moment de son départ après avoir vécu neuf mois dans notre Point-Cœur.

Cette fin d'année 2017, fut marquée par de belles rencontres. La première était une conférence sur sainte Thérèse et la vérité, au théâtre *le Verbe et la Voix*, l'atelier de Natalia Polovinka. La petite Thérèse a su rejoindre les cœurs, notamment, celui de la traductrice, Olga, bouleversée par notre petite sainte et qui a profité du moment de travail commun sur le vocabulaire pour poser toutes ses questions sur le sens de la vie. Le lendemain, un concert a été donné dans la paroisse gréco-catholique Saint-Pierre-et-Saint-Paul. Natalia Polovinka et père Denis se sont de nouveau retrouvés pour nous offrir un magnifique récital tenant plus de la prière que du concert. « *Bienheureux l'homme...* », tel était le thème de l'événement emprunté à un introït mozarabe. Les rythmes réguliers des chants mozarabes et slaves, et la simplicité des voix témoignaient d'une unité aux harmoniques nombreuses : entre le prêtre et le laïc, la femme et l'homme, l'objectivité et la liberté.

Le deuxième concert a eu lieu le lendemain, cette fois-ci au Point-Cœur. Nous avons donné la possibilité à trois jeunes musiciens, Solomia (soprane), Volodia (ténor), et Roman (pianiste), de nous préparer à recevoir le mystère de l'Incarnation. Ils ont choisi un répertoire traitant de la Nativité avec des œuvres de Bach, de Haendel, de Fauré, etc. Il s'agissait aussi de soutenir la mission du Point-Cœur de Grèce. Les répétitions au Point-Cœur furent aussi bien émouvantes : l'amitié, la joie débordante et le sérieux des corrections mutuelles du jeune trio ont permis d'offrir un très beau concert à la petite cinquantaine de personnes venues pour l'occasion. Le point le plus fort fut sans doute l'interprétation de la cantate de Bach : « *Seigneur, ta compassion, ta miséricorde nous consolent et nous rendent libres* » ! Le Point-Cœur est soudain devenu ce grand arbre à l'ombre duquel il fait si bon se reposer, comme l'a chanté Volodia en interprétant *Ombra mai fu* de Haendel. Ce jeune chanteur, réfugié du Donbass (où a lieu la guerre dans l'est du pays), nous confiait en effet à l'issue du concert : « *Merci pour ces rencontres ! On sentait un public chaleureux et bienveillant. Cela nous a permis de nous donner davantage. C'est rare. Lorsque le public est froid, je sens que mon cœur et mes mains se glacent...* »

Avec toute ma gratitude et mon amitié pour votre soutien si fidèle et vos prières, je vous embrasse.

Aude

Agnès
Point-Cœur Saint-Joseph
San José – Costa Rica

Le 10 mai 2017

Chers parrains, chers amis, chère famille,

Vivre le drame de sa vie avec le Christ ressuscité

C'est toujours une grande grâce de pouvoir s'émerveiller du don de la foi, « *car adhérer à la foi, c'est recevoir en soi Christ ressuscité. Vivre de la foi, c'est lui laisser le champ libre pour qu'il s'exprime et grandisse dans notre propre existence ; l'accomplissement de la foi, c'est que le Christ pénètre dans l'existence et devienne pour elle son unique bien, son tout.* »

C'est aussi laisser le Christ s'exprimer à travers tous ceux que nous rencontrons et nous unir à leurs joies et leurs souffrances...

C'est donc, se laisser interpeller par notre voisine, Elsa, qui juste avant que je ne rentre au Point-Cœur me livre les moments difficiles qu'elle est en train de vivre avec sa petite-fille Amanda. Cette petite fille, âgée d'un an, a subi plusieurs opérations pour son cœur et au cours d'une intervention, elle est devenue aveugle. Et pourtant... Elsa souffre plus pour son fils qui lui dit que Dieu l'a abandonné que pour sa petite Amanda qui « *est tout sourire et porte en elle une grande volonté de vivre !* » Je confie cette famille à vos prières.

C'est *Dona* Rosa qui à la sortie du bus me dit : « *Ah ! Que la vie est dure...* » Et qu'elle fut notre surprise d'apprendre cinq jours plus tard, son retour auprès du Père !! Elle avait caché à toute sa famille qu'elle était atteinte d'un cancer... Ici, en Amérique Centrale, il y a une très belle tradition. Après l'enterrement de la personne, toute la famille ainsi que tous les proches et les amis de la personne défunte se réunissent pour le temps d'une neuvaine, pour prier pour son âme. La famille est ainsi portée par la prière et l'attention affectueuse des voisins et des amis.

C'est la rencontre avec cette jeune étudiante, amie d'une compagne de chant, qui au cours de la discussion me conte qu'il y a sept mois son fiancé est décédé d'un accident de moto et qu'elle continue à vivre parce qu'elle croit que Dieu est présent dans sa vie et qu'Il ne l'abandonnera jamais...

C'est notre amie Jessika, qui nous accueille dans sa maison de fortune avec son grand sourire. Elle nous confie qu'elle rend grâce à Dieu car ne pouvant pas avoir d'enfants, elle peut pendre soin gratuitement des personnes âgées qui vivent près de sa maison (alors que depuis un mois, son mari n'a pas de travail et que depuis trois jours, ils n'ont plus d'argent pour acheter de la nourriture) ! Elle vit sans amertume.

Ce sont nos amies de la prison que nous visitons trois samedis par mois pour les préparer au sacrement de confirmation. Elles ont tellement soif de connaître le Christ, en étant totalement elles-mêmes et posant un regard différent sur leur vie ; un regard vrai et miséricordieux. Lors d'une session, nous devions leur parler de l'Esprit Saint et pour illustrer ce thème, nous leur avons montré une danse de patinage artistique... Nous voulions leur montrer que cette danse, alors qu'il paraît tant facile de glisser sur la glace, demande beaucoup de travail et aussi une grande confiance mutuelle de la part des partenaires, tout comme lorsque nous voulons vraiment nous laisser guider par l'Esprit Saint. L'une d'entre elles, nous a fait remarquer aussi que le regard des entraîneurs sur les patineurs était essentiel car ceux-ci sentaient toute l'attention qu'ils leur portaient !

Toutes ces rencontres me provoquent et m'aident à porter un jugement sur ma vie et surtout comment personnellement je vis ma propre vie. Car oui parfois, je tombe dans cet esprit du « à quoi bon ? », je perds le sens, or « *Dieu a un désir mystérieux de l'homme* » et veut prendre part à mon destin. L'espérance est de croire que « *la vie nouvelle est en nous, et*

Dieu la mènera à bonne fin, en dépit de tout ce qui s'y oppose, pourvu seulement que nous lui faisons confiance » Romano Guardini.

La chorale universitaire

Cela fait presque un an que je fais partie de la chorale de l'UCR (Université du Costa Rica).

Pour ma première saison, nous avons chanté la deuxième partie d'un cycle qui s'appelle *Game of Choir* (musiques de jeux vidéo, tel que *La Légende de Zelda*...) et *Carmina Burana* ! Au programme de cette nouvelle saison, nous avons déjà chanté la troisième partie de *Game of Choir* et nous préparons un répertoire de comédies musicales (*Les Misérables, Cats*...).

Chanter avec d'autres personnes est tout un art et diriger ces personnes en est un autre ! Je suis fascinée par le don du *maestro* qui peut susciter autant de sentiments différents, grâce à une symphonie de voix. Il est à l'écoute de la musique et il nous fait répéter, jusqu'à ce qu'il obtienne la juste expression musicale. Le *maestro* ne s'entoure pas seulement de personnes qui aiment chanter... il veut transmettre une éducation musicale et au-delà, un art de vivre. Il ne se lasse pas de vouloir diffuser une « colonne vertébrale » à ses choristes, car la musique demande beaucoup d'efforts et d'exigences. C'est pour cette raison qu'il est très exigent ! Nous avons des répétitions deux fois par semaine. Les concerts sont des évènements d'une grande intensité. Nous nous sommes produits dans l'un des grands théâtres de San José. À chaque fois, ce qui m'impressionne le plus, c'est la direction du *maestro,* et l'expression du public !

Voilà quelques brèves nouvelles. C'est toujours une joie de pouvoir partager avec vous ce que je vis ici ! Merci encore et toujours pour votre soutien. Que le Seigneur vous bénisse et vous garde.

Votre filleule.

Agnès

Jean
Point-Cœur Hans-Urs-von-Balthasar
Pignans – France

Le 7 avril 2017

« *Quand on a vu une seule fois le resplendissement*
du bonheur sur le visage d'un être qu'on aime,
on sait qu'il ne peut y avoir d'autre vocation pour un homme
que de susciter cette lumière sur les visages qui l'entourent. »
Albert Camus

Chers amis,

Je viens vous rejoindre en ce début de printemps pour vous donner quelques nouvelles et vous partager quelques-uns des « resplendissements du bonheur » aperçus ces derniers mois, resplendissements qui illuminent mes week-ends, mes semaines, mes longues journées d'étude et leur donnent sens. C'est grâce à ces resplendissements que je réalise, avec toujours plus d'étonnement « qu'être témoin » peut se comprendre dans deux sens : comme baptisé, j'essaie « d'être témoin du Christ », d'être un signe de sa Présence pour ceux que je rencontre. Mais finalement, ce qui est peut être premier dans cette vie, c'est la grâce qui est donnée d'être témoin de l'œuvre de Dieu dans la vie des autres, la grâce d'être témoin — non au sens de celui qui témoigne — mais au sens d'être l'observateur privilégié, attentif par grâce, à la mystérieuse présence de Dieu et à son action dans la vie de ceux que je rencontre, avec qui j'avance. Je crois qu'une part de notre mission et de notre formation consiste à recueillir comme des trésors précieux, des perles de grand valeur, toutes ces rencontres, ces moments où nous sommes les témoins silencieux de l'œuvre de Dieu dans le cœur de ceux que nous rencontrons.

Et les occasions ne manquent pas, d'être témoin, observateur attentif de la beauté de la vie, de la beauté des personnes, de la beauté de Dieu chez ceux que nous rencontrons. Il suffit pour cela de rentrer à Pignans un vendredi soir comme les autres et de retrouver la petite Éléonora, « l'âme » de notre maison (la voix de la maison aussi, c'est une sacrée pipelette comme elle aime à le dire), qui se met à sautiller sur place pendant cinq minutes pour exprimer la joie de la simple présence, la joie de retrouver ceux qui essaient d'être des grands frères à la hauteur de son enthousiasme débordant.

Son premier réflexe est de nous inviter de manière retentissante à « l'apéroooo », tout en nous racontant sa semaine à l'école spécialisée où elle va : la conductrice de son bus scolaire, Katya, va bien, Ethan, un de ses amis, est « un peu bizarre en ce moment »... Viennent ensuite les photos de la sortie à *Royal Kids* et la synthèse des bulletins météo du week-end pour lesquelles elle se passionne ! Cette joie qu'elle transmet et dont nous sommes les témoins, vient d'un véritable cœur d'enfant, d'un amour simple pour la vie, et sûrement d'une relation toute particulière avec Dieu : chaque fois que nous lui proposons de prier, elle veut prier pour Christophe, son voisin, jeune père de famille mort dans un accident de moto il y a quelques semaines. Elle qui à cinq ans a vu sa maman mourir d'un cancer, parle aujourd'hui de sa mère comme de quelqu'un qui est encore là d'une certaine manière, simplement, sans crainte ou gêne. Et quand je lui explique que je vais aller prier un moment à la chapelle, elle demande à m'accompagner et une heure plus tard elle est encore là, à genoux, ses grands yeux rivés sur le tabernacle. En sortant, comme je m'y attendais, et sans transition, résonne le cri de ralliement : « *Apéroooo* » !

L'atmosphère de la maison est d'autant plus joyeuse que nous nous apprêtons à recevoir pour le week-end une sacrée équipe : comme nous l'avons déjà proposé plusieurs fois, profitant de notre grande maison et une équipe de choc pour l'animation, nous accueillons les enfants de quelques familles amies pour un week-end « retraite » sur mesure. Après une sortie plage, une sortie au lac de Carcès dans les collines provençales, nous proposons cette fois-ci à la joyeuse bande de se rendre à la Chartreuse de la Verne, magnifique monastère de vieilles pierres perdu dans le Massif des Maures. Au détour du dernier virage qui débouche sur le monastère, grand silence dans la voiture devant la beauté imposante de ce lieu. Après la visite de l'ancienne boulangerie du monastère, de la fabrique d'huile, de la cellule d'un moine, nous rencontrons une de celles qui vivent dans ce monastère, sœur Maïpu. Les questions fusent, questions de petites filles d'abord : « *Mais c'est long pour mettre votre voile ?* », « *Les chambres sont confortables ici ?* », « *C'est pas trop lourd votre habit ?* »... Et entre celles-ci, la question du petit Pablo, directe et essentielle : « *Mais comment on arrive à croire en Dieu si beaucoup de gens ne croient pas ?* » Pablo vit à une petite heure de Pignans, avec son papa et sa petite sœur. C'est une famille de qui nous sommes particulièrement proches depuis le décès d'Éva, la maman, morte en donnant la vie à sa fille Abigaël, qu'elle avait choisie de garder même si sa vie était en danger. L'anniversaire d'Abigaël avait été un moment particulièrement émouvant l'année dernière, m'entraînant dehors elle me dit : « *Je dois te dire un secret ! En fait mon anniversaire, c'est pas si bien... parce que le jour de mon anniversaire, c'est aussi le jour où ma maman est morte... tu l'as connue ma maman ?* » Notre grande joie fut de les accueillir cette année pour fêter Noël ; ce fut un peu un miracle... leur papa ne croit pas en Dieu, mais il veut passer Noël en famille, avec nous !

Résultat, je ne sais plus ce que sœur Maïpu a répondu à Pablo, mais l'argument qui l'a fait réfléchir fut celui de mon frère de communauté : « *Tu sais Pablo, si y'avait pas Dieu pour nous, on se connaîtrait pas et on serait pas là* ». Le week-end se termine par la messe ensemble et un barbecue (le premier de la saison !) avec toutes les familles. Au moment de partir, la petite Ohiana, six ans, me demande : « *Mais en fait, pourquoi vous nous avez invités ?* » Surpris par sa question, je bafouille : « *Euh, ben, pour vous voir, on vous voit pas souvent, et puis c'est l'occasion* »... D'un air pensif puis soudainement réjoui, elle répond : « *C'est bien ce que je pensais, vous nous aimez !* » Avec les enfants, les explications sont généralement assez simples et profondes. Pas de plus belle récompense après un tel week-end en tout cas !

« *Oui il y a la beauté et les humiliés. Quelles que soient les difficultés de l'entreprise, je voudrais n'être jamais infidèle ni à l'une ni aux autres* » Albert Camus.

Cette invitation de Camus dit bien ce que je découvre et essaie de vivre grâce au charisme de compassion depuis quelques années maintenant : être saisi par la beauté... Beauté de cet appel du Christ à le suivre d'abord, beauté de ceux qui me sont donnés de rencontrer, beauté de cette terre provençale que je continue de découvrir... et les humiliés, les pauvres, les petits, ceux qui ont le plus besoin de cette la présence consolante de Marie au pied de la croix.

Celui qui me rappelle la nécessité de cette fidélité ces derniers temps, c'est notre ami Daniel : l'homme au cœur d'enfant (de par son handicap mental, il a gardé un cœur et une pensée d'enfant) qui pendant de longues années porta la croix (c'était en effet notre plus fidèle enfant de chœur... à soixante-dix ans, il précédait chaque dimanche la procession portant fièrement une croix qu'il trouvait trop lourde pour lui). Il vivait à la maison de retraite à côté de chez nous, il y a encore quelques mois lorsqu'il a eu un arrêt cardiaque. La prise en charge dont il avait besoin, l'a obligé à être transféré dans un lieu qui soit davantage médicalisé... Mais comme il ne pouvait être reçu dans un hôpital classique, il a été envoyé en hôpital psychiatrique ! Ce fut pour nous bien douloureux de le retrouver là bas... De par l'environnement dans lequel il vivait (vraiment difficile !), sa grande sensibilité, la perte de tous ses repères et des visages qu'il connaissait, Daniel se laissait doucement mourir, refusait de manger, de dormir (en faisant les cent pas dans le couloir pendant la nuit)... Nous avons retrouvé notre ami dans un bien triste état, à peine nous a-t-il vu qu'il a fondu en larmes, inconsolable. C'était la première fois que je rentrais dans un hôpital psychiatrique, découvrant la souffrance d'un tel lieu. Dans la cour, des personnes errants sans but, parlant seules, perdues dans leur monde sans réel espoir de guérison pour la plupart, ou même la conscience de la possibilité d'une guérison.

Heureusement notre ami Daniel après quelques semaines a pu être transféré dans une maison de retraite médicalisée et a repris des forces. Chaque fois que nous pouvons aller le voir c'est une grande joie ! Une plongée dans la beauté des

« humiliés », de ceux qui n'ont personne : la dernière fois, il nous a ordonné de le mettre dans son fauteuil et de l'emmener se promener dehors pour pouvoir mettre son haut-de-forme ! Dans son siège réglable, entre son couvre chef, mon manteau comme couverture pour se protéger de la fraîcheur de fin d'après midi, notre Dani avait fière allure ! Après une longue immobilisation, il commence des exercices pour avoir la possibilité de marcher de nouveau... À soixante-dix ans, c'est un sacré challenge !

Je retrouve toujours avec joie les jeunes de la Fraternité Saint-Maximilien-Kolbe[41], la famille spirituelle des laïcs qui désirent vivre de la spiritualité de Points-Cœur. Je retrouve donc Patrick, Yannick, Paul, Silouane, Myriam et bien d'autres plusieurs fois dans l'année pour des week-ends, retraites et autres pèlerinages. Ce qui chaque fois m'impressionne est leur manière de vivre déjà du charisme de compassion ! Dans leur manière de vivre l'amitié, d'entrer dans ce qui leur est proposé (pas toujours évident de suivre les parents pour des week-ends à cet âge-là !), dans leur amitié pour les consacrés de Points-Cœur qui les ont accompagnés... Lors du dernier week-end, un jeune en grande difficulté (contexte familial compliqué, il a été en famille d'accueil pendant de longues années, accueilli par une des familles de la Fraternité Saint-Maximilien-Kolbe) nous a rejoint : « *Points-Cœur c'est ma famille, je veux continuer à les retrouver* ». Voir l'accueil que lui ont réservé tous ces jeunes — si différents de lui à bien des niveaux — m'a émerveillé : leur simplicité, leur attention et le fait de l'accueillir comme un ami et non comme un jeune de l'extérieur m'a bouleversé ! Si jeunes et déjà des maîtres en compassion !

Chers amis, je vous assure de mes prières et de toute ma gratitude pour votre soutien.

Belle montée vers Pâques ! Et à bientôt j'espère.

Jean

41 Les membres de la Fraternité Saint-Maximilien-Kolbe sont des laïcs qui vivent du charisme de Points-Cœur dans le monde. Ils reconnaissent dans le charisme un chemin de sainteté et souhaitent partager le souci missionnaire et la culture de compassion de Points-Cœur.

XI. Retour et gratitude

Angélique
Point-Cœur de la Sainte-Famille
Simões Filho – Brésil

Le 24 février 2019

> *« C'est là un bien grand mystère. Pour vous qui aimez aussi le petit prince, comme pour moi, rien de l'univers n'est semblable si quelque part, on ne sait où, un mouton que nous ne connaissons pas a, oui ou non, mangé une rose... Regardez le ciel. Demandez-vous : «Le mouton oui ou non a-t-il mangé la fleur ? «Et vous verrez comme tout change... »*
>
> Antoine de Saint-Exupéry, *Le Petit Prince*

Bien chers parrains, famille, amis,

Vous le savez pour certains : des ennuis de santé ont écourté la mission, et me voilà revenue en France depuis quelques semaines.

Presque trois mois de mission : est-ce court, est-ce long ? Court par rapport aux quatorze mois prévus ? Long par la densité de ce qui y a été vécu ? Plutôt que de me poser cette question, je préfère laisser libre cours à la gratitude qui m'emplit toute entière : merci à vous, mes chers parrains, sans qui rien n'aurait été possible, merci à Points-Cœur qui nous mène sur ce chemin, merci à nos Amis de la Coroa[42], maîtres à l'école de l'amour et... *graças a Deus*[43] ! Oui, vraiment, ces presque trois mois (chaque jour compte !) sont un des plus grands cadeaux que j'ai jamais reçu, et je vous remercie de tout mon cœur de m'avoir permis de les vivre ! Ils sont pourtant loin d'avoir été faciles : ce n'est jamais agréable de buter sur mes limites, de laisser tomber les masques, et,

42 Nom du bidonville où se trouve le Point-Cœur.

43 Merci à Dieu !

par-dessus tout, de me rendre compte à quel point j'ai tout à apprendre en matière d'amour. Et cependant, comme j'ai été heureuse ! Plus qu'un état dans lequel tout concorde à ses désirs, le bonheur n'est-il pas de poser sur son prochain et de recevoir sur soi le regard tendre et sans fard de Dieu ?

Je suis prise de court par ce retour imprévu, et mon cœur se serre à la pensée que cette lettre est la dernière occasion pour nos Amis d'exister pour vous aussi : tous ceux que je n'ai pas pu vous présenter, et qui me sont pourtant si chers ! J'aimerais vous prendre par la main, et vous emmener au seuil de chacune de ces vies, à l'orée du mystère que représente chacune de ces personnes !

Venez, pour cette dernière échappée dans notre quartier, nous allons vivre une journée (à la chronologie fictive mais dont chaque élément a bien été vécu), passant de porte en porte, nous arrêtant écouter l'un, chanter avec l'autre, pleurer avec un troisième, marcher en humant la senteur chaude du sol humide de la dernière pluie, tandis que, jaillissant déjà des maisons en criant un joyeux «*Ttiaaaaas !!*»[44], les enfants nous sautent dans les bras comme s'ils ne nous avaient pas vues depuis des mois (c'est, en réalité, la septième fois de la matinée qu'ils se pendent à notre cou) !

Partons donc en visite. Ah non, un instant, Lucimari toque à notre porte. Lucimari, c'est une jeune femme qui souffre de forts retards physiques et mentaux et paraît avoir dix ans. Elle en a, en réalité, vingt-quatre, autant que le Point-Cœur de la Sainte-Famille, avec lequel elle a véritablement grandi. Plus ou moins abandonnée par sa mère, elle vit chez sa grand-mère, dont la maison jouxte la nôtre. J'ai eu beaucoup de mal à aimer Lucimari. Extrêmement blessée par la vie, elle peut se comporter de façon dure. Elle passe beaucoup de temps chez nous, et a besoin d'une attention très soutenue de notre part. Elle m'a beaucoup appris sur mes limites ! Et puis un jour, elle m'a montré comment jouer de sa toupie, qui nécessite un vrai tour de main. Ma foi, je m'en suis brillamment tirée, et la voilà devenue un professeur émérite et pédagogue ! Quelque chose nous rendait complices. Ce

44 Tantes.

simple moment privilégié entre nous, a ouvert un chemin dans le cœur de l'une de l'autre, et c'est donc avec tendresse que je laisse Lucimari pour vous emmener dans la rue, un gros gâteau dans une main, une bougie dans l'autre, afin d'aller souhaiter son anniversaire à un vieil ami, qui fête ses quatre-vingt-quatorze printemps.

Comme d'habitude, nous le trouvons assis sur sa chaise, au milieu du trottoir, contemplant, semble-t-il, depuis toujours les mêmes quelques mètres carrés qui s'offrent à ses yeux mi-clos. Il est quasiment sourd mais, à nos mimiques, il comprend que l'on a quelque chose pour lui à l'intérieur de sa maison. Là, sa sœur, le mari de celle-ci et leur petite-fille (je crois que c'est ça : en tout cas c'est une histoire de famille !) se joignent à nous pour fêter son anniversaire. Mais, alors que nous lui présentons le gâteau que nous lui avons confectionné, il se sauve dans la rue. Interloquée et déçue par cette réaction, je songe que j'ai encore bien à apprendre sur les coutumes bahianaises. Oh oui, j'ai bien à apprendre : notre *Senhor* (Monsieur) revient en fait tout chargé de boissons réfrigérées qu'il s'est empressé d'aller acheter, dans son grand désir de bien nous accueillir, lui qui marche pourtant avec si grande difficulté ! Comme son geste me touche : le jour de son anniversaire, tout invalide qu'il est, c'est aux autres qu'il pense en tout premier... Quelle leçon pour moi !

Sitôt après, son beau-frère tire d'un coin de la pièce son trésor : une guitare bleue pervenche à la peinture écaillée et dont les cordes menacent de sauter. Et, sous ses doigts magiciens, il tire de ce frêle instrument des accords à faire pleurer une pierre : avec une joie malicieuse, il nous offre une chanson, comique et infiniment nostalgique à la fois, au parfum latin inimitable. Le tableau est magnifique : assis sur un sofa canari, cet homme aux cheveux de jais et à la peau burinée, vêtu d'une chemise bordeaux, joue sur une guitare pervenche, tandis qu'un doux rayon de soleil doré vient éclairer ce grand artiste inconnu sur sa scène improvisée. Dans sa générosité, ce vieil homme nous fait cadeau de sa joie et de son talent et, c'est le cœur en fête que nous repartons, ayant la vive impression d'avoir passé un moment en famille.

Écrasées par le soleil, essoufflées par la côte qui s'achève, nous apercevons à l'ombre des maisons un petit groupe de femmes, assises sur le seuil d'une maison. Toutes sont nos amies. Alors que nous les saluons joyeusement et nous arrêtons quelques instants pour *batter o papo* (papoter), deux d'entre elles s'empressent d'installer un petit banc car elles ne veulent pas nous voir assises par terre (elles l'appellent depuis le « banc des *tias* » et nous l'offriront à chaque fois que nous passerons). Quelle délicatesse de leur part ! Ayant d'abord prévu d'aller visiter une amie dans une maison voisine, nous passons finalement une demi-heure à deviser, échanger les nouvelles du quartier, ou nous taire ensemble en contemplant la vie de la rue. Dans un moment comme celui-ci, le sentiment de faire profondément partie du quartier nous étreint. Ce ne sont plus eux, Bahianais, et moi, petite bénévole française, ce sont « nous », habitants de la Coroa.

La course du soleil va maintenant sur sa fin, et notre promenade aussi. Mais ne nous quittons pas avant une ultime visite. Karolina et moi allons voir une vieille amie, aveugle. Mais, lorsque nous arrivons à sa maison, Rodrigo, un de ses petits-fils, voyant le ballon que je tiens dans les mains, me demande de jouer au volley avec lui. À peine avons-nous commencé que la mère de l'adolescent arrive, bâton en main, et le pousse dans la maison pour le battre. Les deux petits frères de Rodrigo me regardent, le visage décomposé. Que faire ? Doucement, je les emmène un peu plus loin sur le petit bout de terre rouge qui prolonge la maison. Nous faisons quelques passes avec le ballon, mais les enfants continuent à se recroqueviller sous les cris qui leur parviennent. Nous avons tous le cœur déchiré. Enfin, Rodrigo reparaît et se met sans un mot à jouer avec nous. Il me regarde avec un pauvre sourire triste. Puis, petit à petit, des rires fusent, l'atmosphère se détend, la joie reprend ses droits. Brusquement, la mère sort de la maison, raccroche le bâton au râteau auquel il était fixé, et se campe à quelques mètres de nous, le regard fixé sur le quartier en contre-bas, l'air sombre. De toute évidence, elle est intriguée par notre joie mais ne sait quelle contenance adopter. Laissant les enfants jouer seuls, je m'approche et regardant dans la même direction qu'elle, m'intéresse à sa vie.

Elle répond succinctement à mes questions mais s'adoucit très rapidement. Quand elle se tourne enfin, ses yeux sont noyés de détresse. Je lui propose de se joindre à ses enfants dans le jeu que nous faisons. Elle s'illumine et, incrédules, nous nous mettons à jouer tous les cinq. Les deux plus petits, infiniment soulagés, sont déchaînés et Rodrigo regarde sa mère avec une infinie douceur, presque timide, sans une once de rancœur. La maman rit maintenant, et moi, je suis ébahie du miracle qui s'opère sous mes yeux. C'est une pure joie qui étincelle, chacun respire goulûment un air à la densité d'amour inespérée. Pour célébrer ces retrouvailles, nous partageons une *jaca*.[45] Les enfants me badigeonnent affectueusement les mains d'huile pour les protéger de la sève collante du fruit. Tous les cinq riants, discutant, assis dans la poussière, nous crachons allègrement les noyaux, droit devant nous, sans vergogne, nous partageant les morceaux de *jaca* comme on ferait passer un calumet de la paix.

Pour finir la petite famille fixe une date pour inviter notre Point-Cœur à déjeuner, alors qu'ils ont eux-mêmes à peine de quoi manger... Je repars, couverte des pieds à la tête, de la poussière rouge du pays, le pantalon déchiré au genou (car oui, je me suis proprement cassée la figure en glissant sur la terre battue dans la fougue du jeu... fou rire général. Pensez donc : une *tia* qui fait un vol plané !), mais surtout inondée d'une joie sans pareille. Je me retourne une dernière fois pour les saluer de loin, mais ça y est, l'obscurité de la nuit les dérobe à mes yeux. Il est déjà temps de rentrer. Déjà, mais avec tant de trésors dans le cœur.

En trois mois, j'ai tout juste eu le temps d'apprivoiser nos amis et de me laisser apprivoiser par eux. J'aurais aimé percer le mystère de leur existence (est-ce seulement possible...), mais j'ai seulement eu le temps d'avoir soif du cœur de l'homme. Ou plutôt, j'ai appris à avoir soif de l'étincelle de Dieu enfouie plus ou moins profondément en chaque homme.

Bien chers parrains, peut-être que, pour vous aussi maintenant (tout comme la couleur du blé n'est plus la même

---

45 Jacquier

pour un certain renard), peut-être que la Coroa ne sera pas une *favela* parmi tant d'autres, mais un lieu unique et précieux car c'est là que vivent Kakkà et sa famille, *Dona* Maria Concessão, *Dona* Lucia Pequena, *Dona* Nininha, *Dona* Cede, Maicon, Caique, Rodrigo et sa famille...

Que la mission continue, dans chacune de nos vies, à travers chacune de nos réalités !

Un ultime grand merci !

Angélica

Simon
Point-Cœur Saint-Jean-de-Patmos
Athènes – Grèce

Le 19 octobre 2018

Ma chère famille et mes chers amis,

Cette dernière lettre de nouvelles grecques, c'est depuis la France que je vous l'écris. Car me voici bien rentré au terme de ces dix mois d'aventure humaine à Athènes. Et je suis bien tardif à nouveau je m'en excuse, peut-être fallait-il un peu de recul pour contempler ces derniers temps au Point-Cœur...

Car j'ai quitté, il y a maintenant plus de trois mois, ma terre de mission. Et pourtant, alors que résonnent encore dans mon cœur les voix et les rires de ceux qu'il m'a été donné de connaître à Athènes, me vient déjà l'intime intuition qu'en quittant Athènes, je ne quittais pas « la mission ». Celle que j'ai apprise profondément cette année prenait forme, c'est vrai, dans une ville, au sein d'une communauté, se concrétisait par ces gestes, m'invitait à aimer tels visages, mais la mission véritable et le charisme particulier de Points-Cœur se cache partout et toujours. Ainsi ce départ était envoi.

Cette fin est commencement d'un chemin désormais éclairé d'une lumière différente sur ma vie, mes rencontres, mes choix... Car je suis transformé d'avoir rencontré une richesse insoupçonnée, celle que savent les plus humbles et qui nous déconcerte, nous les pauvres de cette richesse qu'ils nous offrent.

Pour cette dernière lettre, je voulais vous parler d'une de mes dernières rencontres. Comme un clin d'œil, elle s'est déroulée dans une rue du centre d'Athènes que nous visitons chaque lundi, en face du trottoir où je rencontrais un autre ami de la rue pour la première fois, dans mes tout premiers jours au Point-Cœur.

Cette femme-là, nous la croisons alors que nous sommes sur le chemin du retour, après cette après-midi de visite. Elle est âgée de peut-être soixante ans, habillée d'une tenue qui évoque les pays de l'Est, et mendie simplement sur le bord du large trottoir de cette avenue. Nous échangeons un sourire qui invite à la rencontre, et nous approchons pour lui parler. De ce langage universel fait de sourires et de gestes, nous comprenons vite qu'elle ne parle ni grec, ni anglais ou français. Je fais à nouveau l'expérience que, non seulement cette barrière de la langue n'en est pas une, mais qu'elle laisse place à la grâce d'une rencontre presque plus riche. Déshabillé du langage, on est peut-être moins précis, moins nuancé, moins efficace... mais on est si authentique, si vrai, purement présent. Il ne se passe presque rien en apparence, et nous sommes là, mains dans les mains, tantôt à gesticuler notre langue des signes improvisée, tantôt à écouter le silence habité d'amour, sur fond de trafic automobile. Elle a, sur son visage marqué, deux magnifiques yeux qui suffisent, eux aussi, à nous parler d'elle, et ce sourire authentique du réconfort. Nous aussi sommes réconfortés.

Une ou deux semaines plus tard, nous retournons la voir, et je porte, cette fois, à la main notre fidèle guitare, la guitare providentielle. Sa joie est immense et à peine assis autour d'elle, elle s'empresse de nous offrir un chant bosnien, vibrant et fier. Nous découvrons sa belle voix, elle qui était restée muette lors de notre dernière rencontre. Le bonheur est là, pour nous qui partageons cet instant, émus. Comment ne pas être touché par sa dignité retrouvée dans ce moment offert pour nous avec une telle gratuité, au milieu du flot des passants. Et je suis bien intimidé quand, après avoir terminé ce chant, elle me demande de jouer et de chanter à mon tour. Tout impressionné, je prends donc la guitare dans mes bras et m'efforce d'offrir en retour quelque chose du cœur pour la remercier. Elle est aussi attentive et heureuse de m'entendre, me remercie, puis entonne d'autres chants bosniens mélancoliques ou joyeux.

On est gâté, vraiment, et une graine d'amitié est plantée ce jour-là. Je crois qu'après mon départ, les bénévoles ont continué de rendre visite à notre nouvelle amie.

Mon départ, justement approchait. Et ma *despedida* (c'est le nom que nous donnons à la semaine d'au revoir qui précède le départ d'un bénévole) a réellement commencé avec le camp de vacances que nous avons organisé pour une dizaine d'enfants des familles que nous connaissons. Souvent sans ressources suffisantes, nos amis n'ont pas la chance de se payer de vraies vacances. Alors, depuis l'année dernière, nous organisons une semaine ensemble au bort de l'eau, grâce à la générosité de nombreuses personnes autour de nous. Au programme : plage, jeux, cuisine et bonnes rigolades tous ensemble, dans ce lieu idéal qui nous est mis à disposition par les Frères Maristes d'Athènes.

Rien d'extraordinaire à nouveau, sinon le bonheur pour nous de contempler les amitiés naître ou grandir avec nous, et entre eux. Rien n'est plus beau que de regarder deux enfants vivre l'amitié, si vraie, si simple. Les enfants savent se nourrir et s'enrichir des différences qu'ils constatent entre eux. Ainsi, nous partageons ensemble ces jours heureux entre chrétiens, musulmans, Albanais, Afghans, Français, Indiens...

Je me souviens de cette soirée où notre cher Père Alekos, le prêtre de notre paroisse, est venu spécialement pour leur offrir quelques jeux dont il a le secret. Après plus de soixante-quinze années de vie, il n'a jamais quitté son âme d'enfant comme le laisse deviner son tendre sourire. Ombres chinoises, chaises musicales, courses et autres rigolades, notre Père Alekos semble infatigable et les enfants sont ravis. Quel exemple pour moi que cet homme que j'ai bien connu cette année, et qui se donnera jusqu'au dernier souffle pour la cause des plus petits d'entre les siens.

Cerise sur le gâteau, nous accueillons en renfort pour encadrer nos jeunes vacanciers, la petite fille de Mr James, qui souhaitait offrir de son temps pendant les vacances ! Un beau clin d'œil de là-haut, et la continuité de l'amitié avec la famille de notre très cher Mr James.

Cette dernière semaine était l'occasion d'aller dîner chez les uns et chez les autres, de recevoir à la maison ou d'aller simplement visiter une dernière fois ceux qui sont devenus mes amis. Prendre le temps d'une journée dans Athènes, par exemple, pour partager avec Biordi des derniers moments de complicité avant de se revoir, c'est certain, un jour. J'aurais aimé vous le présenter plus tôt, mon jeune collégien albanais de quinze ans, plein de vie et d'énergie, avec qui j'ai vite tissé de beaux liens. Il était pour moi comme un petit frère cette année alors, bien sûr, même si l'on s'y prépare, le départ ne laisse pas indifférent. Mais on se console, car il est promesse de retrouvailles !

Et puis, il y a eu cette fête à la maison ! Ce moment fatidique où il faut avoir le cœur bien accroché, pour accueillir mes amis réunis pour me dire au revoir... mais quelle belle fête, portée par ma chère communauté qui s'employait si généreusement pour les préparatifs. Et moi, qui redoutais presque, c'était en fait si doux, si juste et si bon que cette joyeuse après-midi et soirée passées ensemble. Elle s'est ouverte en musique, lorsque Serge, un ami musicien congolais et son ami, ont débarqué chez nous et ont animé notre salon de rythmes africains ! Et tout le monde dansait autour du piano, petits et grands, dans notre salon. Les plus petits enfants jouaient sur le balcon, les autres discutaient ici et là... c'est ce qui m'a rendu le plus heureux, de savoir tous nos amis chez nous comme chez eux, c'est à dire en famille. C'était palpable.

À la veille de mon départ, je n'étais donc ni nostalgique, ni heureux d'un quelconque « devoir accompli », mais nous célébrions tous ensemble le cadeau que nous étions devenus les uns pour les autres.

Encore quelques tendres cadeaux, surprises, chants et danses plus tard, un lendemain *en famille* avec ma communauté qui m'a touché par ses nombreuses et tendres attentions pendant cette belle *despedida*, une messe d'envoi où j'ai joué de l'orgue pour la toute dernière fois, et j'étais bel et bien sur la route vers « l'aventure après l'aventure ».

Ces derniers mois, un fruit s'offrait à moi après avoir mûri au long de ma mission, sous la forme d'une simple question : « À quelle juste pauvreté je suis appelé, moi ? »

Car, c'est évident, dans le cœur de Maria, la maman de Pierrina, ou dans celui de Sotiris, du parc des drogués, et bien d'autres, réside une part de ce qui semble bien être « le Royaume de Dieu ». Cette grandeur insaisissable est vraiment et d'abord dans le cœur des plus pauvres. C'est ce que j'ai appris de plus certain, de plus concret, de plus limpide, et de plus beau ici. Dès lors, un mouvement naît en moi vers ce « je ne sais quoi » ! Cette humilité peut-être ? Mais pas toujours. Cette simplicité de cœur peut-être ? Mais pas toujours. Ce dénuement matériel peut-être..., toutes « pauvretés » qui semblent être le lieu où cette « lumière » est à portée de main, rayonne sur les visages, fait des miracles. Mais il m'a déjà semblé me tromper, en m'employant presque mécaniquement à une pitié déplacée, une fausse humilité, un anti-matérialisme exagéré. Certains se taisent et c'est ce qu'il fallait faire, d'autres parlent et c'est ce qu'il fallait faire. Et moi ? Alors je me mets autant que possible à l'écoute de ce mouvement intérieur vers cette pauvreté juste, celle du moment ou d'une vie entière, celle qui rend vraiment heureux.

Sur cette invitation que je vous offre aussi, à cette pauvreté, je veux enfin vous remercier une ultime fois, vous qui avez permis cette expérience humaine, ces rencontres, ces sourires, ces amitiés. Je rends grâce du fond de mon cœur d'avoir pu recevoir ce cadeau de cette année à Athènes. Vous le savez, vous aussi : ce que j'y ai appris auprès de nos amis les plus petits, dans cette vie simple que nous menions en communauté, est si précieux.

Merci, soyez bénis !

Simon, Συμεόν

Marie-Catherine
Point-Cœur Fra-Angelico
Lviv – Ukraine

Le 8 septembre 2016

Chère famille, chers amis, et parrains,

Par cette lettre, je veux vous donner un dernier témoignage de mes années à Points-Cœur en Ukraine.

Sans ces expériences à travers cette magnifique culture de compassion, je n'aurais jamais pu approfondir mon regard sur le monde et sur ma propre vie. Cette lettre est comme une action de grâce qui n'a pas de fin...

Silencieusement et petit à petit, j'ai vu un peuple s'ouvrir devant mes yeux. Je l'ignorais complètement. Je savais juste que là-bas, j'allais rejoindre un groupe de filles étudiantes et artistes, et qu'il y avait un Point-Cœur où je pourrais continuer à aimer et à grandir.

Jasi, bénévole brésilienne, était là depuis un an. Elle aussi avait quitté l'Amérique Latine pour venir à Lviv. Avec sa chaleur bahianaise et son œil toujours neuf et original, elle m'a accompagnée pendant mes premiers mois dans les nouveaux apostolats. Quand je revenais de mes cours d'ukrainien, elle me réexpliquait la leçon avec des petits croquis. Puis j'ai commencé avec elle à visiter un orphelinat : nous avions comme projet de dessiner avec les enfants en collaboration avec une association française qui nous aiderait pour le matériel. Tout de suite des amis, étudiants aux Beaux-Arts, nous ont rejointes dans cette belle aventure qui se poursuit jusqu'à maintenant.

J'ai vu immédiatement que j'étais tombée dans une ville complètement immergée dans l'art. Moi qui aimais déjà dessiner, qui aimais par-dessus tout, les couleurs, j'avais en face de moi toutes les palettes possibles pour approfondir la peinture et découvrir les arts traditionnels ukrainiens. C'était un régal. Là-bas, l'art m'a donné non seulement une approche de la culture, mais surtout une approche de l'histoire douloureuse de l'Ukraine. La privation des arts et de la culture pendant les années soviétiques n'a cependant pas empêché que surgissent de grands artistes : poètes, musiciens, peintres, écrivains. Aujourd'hui, tout ce qui est semé depuis des années est pris et enseigné avec un grand sérieux. Il y a une profondeur et une vérité qui vous coupent le souffle.

J'ai eu la chance de rencontrer des personnes passionnées, attachées à leurs racines, qui m'ont aidée à comprendre les enjeux intérieurs du pays. Malgré les divisions et une guerre presque invisible aux yeux du monde, nous pouvions sentir véritablement une patrie loin des idéologies et proche de la terre. Je pense en cet instant même à tant d'amis, et j'aimerais tellement les citer un par un pour les remercier... Ils sont remplis de sagesse, d'humanité et de bienveillance.

J'ai eu la chance de connaître aussi le monde des icônes, d'abord par l'intermédiaire d'Aude, consacrée dans Points-Cœur avec qui je vivais. Avec son œil d'artiste, elle m'a fait découvrir la beauté d'une histoire sacrée qui, au-delà des mots, vient toucher les esprits. C'est la tendresse d'un visage, écrite sur un simple bout de bois, qui vient t'interpeller. Il m'a fallu du temps pour éduquer mon regard et percevoir la grandeur de toutes ces icônes.

Natalia Satsyk, artiste iconographe, m'a fait découvrir le monde des anges. Dans ses icônes, les anges me paraissaient soudain plus humains, non pas sous la forme d'une chair, mais dans de perpétuels mouvements de joie, d'amour et de souffrance dans des couleurs bleuâtres et rouge d'or. Ils me donnent l'impression de ne pas pouvoir les saisir mais en même tant d'être très proche d'eux...

L'icône reste pour moi une expérience humble et exigeante.

Les villages

Mes plus grands voyages, je les ai souvent savourés dans la nature. Des Andes aux Carpates, des campagnes mapuches aux campagnes lviviennes, les lieux me sont comme familiers, peut-être parce que j'y retrouve un peu la campagne et les montagnes de chez moi en France.

La semaine avant mon départ, je suis allée rendre visite à des amis, à deux heures de Lviv. Je vous ai sans doute parlé bien souvent de ce village, Yniv. À ce moment-là, c'était la saison où l'on ramasse les mûres et les framboises dans les forêts entourées de champs de blé, avec des fleurs bleues répandues dans le paysage. C'est magnifique ! *Pani* Louba et *Pan* Volodia nous attendaient. L'après-midi était toute simple. Quand nous allons là-bas, nous aimons dire que c'est « la maison du bonheur ». Même si la vie est dure dans les campagnes parce qu'il n'y a presque plus de travail, les gens continuent sans relâche de travailler la terre, et sont capables bien souvent de vous offrir un sac de pommes de terre ou divers légumes. *Pani* Loubia est tout le temps dans la cuisine et prépare des repas frais et délicieux. Nous nous régalons à chaque fois. Pendant ce temps-là, *Pan* Volodia me surveille de l'œil, prêt à sortir sa petite blague. C'est un sacré personnage. Ce jour-là nous ne pensions pas le voir : pour soutenir sa famille, il est en effet obligé de travailler durant de longues périodes en Pologne. À notre plus grande surprise, il était là, en pleine forme, travaillant sa terre. Cette fois-ci, il était rentré chez lui. Il sème le maïs, et récolte la Joie... Là-bas, tout le monde reçoit sa part d'amour, même les animaux.

Il y a aussi Lychnia, un village près de Kiev. Cette année nous avons fêté Pâques avec nos amis orthodoxes le 1er mai. Une ambiance marquée par le rythme et la simplicité de ce petit village. Dans cette paroisse rien n'est fait à moitié : longue liturgie, longue prière, psaumes et chants, confessions, tout cela dans une fumée d'encens où la foule debout, pieuse, attend le moment de marquer la fin du grand jeûne strict. La Pâques chez les orthodoxes est pour moi une fête surprenante. On y sent le poids d'une tradition, d'un événement qui prend toute sa finalité au cœur de la Divine Liturgie. Il suffit d'être là-bas pour trembler devant ces solennités et de se rendre compte que le christianisme est loin d'être quelque chose d'abstrait. Pour tout vous dire, jamais je n'ai vécu de liturgies aussi belles. Ce n'est plus une simple nuit de Pâques où à l'aube, on sent déjà l'ordinaire. Non,

Pâques, c'est comme la petite brindille qui fait jaillir le grand feu. D'ailleurs, non seulement il y a eu du feu, mais aussi un feu d'artifice !

J'aime cette phrase de R. Guardini qui dit : « *Il faut à la vie spirituelle, le souffle haut et large sans lequel elle s'étiole, s'étrique, s'affaisse* ». Pour moi ce souffle haut et large, c'était bien cette nuit à Lychnia.

La maison de retraite

Retourner dans la ville après une bonne bouffée d'air, ce n'est pas souvent simple, mais une fois qu'on y est, c'est un peu la même bouffée d'air dans un autre décor... C'est par exemple le quartier de Pacichnia, un peu à l'écart du centre ville, où des immeubles immenses, style soviétique, entourent la maison de retraite que nous allons visiter deux fois par semaine. En réalité, c'est une institution où vivent non seulement des personnes âgées mais aussi des personnes handicapées physiques ou mentales. Ils n'ont pas eu la possibilité d'avoir une vie comme les autres. Certains sont souvent jeunes et ont toute leur tête.

C'est un lieu qui m'a tout de suite touchée. J'y ai découvert une misère que je n'avais jamais vue : la misère de mourir seul dans une chambre sans aucune présence familiale ou amicale. Au cinquième étage, ce sont les dernières chambres un peu en retrait où beaucoup de personnes ne peuvent plus marcher. Certaines, les plus seules, vivent une dépression qui les rend comme des morts vivants. « *À quoi bon vivre ici ? Plutôt mourir !* » Dans cette misère j'ai eu bien des fois la tentation de devenir moi-même pessimiste et dépressive. Chaque fois j'avais le cœur déchiré, sans comprendre pourquoi on pouvait en arriver là.

Ensuite l'amitié avec certains a donné sens à cette misère, à travers le sourire et la force de certaines *baboussia* (grand-mère). Ce sont les premières à souffrir et les premières à donner de la joie.

Je me rappelle d'une toute petite *baboussia*, *Pani* Vira, qui a vécu toute sa vie dans cette maison : elle est arrivée orpheline à l'âge de neuf ans, ayant vu ses parents se faire tuer pendant la guerre. Elle n'avait plus aucune famille. Quand nous venions la visiter, elle était toujours assise dans le couloir avec d'autres femmes, avec son foulard sur la tête qui mettait en valeur son petit sourire doux et ses yeux coquins et brillants. Elle nous racontait ses nombreuses histoires et terminait toujours par « *Tout ira bien, tout ira bien en Dieu...* » Elle nous a quitté l'année dernière à l'âge de quatre-vingt-sept ans.

En parlant de joie, je pense à tous ces amis de passage chez nous, venant de nombreux horizons. Ils m'ont tant apporté ! Certains venaient timidement et discrètement, d'autres à grands pas, sans hésitation. Tout de suite le *tchai* (thé) et les petits *petchevo* (petits gâteaux) sont lancés et nous voilà partis dans des discussions, des plus profondes aux plus banales, avec parfois juste un silence accompagnant une douleur, puis soudain des éclats de rire, ceux d'Olena, qui lance un véritable parfum de joie.

Notre appartement paraît bien grand (surtout quand je devais faire le ménage, dans mes moments de paresse où le parquet me donnait l'impression d'être un océan de poussière), mais quand il s'agissait d'accueillir une quarantaine de personnes pour des occasions culturelles, je me demandais souvent : « *Comment allons-nous faire, notre appart' est si petit !* » C'est comme dans les *marchroutcka* (bus), généralement déjà bien bourrés mais où certains trouvent encore l'astuce pour monter ; et finalement tout le monde rentre sans conflit avec joie et confiance.

Aujourd'hui, c'est à mon tour de rentrer avec cette même confiance vers la France pour d'autres chemins où Dieu me prépare une petite place. *Dai Boje !* (Dieu donne !)

Merci à vous tous de m'avoir permis de vivre ces belles aventures.

Je confie à vos prières toute l'œuvre Points-Cœur envers qui je garde une profonde gratitude.

À bientôt.

Marie-Catherine

Bénédicte
Point-Cœur Saint-Martin-de-Porres
Lima – Pérou

Le 16 août 2016

« En Dieu tout est joie, parce que tout est don. »
Paul VI, *Gaudete in Domino*

Chers parrains, chère famille, chers amis,

Cette lettre est l'occasion de vous informer que je suis rentrée en France !

Cette mission dans le cadre de Points-Cœur me laisse stupéfaite. « *Bien curieux* », pourriez-vous dire. Je pense pourtant que c'est le terme le plus approprié. Stupéfaite de la beauté de ce que j'ai pu voir. Stupéfaite de ces amis, stupéfaite de ceux qui ont suivi une mission à mes côtés, stupéfaite de l'œuvre de Dieu pour moi. « *Le Puissant fit pour moi des merveilles, Saint est son nom* », proclame Marie dans le Magnificat. Il m'a été difficile de partir, j'avais presque envie de suggérer, comme Pierre l'a fait durant l'épisode de la Transfiguration : Seigneur, ici je voudrais planter une tente. Je veux rester. Je suis habituée à ce quartier, j'aime ce pays, j'aime cette langue, j'aime mes amis, j'aime la famille que j'ai acquise à la Ensenada, donc pourquoi partir ?

Mais j'ai aussi appris quelque chose. La beauté est un don de Dieu, et c'est Lui aussi qui nous donne la possibilité d'en être réceptifs. Que ce soit admirer le soleil couchant sur les maisons poussiéreuses, admirer les premiers pas de Roxana, une enfant de Villa Marta. Admirer la dextérité de Raquel quand elle cuisine. Admirer les grandes collines de la Ensenada, alors que je me demandais comment je pourrais un jour m'y habituer.

Et nous ne pouvons pas détenir la beauté. On ne peut pas l'enfermer dans ses plans personnels. On peut tout juste essayer de transmettre cette beauté que l'on perçoit, à travers les mots, les images, les couleurs, les sons. Mais, comme disait Violeta Parra : « *Le monde est tellement plus grand ! Et je n'ai pas réussi à traduire ce que je portais là* ». Il me faut donc accepter de ne pas perdurer dans ce quartier, alors qu'en lui j'ai trouvé mille étoiles de beauté, plus qu'en vingt ans passés en France. Je rentre donc, tellement reconnaissante de ce que j'ai pu voir !

La despedida[46] *: le départ*

Le mot est petit pour parler d'un moment fort. En un mois, l'objectif est de visiter toutes les familles que je connaissais. J'annonce à mes amis que je pars, je les invite à la messe d'action de grâce, qui a lieu le dernier dimanche avant l'avion. Les amis sont toujours peinés, certains plus que d'autres. « *¿ Porque te vas ?*[47] », telle est la question. Mais ils se réjouissent beaucoup de mes plans en France : « *Tu étudies le droit... tu vas être avocate ? Tu vas revoir ta famille, ta maman doit beaucoup te manquer... Salue-les de ma part !* » Les réactions des enfants sont souvent bien différentes des adultes. Parfois, la nouvelle atterre les adultes autant que l'annonce d'un décès. Je ne peux pas nier que ce soit triste, car les chances de se revoir sont minces. Mais si ce n'est pas un « au revoir », c'est donc un « à Dieu ». Je suis sûre que nous nous reverrons, si ce n'est sur terre, ce sera près de Dieu. Dario, un jeune de Maranguita, m'a prévenue qu'il préparerait ses blagues pour que l'on se les raconte durant l'éternité.

Du côté des enfants, la légèreté l'emporte. Michel me demandait si on allait fêter cela avec des gâteaux. Nombre de petits m'ont étouffée de leurs bisous. Kelly me serre très fort et longtemps dans ses bras, en me disant ce qu'elle avait au fond du cœur. Puis elle me regarde en souriant : « *Tu sais, moi aussi je vais faire ma despedida. Mon papa cherche une nouvelle*

46 C'est le nom donné à la semaine d'au revoir qui précède le départ d'un bénévole.

47 Pourquoi tu pars ?

maison et on va déménager. Comme toi, je ferai une grande fête ». Ainsi nous nous comprenions !

Donner sans compter ?

Je vais vous parler d'un moment assez fort. Je l'ai vécu avec Alejandro, sa maman Marisol, et sa grand-mère, Édilberta. Je vous parlais d'Alejandro dans ma première lettre. Ce que je n'avais pas précisé est que ce petit, de maintenant deux ans, refusait que je l'approche de trop près, sous peine de me donner un coup de poing. Je compris, très tard, qu'il réagissait ainsi parce que je lui faisais peur. Mes cheveux en étaient la raison : *une sorcière !* D'accord, je passais pour une extraterrestre blonde, et je frisais un peu, mais quand même... Dans ma relation avec Alejandro, sa maman, et Édilberta, j'ai expérimenté quelque chose d'extrêmement important : le don est gratuit. Cela vous fait sourire tant l'affirmation est évidente.

Édilberta souffrait depuis quelques mois d'un cancer en phase terminale. Fin juillet, elle était allée pour la dernière fois à l'hôpital, suite à un infarctus. Elle ne devait pas en sortir car les soins à domicile devenaient financièrement et pratiquement inaccessibles. Durant la maladie de sa maman, Marisol s'était de nouveau rapprochée du Point-Cœur. Nous l'aidions, mais, toujours, la grande complexité de son caractère et la distance qu'elle maintenait vis-à-vis de ma communauté, rendaient difficile une amitié. Je dois vous avouer que la situation devenait désagréable. Je me disais : « *Je lui donne, je lui donne, mais jamais elle n'a eu un geste d'amitié pour nous, un geste de reconnaissance, un remerciement, un sourire ! Elle ne fait que nous utiliser* ». Sans m'en rendre compte, je donnais en espérant *quelque chose en retour*, fut-ce quelque chose de vraiment minime. C'est donc avec Marisol que j'ai le plus appris à ne rien recevoir. Je me demandais si cela valait alors le coup de donner : qu'est-ce que cela m'apporte ? Je perds dans ce don ! Et, de fait, cela m'a fait revenir à ce que devait être un don. Quelque chose d'essentiellement gratuit. C'est un déséquilibre, une perte. Et on parle d'aller jusqu'à *se donner soi-même* : pourquoi ? Dans l'entendement humain, c'est juste inconcevable ! Mais, au sein de la gratuité, c'est une porte vers l'infini qui s'ouvre. Un infini qui ne connaît pas de calcul, pas de comparaison, pas de limite temporelle. Cet infini, c'est l'amour. Grâce à une supposée ingratitude, j'ai appris à aimer. Mon Dieu, c'est quand même fort ce que Tu nous apprends.

Je finissais la mission, triste, car nous avions eu une conversation pour le moins houleuse au téléphone, et je pensais ne plus la voir ensuite. Mais, quelques heures avant mon vol, elle sonne à notre porte. Je redoutais de la voir, je ne voulais plus de cette relation très stérile, et encore moins partir avec une nouvelle dispute. Accompagnée de son Alejandro, elle voulait seulement me dire au revoir et me souhaiter un bon retour. Elle m'annonce également que sa maman est morte au petit matin. « *Ainsi, il y a deux despedidas en une journée : la tienne et celle de ma mère... Mais au-delà des circonstances doit prévaloir l'espoir. Cet espoir qui nous donne une certitude dans l'avenir, donc qui nous fait vivre le présent différemment, avec plus de joie et plus intensément* ». Avec grand étonnement, je la voyais ici se référer à une conversation que nous avions eue le mois précédent. Dans ses bras, Alejandro râlait et ne voulait pas me regarder. Je lui demandais : « *Es-tu triste que Lala soit morte ?* » Il savait parfaitement ce qu'était la mort. Il me répondit que oui. Puis il me regarde et me demande pourquoi je pars. Il me le demanda deux fois, car ma première réponse ne lui suffisait pas. Puis, au moment de se quitter définitivement, il m'ouvre grands les bras et me fait un long câlin. J'étais sidérée et tellement contente !

Un départ très festif

La *despedida* est aussi l'occasion de fêter. Il y a surtout la fête avec les enfants et la fête avec les adultes. Pour les enfants, nous avions prévu une après-midi autour du thème *Le Livre de la jungle*. Tout s'est déroulé dans une joyeuse cohue, chaque enfant fabriquait un masque, pour ensuite s'en servir dans les danses et les jeux. Nous clôturâmes avec la distribution du fameux gâteau aux bananes de Raquel.

La *despedida* pour les adultes nécessitait plus de préparation. Dès le dimanche matin, nous étions à couper les légumes pour la soupe, nettoyer la maison, installer les bancs, préparer la messe. Celle-ci fut très belle. C'est seulement à ce moment que j'ai réellement pris conscience de mon départ. Mais quelle joie d'être avec tant d'amis, pour remercier Dieu de ce temps au Pérou !

Après la messe, nous descendîmes tous à la maison. Surprise ! Mes sœurs de communauté avaient préparé des danses sur le thème *Une journée au Point-Cœur*. Les costumes et la chorégraphie étaient une production péruano-américano-polonaise. Beaucoup de jeunes avaient aidé pour ce spectacle. Durant la danse, les spectateurs riaient et accompagnaient en frappant la cadence. Il y avait une envie générale : rejoindre les danseurs ! Et ce fut fait, nous pûmes tous danser, dans la mesure où les dimensions de la pièce le permettaient. Les grand-mères n'avaient pas à envier l'énergie des plus jeunes, elles étaient les premières à mener la danse. Quel meilleur cadeau que de partager ce que les amis aiment le plus ?

Ainsi se déroula la soirée, entre danses et chants. Elle termina par un échange de discours avec les jeunes. *L'épreuve du feu* soulignait sœur Mariam avec humour. Les Péruviens ont un grand talent pour discourir, que ce soit dans les transports en commun, dans la rue, lors des anniversaires, baptêmes, *despedidas*. Quelle pâle figure nous avions à côté...

Je me suis envolée deux jours plus tard. J'aurais aimé vous parler de toutes les personnes qui ont joué un rôle dans ma mission, j'aurais tellement à dire tant ces amis me sont précieux !

Je reviens endettée de tout ce que j'ai reçu. Ce n'est pas une dette qui me pèse, car chaque moment m'a fait grandir et m'a rendue plus heureuse. Heureuse, alors même que je me rendais compte de mes limites, des limites des autres, de la misère que nous ne pouvons pas fuir. Que nous choisissons de ne pas fuir. J'ai appris que Dieu utilise toutes les circonstances pour nous montrer qu'Il nous aime, et qu'Il nous promet à son Royaume, car nous sommes ses enfants.

Abuela[48] Victoria, une grand-mère aveugle, qui a perdu sa fille au cours de l'année, et qui porte sur ses épaules le

48 Grand-mère

poids d'une vie d'efforts et de sacrifices, répète sans se lasser : « *Gloire à Dieu !* »

Chers parrains, chers amis et chère famille, il n'y a rien à ajouter à cette louange. Elle occupe une vie entière.

Merci infiniment !

Bénédicte

Élisabeth
Point-Cœur Don-Bosco
Afragola – Italie

Le 21 juin 2017

« Qu'as-tu que tu n'aies reçu ? »
Saint Paul, 1Co 4-7

Chers parrains, chers amis, chère famille,

Il y a maintenant plus de trois mois que je suis rentrée ! Cela me tient à cœur de désormais « boucler la boucle », de vous écrire cette ultime lettre qui conclura ces dix-huit mois d'aventures.

Ma messe d'envoi (messe célébrée pour rendre grâce à Dieu pour ma mission) a eu lieu le lundi 6 mars dernier. Ce fut une belle messe, simple et familiale. Il y avait quelques amis du quartier, ma communauté, les prêtres de notre paroisse. Certains amis que je n'attendais pas sont venus, et avec des cadeaux ! Dieu m'a surprise vraiment jusqu'au bout, jusqu'au dernier jour de ma mission.

Je suis revenue en France le mercredi 8 mars. J'ai d'abord passé vingt-quatre heures à la maison de formation de Points-Cœur à Vieux-Moulin, vingt-quatre heures essentielles avant de replonger dans le monde que j'avais quitté il y a un an et demi. Retourner à Vieux Moulin... Quelle émotion ! Revenir là où tout à commencer, là où j'ai vécu deux semaines de formation intense avant de m'envoler pour Naples, là où je me suis posée tant de questions, et où j'ai reçu aussi tant de réponses. Incroyable d'y revenir. Impressionnée, malgré moi, en constatant tout le chemin parcouru.

Ensuite, je suis partie retrouver ma famille à Blois. C'était très émouvant de revenir, de revoir tous ces lieux et tous ces visages qui m'avaient accompagnée dans mes derniers instants en France. Surtout, je garderai ce sentiment magnifique d'accomplissement, de plénitude. La sensation d'avoir accompli quelque chose de grand pour ma vie ne m'a pas quittée pendant plusieurs jours. Le sentiment d'avoir fait quelque chose aussi de complètement fou, complètement à contre-courant... Moi qui suis si souvent tourmentée par mes doutes, j'ai expérimenté dans ma chair que « *rien n'est impossible à Dieu* » (Luc 1, 37).

Même après trois mois, je n'ai pas encore vraiment l'impression d'être rentrée. Étrange temps tout de même que celui du retour, où l'on n'est pas vraiment ici et plus tout à fait là-bas, un entre-deux qui me déracine (encore une fois) et qui me permet de me rendre compte à quel point je suis devenue une Napolitaine, une des leurs, à quel point j'ai fait mienne cette culture que je n'ai pas reçue à ma naissance mais que l'on m'a donnée, et que j'ai finalement décidé de recevoir comme un cadeau. Je redécouvre donc ma vie, mes amis, la France, la politique française, la mentalité française, les codes... Je réapprends tout.

Ce temps du retour est également un temps de grâces. Je suis émerveillée de constater que certaines amitiés se sont renforcées durant ma mission, malgré la distance et l'absence. J'ai réussi à trouver un petit travail très vite, dans une école primaire de Blois, grâce au petit réseau de nos amis blésois. Je travaille jusqu'à début juillet. Je suis dans une classe CLIS (Classe pour l'Inclusion Scolaire) et j'assiste l'institutrice. Onze élèves en grande difficulté à cause de leur handicap ou de leur maladie sont accueillis dans cette classe particulière, où le programme est largement adapté au rythme et aux capacités de chacun. Durant la journée, certains de nos élèves quittent notre classe pour suivre le programme « normal » dans une classe « normale ». Cette classe CLIS est une grande richesse pour l'école et pour les élèves. Pour ma part, je vis une expérience inattendue et formidable ! J'ai découvert, surprise, à quel point mon cœur était prêt à aider, aimer, accompagner, écouter ces enfants (avec mes nombreuses limites bien sûr) ! Je suis consciente que cela est un fruit direct de ma mission, de ces dix-huit mois passés à l'écoute du cœur humain. Mes journées ici sont très intenses, je découvre en même temps le monde de l'école et le métier d'institutrice... J'ai finalement choisi de tenter un master dans l'enseignement l'année prochaine, afin de devenir institutrice. Je le commencerai en septembre prochain. C'est un pari, car je n'ai jamais eu l'envie de faire ce métier, mais je veux essayer, car il me semble que c'est dans cette voie que je m'épanouirai pleinement !

En avril, je me suis rendue à Lyon pour une semaine de diffusion Points-Cœur. Nous avons parlé de notre mission, de ce qu'elle a changé dans nos vies, de nos amis de nos quartiers respectifs ! Nous sommes allées dans plusieurs écoles primaires, quelques lycées et une aumônerie. C'était très enrichissant. Incroyable de transmettre un peu de ce qu'on a reçu, émouvant de constater que cela rejoint la soif de nombreux cœurs... J'ai été extrêmement touchée par la réaction et l'attention des plus petits dans les écoles primaires où nous sommes allées. À la question : « *Selon vous, existe-il une autre pauvreté que celle simplement matérielle ?* » posée à des élèves de CE2, une petite fille a répondu : « *Oui, le manque d'amour* ». Je suis restée sans voix face à cette réponse si pertinente. Les plus-petits sont vraiment nos maîtres !

Voilà pour les dernières nouvelles de mon retour... Dans cette dernière lettre, j'aimerais surtout vous parler de quelques personnes que je ne vous ai pas encore présentées, et auxquelles je tiens tout spécialement.

Rossella, le courage incarné

Rossella est la maman de Mariana. J'aimerais vous raconter une petite anecdote. Cela s'est passé lors de ma *despedida*. À la fin de la messe des Cendres (je partais alors une semaine plus tard), je suis allée dire à Rossella que je m'en allais. Je ne savais pas trop comment lui annoncer, je n'avais aucune idée de sa réaction. Elle m'a alors regardé droit dans les yeux, m'a prise par le bras et m'a dit : « *Tu dois venir manger chez moi ! Quand es-tu libre ? Pourquoi tu ne me l'as pas dit avant ?* » J'ai lu dans ses yeux à quel point c'était important pour elle. Elle a à peine entendu ma réponse qu'elle criait à son mari : « *Elisabetta se ne va !!!* » (« *Elisabeth s'en va !!!* »). Je suis sans voix... Quel honneur. Ils ont perdu leur plus petite fille, Mariana, sept ans, il n'y a même pas deux mois. Il y a quelques jours, Rossella nous avouait qu'elle ne trouvait plus la force de cuisiner. Et aujourd'hui, elle m'invite à déjeuner chez elle ! Et elle y tient. Elle tient à m'avoir une dernière fois à sa table. Quelle générosité, quel sens de l'amitié ! Ce que je représente aux yeux de cette famille me dépasse. Je suis donc allée déjeuner chez eux le lundi qui a suivi. Ce fut un déjeuner d'une grande simplicité, à l'image de notre amitié, sans bruit, discrète. Tout le monde est là, Mily, Rudy, elle et son mari. Un déjeuner comme un merci, c'est ce que j'ai ressenti. Merci d'avoir été là, simplement. C'est grand ! À la fin du repas, Rossella s'éclipse et revient avec un petit bracelet à la main. C'est un dizainier en bois d'olivier, pour faire mémoire de Mariana. Elle me le donne. C'est une tradition ici : un mois après le décès de la personne aimée, on célèbre une messe pour son âme. À la fin de la messe, en guise de souvenir, on offre aux personnes les plus proches un petit objet, un dizainier, un chapelet, une petite statue. Pour Mariana, ce dizainier en bois. Je suis énormément touchée de cette attention. Aujourd'hui encore, ce petit bracelet me suit un peu partout.

Le visage rayonnant de Rossella reste imprimé dans mon cœur. Son rire également. Cette femme est le courage en chair et en os. La mort de sa fille n'a pas anéanti mais élargi, décuplé, renforcé sa vocation de mère. Une mère debout, embrassant la vie, portant sa souffrance comme une vraie guerrière ! Elle restera toujours dans mon cœur.

Quitter Cardito comme on quitte une vieille amie

Je vous ai souvent parlé de Cardito, l'hôpital psychiatrique, et de nos amis qui habitent ce lieu si particulier. Ma dernière visite fut belle, très émouvante. La revivre avec vous à travers ces lignes me donne encore les larmes aux yeux.

Nous sommes le mercredi des Cendres et il fait un temps magnifique. Je suis avec Mathilde, avec qui je me rends à Cardito depuis le début de ma mission. Après les trente minutes de marche, nous arrivons. Ne voyant pas Loredana dans le couloir, je me précipite dans le bureau des infirmiers, où elle est parfois, surtout ces derniers temps. Mais elle n'y est pas non plus... Je demande alors à un infirmier où elle se trouve, elle, l'éternelle présente, et la réponse tombe comme un coup : elle n'est pas là. Elle est partie dans sa famille, et c'est bon signe qu'elle ne revienne pas : d'habitude ses proches sont obligés de la ramener car elle fait des crises. Pour moi l'annonce est dure à accepter, j'étais tellement persuadée de la retrouver là, sur cette chaise, dans ce couloir, comme je la vois toujours depuis des mois, toutes les semaines ! Je voulais tellement la saluer une dernière fois, lui faire un dernier bisou... Je prends sur moi, et continue ma visite de Cardito. Je réalise la chance que j'ai de pouvoir saluer ceux qui sont là. Carmela, que je serre fort une dernière fois, se lève de sa chaise et m'embrasse. Elle plonge ses yeux bleus dans les miens et c'est elle qui tente de me consoler cette fois-ci : « *Non emozionarti !* » me dit-elle en me serrant les mains (« *Ne pleure pas !* »). Dernière photo avec Maria et l'autre Carmela, les inséparables. J'ai le droit à un gros bisou de Maria. Je me rends une dernière fois dans la chambre de Giusy, une amie très proche de Mathilde. Elle est atteinte de la maladie d'Alzheimer et est alitée depuis des mois. Elle ne parle plus, ne peut plus manger normalement, ne peut plus se déplacer. Elle ne peut plus rien faire comme une personne normale. Lorsque nous venons, nous restons en silence à côté d'elle, nous la contemplons. Parfois, elle pousse de longs cris stridents. C'est terrible d'être juste là et de prier... C'est aussi et surtout le sens profond de notre mission.

Je n'ai pas envie de partir de Cardito. J'aimerais prolonger l'instant indéfiniment, refaire les trois étages, embrasser encore une fois Carmela, Maria. J'aimerais me dire que je reviens la semaine prochaine ! Mon cœur se déchire au moment de franchir les grilles. Cardito est définitivement l'un des plus beaux lieux de ma mission. Il est gravé dans mon cœur. J'y ai découvert l'amitié profonde et vraie. J'y ai constaté, incrédule et surprise, impressionnée, la puissance du simple amour, de la simple présence. À travers les yeux de Loredena, j'ai découvert l'importance primordiale d'être reconnue pour ce que l'on est, viscéralement, au delà de ce que l'on paraît être.

Tout ce que j'ai vécu, chaque visage, chaque personne rencontrée, chaque instant partagé en communauté, avec nos amis du quartier, tout cela, toute ma mission me portent encore aujourd'hui et donnent relief et profondeur à ma vie. Et pourtant, ce ne fut pas tous les jours facile à Naples, loin de là. Les combats et les périodes de désert ont été de la partie, plus que jamais. J'ai su y faire face, avec toute la force et la patience de mon cœur, de ma volonté, et surtout avec l'aide de Dieu. Désormais, je sais à qui remettre ma vie, je sais vers qui crier quand j'ai peur. Je rends grâce à Dieu qui a permis, à travers cette expérience avec Points-Cœur, que dans mon cœur naisse une vraie certitude de sa Présence. J'ai touché du doigt la Vérité à travers cette vie dépouillée, sans artifices, silencieuse et discrète, mais si puissante.

Ce que je garde de ma mission, profondément, c'est la prière. J'ai grandi et continue à grandir avec la prière ; elle a façonné mon cœur sans même que je ne m'en rende compte. Elle rythmait nos journées, elle rythmait notre vie dans le quartier — j'en avais soif depuis toujours. Elle a apaisé nos cœurs lors de bien des tempêtes en communauté ; elle a ajusté, affiné bien des jugements erronés. On se sent souvent tellement petits en mission... Petits par rapport à nos frères et sœurs de communauté et leurs qualités, petits par rapport aux habitants de notre quartier, qui vivent pour la plupart des situations terribles, petits face à nos propres limites, face à notre égocentrisme. Dans ces cas-là, plus qu'un seul recourt : la prière. « *La prière à haute dose* », comme le dit si bien Père Jérôme[49], que j'aime énormément. Se mettre simplement devant Dieu, se présenter à Lui. Lui dire notre faiblesse, notre incapacité à avancer seul, et tout lui remettre, sans cesse, sans concession. Lui redire « oui » chaque jour. Cela demande une vraie discipline, c'est une vraie exigence. J'ai appris cela tous les jours... et ça a changé ma vie. La prière

49 Père Jérôme, moine cistercien de l'Abbaye de Sept-Fons, non loin de Paray-le-Monial. Il entre chez les moines en 1928, à l'âge de vingt-et-un ans, et y meurt en 1985. Il a écrit de nombreux ouvrages.

a pansé doucement mes blessures, et elle le fait encore aujourd'hui. Dieu nous travaille au cœur lorsqu'on décide de se remettre réellement à Lui. En cela le retour est parfois difficile, car je n'ai plus de rythme de prière, ma communauté ne me porte plus ! C'est à moi de me pousser à dire mon chapelet, à aller adorer une petite heure de temps en temps... Une autre aventure !

MERCI, encore, à chacun et chacune d'entre vous, de m'avoir accompagnée dans cette folle mission avec Points-Cœur. Merci pour vos prières, pour votre fidélité, pour toutes les lettres que j'ai reçues. C'est grâce à vous que je suis partie, grâce à vous que je suis revenue !

À tous les jeunes qui ont le désir de partir, de tout quitter pour tout donner, gardez et préservez ce désir comme un trésor ! Et surtout, lancez-vous ! Rappelez-vous ces paroles d'Hélie de Saint Marc :

« *La vie est un combat, le métier d'homme est un rude métier.*
Ceux qui vivent sont ceux qui se battent.
Il faut savoir que rien n'est sûr, que rien n'est facile, que rien n'est donné, que rien n'est gratuit.
Tout se conquiert, tout se mérite.
Si rien n'est sacrifié, rien n'est obtenu. »

Un *abbraccio*[50].

Élisabeth

50 Une accolade.

Adélaïde
Point-Cœur Saint-Jean-de-Patmos
Athènes – Grèce

Le 17 janvier 2018

Chère famille, chers amis,

Déjà un mois et demi que j'ai quitté la Grèce pour revenir sur le sol français. La Corse m'a accueillie avec sa beauté sauvage et pourtant si familière, puis Paris m'a accueillie, un peu moins certes, mais m'a laissé reprendre le rythme des courses effrénées dans les couloirs du RER.

J'attendais de prendre du recul pour vous écrire ma dernière lettre. Mais je crois qu'au fond, je ne suis pas prête à le prendre et je n'en ai pas vraiment envie. Je veux garder tout ça à vif, au chaud, le chérir encore et continuer de regarder toute cette beauté. Alors de quoi vous parler dans ma dernière lettre ? De tout c'est impossible. Je crois qu'une fois encore, je vais écrire sans trop réfléchir mais avec toute ma sincérité. Chaque jour depuis mon départ, il me vient des souvenirs différents, des sons, des odeurs, des regards qui m'habitent et me portent.

Il y a quelques jours, c'était les chants congolais si joyeux et leurs voix habitées, le doux regard de Papou, les derniers moments passés avec Thege et son message d'adieu.

Il y a deux jours, je revoyais nos petits voisins afghans sautillant, inépuisables, sur leur balcon en face de notre chambre, attendant qu'on leur envoie des chocolats, (et je croisais les doigts pour ne pas casser leurs vitres bien trop fines).

Hier, j'écoutais des chants syriens, nostalgiques, faisant ressurgir des parfums d'épices, une pudeur si gracieuse, des danses envoutantes, une générosité débordante et des enfants d'une force superbement épuisante.

Aujourd'hui, c'est à ma communauté que je pense, et à tout l'amour qu'ils m'ont donné durant toute ma mission. À l'universalité de ce qui nous a unit tout le long et nous a permis d'aller au-delà de tous les petits agacements du quotidien. J'ai pu chercher à travers eux toute la force dont j'avais besoin quand c'était difficile et y puiser encore plus de joies que toutes celles que je recevais déjà. Pour mon départ, ils ont organisé un concert avec tous nos amis. Certains ont chanté, dansé, d'autres ont joué, pris la parole spontanément. Avec une simplicité sacrée. Et toutes ces nationalités.... Dans cette salle nous étions : Grecs, Congolais, Nigériens, Tchèques, Italiens, Syriens, Colombiens, Albanais, Sri lankais, Indiens, Ukrainiens, Polonais, Tunisiens et j'en passe... Et puis tous les absents. Le dernier soir, je l'ai passé en famille. Nous sommes allés une dernière fois sur le toit (je voyais bien qu'ils avaient froids, mais tous ont fait l'effort d'y aller parce qu'ils savaient que j'adorais cet endroit). Je revois Simon, son sourire lumineux et son enthousiasme pour tout ; Roki, sa voix d'ange et ses maladresses adorables ; Anaïs, sa force réconfortante et sa folie d'enfant ; Santhosh, son rire explosif et sa simplicité.

Athènes est la ville idéale pour une telle mission. Elle apprend à chercher le beau en toute chose. Si on la survole, elle peut sembler bordélique, peu esthétique et peu rassurante. Mais lorsqu'on ouvre les yeux ou plutôt son cœur, elle vous offre tout ce qu'elle a de plus beau : la noblesse de l'Acropole contrastant audacieusement avec les graffitis aux couleurs explosives et provocantes des anarchistes. Les quelques dernières bâtisses superbes qui résistent enfouies au milieu des immeubles fades et délabrés. Les ruines perdues dans les rues commerçantes qui laissent, lorsque l'on regarde bien, des petites traces de vie. Les rails de train au milieu de la ville, recouverts sauvagement d'herbes : la nature qui reprend toujours le dessus. Les églises hors du temps, partout, repères. Les airs de *bouzouki* qui se transportent dans les airs. Les radios des kiosques au son saturé qui crachent tant bien que mal des chants et prières orthodoxes. Les marchés, les chats, les couleurs... Et puis les gens. Tous ces pays qui se croisent et malgré tout, tous ces sourires.

Lorsque je suis arrivée à Athènes, Anaïs m'attendait à l'aéroport. Je me souviens très bien de ce moment. Avec un grand sourire, elle m'a demandé si j'avais bien pris des lunettes de soleil : « *Tu verras, la lumière en Grèce est particulièrement forte* ». Comme pour tant d'autres fois, elle avait bien raison.

Si j'ai mis du temps à vous écrire cette dernière lettre, c'est aussi je crois, parce que je ne voulais pas vous dire au revoir. Votre soutien a été un véritable cadeau. Je vous remercie du fond du cœur et continue de prier pour chacun d'entre vous.

Merci encore et encore.

Adèle

Les Points-Cœur dans le monde

Points-Cœur est une ONG internationale née en France en 1990. Elle est présente dans 26 pays sur 4 continents et a une voix consultative à l'ONU. Il y a actuellement 40 maisons Points-Cœur à travers le monde. Dans chacune de ces maisons vivent quatre à six bénévoles qui accueillent et visitent quotidiennement leurs voisins et les personnes les plus souffrantes.

AFRIQUE

Point-Cœur Sainte-Monique – Dakar (Sénégal)

Dakar est la capitale du Sénégal, « pays de la Teranga » (hospitalité). C'est une ville où affluent des milliers de personnes de toutes les provinces et des pays voisins. C'est la terre de l'accueil et du partage. Catholiques et musulmans de différentes confréries y vivent en harmonie.

C'est en mars 1993 que le Point-Cœur Sainte-Monique s'est installé en périphérie de Dakar dans le quartier de Arafat à Grand Yoff. Aujourd'hui, ce secteur est devenu l'une des dix-neuf communes les plus peuplées. Elle compte près de 200 000 habitants répartis sur 6,3 km2, soit une densité de 30 000 habitants au km2. La vie y bouillonne : une dizaine d'ethnies différentes se côtoient avec leurs traditions, leurs cultures et leurs langues. La majorité des familles (composées en moyenne de six personnes) ont une seule pièce pour vivre. Les personnes vivent donc dans la rue, et les enfants plus particulièrement encore.

Depuis vingt-sept ans, le Point-Cœur se veut être un espace et un refuge pour les multiples enfants livrés à eux-mêmes dans la rue pendant la longue journée de travail de leurs parents. Chaque jour, des dizaines d'enfants affluent au Point-Cœur, pour prier, chanter, jouer, danser au son des tam-tams ou simplement aider la communauté dans les tâches ménagères quotidiennes. Les bénévoles visitent aussi chaque semaine la décharge de Mbeubeus où ils rencontrent leurs amis chiffonniers, la prison des femmes et des hommes de « Liberté 6 » ainsi qu'une école pour enfants handicapés.

La vie trépidante rythmée par le constant rappel à Dieu des muezzins et les cris de joie des enfants rendent la mission des bénévoles plus qu'exaltante et intense !

AMÉRIQUE

Point-Cœur Bienheureux-Charles-de-Foucaud – Buenos Aires (Argentine)

Le Point-Cœur Bienheureux-Charles-de-Foucaud est situé à Lanús, dans la province de Buenos Aires, au sud de la capitale. Il est au cœur d'un bidonville appelé *Villa Jardin*, quartier très humble où les maisons et les étroites ruelles sont réparties de manière anarchique. La vie dans ses rues est trépidante : des chaises installées de-ci de-là, lieux de conversations autour d'un maté (boisson argentine), des terrains de jeux où les enfants apportent leur énergie et leur fantaisie. Cependant, ce quartier souffre des effets de la drogue apportant insécurité, violence et règlements de compte. Rares sont les familles qui ne sont pas touchées. Beaucoup de jeunes, faute de cadre, arrêtent les études trop tôt. Il y a également une réelle pauvreté : les familles vivent grâce aux allocations de l'État et de petits boulots, principalement dans le ménage et la construction. Comme tout le pays, le quartier souffre d'une instabilité économique qui favorise l'insécurité financière de ses habitants.

Dans le cadre de leur mission, les bénévoles participent chaque matin depuis des années au *Comedor* (la soupe populaire). Même s'ils y apportent une aide concrète, c'est avant tout un lieu de rencontres. Ils vont également chaque semaine visiter les malades du sida et de la tuberculose à L'hôpital Muñiz. Les bénévoles ont une présence particulière auprès des nombreux enfants du quartier qui viennent quémander un verre d'eau à la fenêtre, jouer et surtout chercher de l'attention et de l'affection. Le Point-Cœur organise d'ailleurs chaque année des camps d'été, lieu d'amitié et de joie pour nos petits amis.

Le Point-Cœur existe depuis 1996, il est donc bien connu et implanté dans le quartier, en témoignent la véritable confiance et reconnaissance de ses habitants. Nos amis, petits et grands viennent avec beaucoup de simplicité au Point-Cœur y trouver la paix et une oreille attentive.

Point-Cœur de la Sainte-Famille – Simões Filho, Bahia (Brésil)

Au carrefour entre Afrique, Europe, et Amérique Latine ; au carrefour entre des brésiliens et des jeunes venus de tous les continents ; au carrefour de chacune de nos pauvretés propres ; se rejoignent les fils qui tissent une amitié commencée en 1991 et qui se construit chaque jour entre les habitants du quartier de la Coroa da Logoa et Points-Cœur.

Les personnes du quartier y vivent un quotidien très rude où la violence, la drogue, l'alcool, la misère et la solitude écorchent les cœurs et les corps. Le Point-Cœur de la Sagrada-Familia (Sainte Famille) n'est qu'une petite maison au milieu de tant de souffrances. Mais il suffit d'un grand sourire d'enfant, d'une larme accueillie, d'une révolte écoutée, d'une personne qui vit un peu moins seule, pour que cela ne soit pas vain. Les bénévoles visitent les amis du quartier et les accueillent à la maison. Ils vont aussi dans le centre-ville jouer avec une quarantaine d'enfants dans un orphelinat et tenir compagnie aux malades à l'hôpital.

Notre quartier porte si bien son nom : Couronne du Lagon ! Chaque personne rencontrée, chaque moment vécu ici, s'inscrit en chacun des bénévoles, et sertit leur cœur qui repart enserré par ce bijou unique offert par nos amis.

Fazenda do Natal – Simões Filho, Bahia (Brésil)

Un peu plus d'une année après l'installation de Points-Cœur dans le quartier du Lobato à Salvador da Bahia, quelques voisins que nous visitions nous dirent : « *Nous voulons plus qu'une visite hebdomadaire ! Nous voulons habiter avec vous !* ».

L'idée vint alors d'acquérir, non loin de la ville, un vaste terrain pour y créer de toute pièce un vrai village avec église, école, maisons, salon culturel, lieux d'accueil... Là pourraient s'installer enfants de la rue, vieillards, personnes handicapées découvertes lors de nos visites ainsi que quelques familles qui attendaient davantage de notre amitié. Sur un terrain sans eau et sans électricité, difficilement accessible, l'aventure commença... une aventure unique, une vraie aventure.

C'est ainsi que depuis 1992, la Fazenda do Natal offre aux personnes en difficulté l'opportunité de laisser leur cadre habituel pour vivre dans une ambiance saine et structurée, en jouissant d'une vie familiale. L'objectif est d'offrir à ces personnes la possibilité de se reconstruire – tant sur le plan matériel et affectif qu'éducatif – afin de pouvoir à nouveau s'intégrer dans la société. Des bénévoles venus de tous pays viennent soutenir cette œuvre, en partageant la vie de toutes ces personnes : ils travaillent à leurs côtés, éduquent les enfants, prient... Plus de 150 familles des villages environnants sont suivies régulièrement par ces mêmes bénévoles qui les visitent chaque après-midi.

La *Fazenda do Natal* demeure un point de repère pour tous ceux qui y ont habité, pour les enfants qui y ont grandi. Nombreux sont ceux qui reviennent à la source le temps d'un week-end ou de vacances. Elle est aussi le lieu d'accueil, de formation et de repos des bénévoles Points-Cœur en mission.

Point-Cœur Saint-Alberto-Hurtado – Valparaiso (Chili)

Le Chili est le pays du bout du monde. Une longue épée tellurique, dirait Pablo Neruda, dont la poignée brûlerait sous le soleil du désert d'Atacama et dont la pointe plongerait dans les glaces arctiques.

Le Point-Cœur est à Playa Ancha, l'un des *cerros* (collines) de la ville de Valparaiso, exposé aux vents du large, dont les hautes falaises donnent sur le Pacifique. Les bénévoles vivent depuis 2008 dans ce quartier marqué par la pauvreté, l'alcool et la drogue. De nombreuses familles y sont bien abîmées : le mari absent pour diverses raisons, parfois aussi la mère, laissant les grands-mères se charger de l'éducation de leurs petits-enfants. Et pourtant, dans ce lieu dans lequel même les taxis hésitent à entrer, le Point-Cœur a une place particulière au cœur du quartier : les nouveaux bénévoles y sont accueillis à bras ouverts, leurs visites tant attendues. Combien d'amis ont collectionné les invitations aux *despedidas* (fêtes d'adieu) des bénévoles, comme une petite relique, marquant le passage de quelqu'un qui les avait aimés.

Le quotidien y est tout simple : prière, accueil de ceux qui passent, visites dans le quartier. Les bénévoles se rendent aussi une fois par semaine à la prison de Valparaiso où se trouvent l'oncle de l'un, le père de l'autre ou encore le cousin, le frère. C'est un lieu d'une solitude totale, les prisonniers étant rejetés tant à l'extérieur qu'à l'intérieur de la prison, un rejet qui broie l'homme et qui force à ne montrer aucun sentiment. Là-bas, la mission des bénévoles trouve un écho particulier car pour un instant, les prisonniers peuvent montrer leur côté blessé et respirer.

Point-Cœur Saint-Joseph – San José (Costa Rica)

Le Point-Cœur San-José a vu le jour le 15 janvier 2016. Le quartier dans lequel il se trouve, s'appelle Tirasses et il est situé à six kilomètres du centre de la capitale. Plein de vie et de couleurs, il est composé d'une jeune population moitié *tica* (expression pour désigner un habitant du Costa Rica), moitié nicaraguayenne.

Le Point-Cœur ouvre ses portes aux femmes pour divers ateliers manuels, afin de combler la solitude et la dépression très présentes chez les femmes du quartier. De même, certains après-midi, ce sont les enfants qui viennent remplir le Point-Cœur de leur énergie, de leur joie et de leur sourire.

Les bénévoles visitent aussi un centre de réhabilitation pour personnes âgées qui ont vécu un temps dans la rue et ont été dépendantes de l'alcool ou de la drogue, ainsi qu'un centre qui accueille des enfants retirés de leur famille pour maltraitance ou malnutrition. Ces enfants peuvent y rester jusqu'à l'âge de six ans et les responsables font tout leur possible pour leur trouver une famille d'adoption. De plus, un groupe de jeunes parents a demandé à être accompagné afin de se rapprocher de la Parole de Dieu : chaque jeudi soir, ils se réunissent au Point-Cœur pour la *lectio divina* (commentaire et méditation sur l'Évangile).

Depuis la fondation, quatre premières bénévoles *ticas* revenues de leur mission respective dans d'autres pays, aident à faire connaître Points-Cœur aux jeunes Costariciens dans différents groupes paroissiaux, écoles, etc.

Point-Cœur Bienheureux-José-Lopez-Piteira – La Havane (Cuba)

Cuba, sa musique entêtante, ses couleurs vives, son soleil si fort... Une île magnifique et blessée par son histoire. Points-Cœur y est maintenant présent depuis novembre 2012.

Située dans un quartier en périphérie de La Havane, la maison est un lieu où se côtoient une grande diversité de personnes : des amis du quartier, aux amis expatriés en passant par quelques artistes, les portes sont toujours grandes ouvertes. Chaque jour, passent des enfants, des jeunes, des personnes plus âgées. Tous se rencontrent, tissent entre eux des amitiés et éduquent leur regard sur la vie. Les peines comme les moments heureux y sont partagés en toute confiance, dans un pays très ébranlé par la méfiance. Lieu de passage donc, mais aussi lieu de prière où les amis se joignent facilement aux bénévoles. La beauté de cette maison réside dans ceux qui y viennent chaque jour la faire résonner de leurs cris de joie ou de douleur. Les plus jeunes donnent de la vie aux plus anciens, les plus anciens la transmettent aux plus jeunes. C'est une grande famille qui se réunit entre ces murs.

Une fois par semaine, les bénévoles prennent le chemin d'un autre quartier plus sensible pour y rejoindre des enfants et jouer avec eux sur un grand terrain vague. Chaque mardi, ils vont aussi rendre visite à leurs amis de la *Edad de Oro* (lieu d'accueil pour personnes handicapées). Chaque rencontre avec eux est le lieu d'un bouleversement, celui de se retrouver devant la fécondité de leurs souffrances.

Point-Cœur Faustino-Perez – San Salvador (El Salvador)

Cachée derrière le grand marché de San Salvador, la Colonia Iberia Don Bosco abrite le Point-Cœur Faustino Perez depuis 1994. De part et d'autre de la rue principale, un dédale de ruelles fourmillant de vie s'étend jusqu'aux ruisseaux, aux ravins, ou aux flancs des collines. Les cris des marchands ambulants se mêlent au son des tambours des vendeurs d'eau, à la cloche du marchand de glace, au claquement des mains des cuisinières battant la pâte de leurs *tortillas*, aux vociférations des prédicateurs et au rire des innombrables enfants jouant au ballon, à cache-cache ou à la corde à sauter. C'est dans ce tumulte permanent que la petite communauté de bénévoles offre un havre de paix à ce quartier divisé par le contrôle de deux bandes rivales. Ils visitent fidèlement de nombreuses familles, accueillent quotidiennement des dizaines d'enfants et d'amis de tous âges venant partager un café. Ils n'hésitent pas non plus à s'éloigner du cœur de la Colonia pour rencontrer les familles du bidonville qui borde l'ancienne voie ferrée à quelques centaines de mètres de la maison. Chaque semaine, ils se rendent à l'hôpital Bloom qui accueille les enfants malades du cancer pour un après-midi de jeux, et parfois pour recueillir leur cri de douleur, leurs larmes ou leur silence. Les filles vont régulièrement dans un quartier voisin où les maisons sont autant de lieux de prostitution. Petit à petit, elles se lient d'amitié avec ces femmes que les drames de la vie ont poussées sur ces trottoirs.

Enfin, au cœur de San Salvador où tant de jeunes sont tentés de prendre la route des États-Unis, les bénévoles accueillent les jeunes pour des soirées de jeux, de films ou de présentations, leur rappelant que leur vie, si elle est vécue dans une compagnie d'amitié, n'est échangeable contre aucune autre.

Point-Cœur Saint-Jérôme-Emilien – Guayaquil (Équateur)

En Novembre 2000, le Point-Cœur d'Équateur voyait le jour dans un quartier de la banlieue sud de Guayaquil, la Isla Trinitaria, (l'Île Trinitaire). Invités par des prêtres du lieu, les premiers bénévoles ont été tout de suite accueillis à bras ouverts par les habitants.

Ce quartier avait été envahi dans les années 90 par les gens des provinces à la recherche de travail. Ils avaient alors construit leur maison de bric et de broc sur ce morceau de terre grappillé sur les eaux du fleuve Guayas, peu accueillant. Peu à peu, la Isla Trinitaria a offert à ses quelques 300 000 habitants un peu plus de dignité, même si le paysage dévoile des conditions de vie encore bien précaires. Mais ce qui frappe encore plus que les maisons à demi-finies ou la saleté, c'est la vie qui jaillit de toute part. Sur le pas des portes, les femmes assises discutent avec leurs voisines. Ici, un groupe joue aux cartes, là, une vingtaine de femmes sont concentrées sur un jeu de loto. Aux coins de rues, des jeunes traînent. Et, bien sûr, par poignées, partout, des enfants courent et jouent. À ceci s'ajoute la musique qui résonne à plein volume dans les rues, faisant concurrence aux marchands ambulants qui annoncent leur venue en criant.

Au milieu de cette agitation, le Point-Cœur s'est immiscé et fait maintenant partie du paysage. Les bénévoles accompagnent la vie des familles par des visites quotidiennes dans le quartier. Bien souvent considérés comme des membres de la famille, ils partagent leurs joies et leurs peines. Même s'il y a heureusement quelques familles sans soucis, les souffrances ne manquent pas. Le machisme règne, et, ajouté à l'alcool, il apporte son lot de violence quotidienne. Dans les très nombreuses familles déchirées, l'absence des hommes pousse les femmes à devoir travailler ardûment pour gagner leur vie. Les enfants sont beaucoup livrés à eux-mêmes et souffrent aussi de violence. À l'école le matin seulement, ils passent la majeure partie de leur temps libre dans la rue, tentés par la drogue et par le vol. Comme alternative, le Point-Cœur ouvre ses portes tous les après-midis aux enfants qui y trouvent un lieu pour jouer, et surtout des amis. Des adultes se joignent parfois au défilé, venant remettre avec confiance leurs souffrances. Aujourd'hui, c'est un cercle d'au moins 300 familles que les bénévoles visitent régulièrement. En dehors du quartier, les bénévoles visitent un hôpital psychiatrique où ils vont chaque semaine depuis de nombreuses années. Depuis plus de vingt ans sur cette grande île, un petit îlot de compassion a grandi.

Point-Cœur Santa-Maria-Goretti – Tegucigalpa (Honduras)

Le Point-Cœur Santa-Maria-Goretti a été fondé en septembre 1998 – un mois avant que l'ouragan Mitch ne dévaste le pays, laissant derrière lui de profondes carences – dans un quartier très populaire de Tegucigalpa, capitale du Honduras. Dans ce quartier se côtoient des personnes âgées marquées par une rude vie de travail, des familles souvent bien abîmées, et de nombreux enfants. La situation économique du pays étant assez précaire, nombreux sont ceux qui décident de partir travailler à l'étranger. La majorité des personnes fait donc face à la douleur d'une séparation souvent définitive avec des êtres chers (parents, enfants...).

En plus des visites quotidiennes à leurs voisins et amis, les bénévoles ouvrent leurs portes deux après-midis par semaine aux enfants. Ils visitent aussi très régulièrement un hôpital psychiatrique (pour hommes, femmes et enfants), une prison pour femmes et une maison de retraite pour personnes âgées (où vivent aussi quelques personnes plus jeunes ayant perdu leur autonomie). Ils proposent également parfois des sorties sportives ou culturelles aux enfants, adolescents et jeunes, adaptant les propositions en fonction des personnes et de leur âge. Quelques jeunes Honduriens fréquentent fidèlement la maison. Certains participent à une rencontre de formation chaque semaine, d'autres viennent prendre un temps de prière dans la chapelle du Point-Cœur, d'autres encore passent parfois, en début de soirée, pour parler un moment. Entre les jeunes les plus assidus à venir au Point-Cœur est née peu à peu une amitié.

Point-Cœur Saint-Martin-de-Porres – Lima (Pérou)

Le Point-Cœur Saint-Martin-de-Porres a été fondé le 16 octobre 1991 à Puente Piedra, dans la banlieue nord de Lima. Il y a quarante ans, le quartier de la Ensenada n'était que collines et poussière. Depuis, des milliers de Péruviens des Andes, fuyant le terrorisme et en quête de travail, ont quitté la pauvreté des montagnes pour venir trouver refuge dans les collines bordant la capitale. Des petites maisons très précaires, faites de tôles, cartons ou pierres, de toutes les couleurs, ont très rapidement poussé comme par enchantement sur ces collines, faisant jaillir la vie au milieu du désert. Avec les années, les choses se sont organisées et le quartier s'est petit à petit amélioré. Mais les derniers arrivés continuent à s'accrocher comme ils le peuvent dans les hauteurs, sans installation électrique ni eau courante.

Les bénévoles passent la plupart de leur temps à rendre visite aux nombreux amis du quartier et à accueillir ceux qui viennent au Point-Cœur, partageant la vie quotidienne toute simple de leurs voisins. Ils vont aussi chaque semaine visiter des adolescents dans un centre de réhabilitation juvénile, et de jeunes enfants dans un orphelinat. Dans tous ces lieux, ils offrent une écoute et une présence miséricordieuses, désireux de redonner le goût de vivre et l'espérance à ceux qui en manquent le plus.

Point-Cœur Sainte-Rose-de-Lima – Lima (Pérou)

Barrios Altos est un endroit bigarré, malfamé, joyeux et terrible à la foi, qui ne se comprend que si l'on s'attache à son âme. Son âme, c'est d'abord une histoire : celle d'un quartier flamboyant de l'époque coloniale que les grandes familles ont fui lors d'une épidémie de peste et que les populations créoles ont occupé, la lessive s'étendant sur les balcons ornementés et la pauvreté se nichant sous les colonnades.

C'est ensuite une ambiance si particulière de fête inquiète : la musique résonne toujours fort dans la rue et l'on apprend à marcher au rythme de la salsa et des danses afro-péruviennes. Les fêtes sont interminables, des enfants courent partout et la recette infaillible du bonheur semble se trouver dans le menu du déjeuner. Pourtant cette agitation est fiévreuse, l'ombre de la criminalité est omniprésente dans les rues et le quotidien semble se jouer sur le fil du rasoir, dans l'espoir que l'on ne sera pas la prochaine victime. Il faut donc vivre le plus intensément possible quelles que soient les difficultés et surtout s'accrocher à la seule chose que personne ne puisse nous retirer : Dieu. Il est présent dans toutes les phrases, dans toutes les maisons ; chaque *quinta* (parcelle de terrain) a sa propre chapelle et les processions ne s'arrêtent jamais.

Le cœur de Barrios Altos se situe dans cette foi collective et dans les cœurs écorchés de chacun de ses membres : personnes de tous âges et tous styles, profondément humaines, complexes, insondables et qui portent tous cette urgence de vie et d'amour.

À noter : seuls les *gringos* religieux sont admis, il faut bien quelques privilèges... Le Point-Cœur y est installé depuis 1994 et les bénévoles s'appliquent donc à être présents auprès des personnes de tous les âges aussi bien par le jeu avec les enfants dans notre maison et dans les *quintas* reculées, que par des visites aux familles, aux personnes âgées. L'été vient toujours avec son lot de camps et de sorties organisés pour les enfants, les adolescents et les jeunes. Le service hebdomadaire dans le foyer des Missionnaires de la Charité auprès des personnes handicapées fait figure de repère dans le quotidien rythmé par l'inénarrable « *HERMANITOS !* » (Petits frères !), cent fois crié, cent fois différent, toujours pour la même urgence d'amour.

Point-Cœur Saint-François – Montevideo (Uruguay)

L'Uruguay est un petit pays de trois millions d'habitants placé entre deux géants, l'Argentine et le Brésil. Le peuple uruguayen est majoritairement arrivé d'Europe au siècle dernier. Un tiers de la population vit à Montevideo. C'est un beau pays vallonné, très vert et au grand ciel bleu. On y dénombre plus de trois vaches par habitant ! Il y a aussi une très belle côte depuis le fleuve Uruguay jusqu'à l'océan Atlantique.

L'Uruguay a la particularité d'être un pays laïc depuis plus de cent ans. Il est peu religieux en comparaison de ces frères d'Amérique Latine. Par ailleurs, les Uruguayens forment un peuple solidaire et ouvert. Ce peuple tranquille souffre pourtant d'une douleur latente : un manque d'espérance. En parallèle, apparaît une montée rapide de l'insécurité dans les villes.

C'est dans ce contexte que le Point-Cœur a ouvert ses portes en 2015, appelé par le Cardinal de Montevideo, Daniel Sturla, à représenter le Christ là où personne ne désire vivre, ni même passer. Ce fût d'abord dans le quartier Lavalleja et depuis 2019 dans le quartier voisin, Casavalle. Le quartier, éloigné du centre ville est en général bien vert. Il y a là des réalités bien différentes qui se côtoient : quelques rues de jolies maisons avec leurs jardins, des habitations qui sont des logements sociaux en plus ou moins bon état, des rues en terre où l'on trouve des maisons faites de tôles et de planches. Dans ces deux dernières parties du quartier, c'est un monde à part, isolé, qui vit avec ses propres règles, et où règne l'insécurité.

Très bien reçus depuis leur installation, les bénévoles ne cessent de rencontrer des personnes adultes qui leur demandent de les visiter et de très nombreux enfants avides d'attention. Le Point-Cœur est rapidement devenu un pont entre les cœurs et des réalités parfois bien différentes. Il est aussi en lien avec plusieurs institutions et communautés : Sœurs de la Charité (Mère Teresa), écoles du quartier, centre de soutien à l'enfance, etc. Les bénévoles retrouvent également chaque semaine leurs amis du Cottolengo *Don* Orione et visitent régulièrement quelques amis qui sont aujourd'hui en prison ou bien en foyers d'enfants.

Le Point-Cœur participe à la vie d'une Église humble, fraternelle et engagée.

Point-Cœur Saint-Jean-Paul II – Brooklyn (USA)

Le Point-Cœur de New York est né en 2003 dans le Bronx puis s'est installé quelques années plus tard à Brooklyn. Il est comme une goutte d'eau dans un océan de cultures innombrables et de frénésie à tout rompre. Une goutte d'eau qui rappelle l'essentiel. Chaque vraie rencontre et toute nouvelle amitié, y sont de vrais miracles. Des miracles qui rappellent à chacun sa vraie valeur, quand la culture ambiante invite plutôt à se fondre dans la masse. Des miracles très humbles à l'échelle de la ville – mais s'agit-il vraiment de faire nombre ?

Qu'ils soient dans un refuge pour sans-abris ou dans des logements sociaux, à l'hôpital psychiatrique ou dans des maisons de retraite, qu'ils aient une bonne carrière ou un travail de misère, qu'ils soient Portoricains ou Chinois, qu'ils aient une famille ou qu'ils aient dû la laisser dans leur pays d'origine, qu'ils réalisent leur « rêve américain » ou qu'ils goûtent à l'amertume de la malchance... beaucoup de New-Yorkais ont en commun une grande et épuisante solitude. C'est donc celle-ci que les bénévoles de Points-Cœur tentent de consoler, redoublant de créativité pour aller à la rencontre des uns et des autres (visites, participation à des activités culturelles ou sportives, travail...). Parfois, il s'agit simplement d'être une présence plus souriante et plus paisible dans la foule.

Depuis plus de quinze ans, trente-quatre bénévoles se sont ainsi succédés, pour devenir eux aussi « New-Yorkais » et laisser leur cœur se transformer par la souffrance mais aussi la force, la positivité, la confiance en la vie, la liberté, l'enthousiasme des habitants de cette ville – qu'ils recueillent pour les offrir à Dieu.

ASIE

Point-Cœur Jules-Monchanin – Chengalpet (Inde)

Fondé à Bangalore (état du Karnataka dans le sud de l'Inde) en 1991 dans un quartier à forte population tamoule et musulmane, le Point-Cœur Père Jules-Monchanin est venu ensuite s'installer à Chengalpet en 2001, dans la banlieue sud de Chennai. Il est animé par une communauté de quatre à cinq jeunes filles. Situé à proximité de la cathédrale St-Joseph où les bénévoles ont la messe chaque matin à 6 heures, les amis du quartier sont aussi bien musulmans qu'hindous ou chrétiens. Les bénévoles vont aussi visiter la léproserie de Tirumani, une école-internat pour enfants handicapés (Children hostel) et le quartier pauvre de Patchaiamman Koyil.

Point-Cœur Sainte-Mère-Teresa – Kasimode (Inde)

Fondé en 1997, le Point-Cœur Sainte-Mère-Teresa (où vivent exclusivement des hommes) est situé dans le nord de Chennai dans le quartier des pêcheurs, à majorité hindoue, à deux pas du port de pêche (odeurs de poissons garanties !). C'est un quartier fait de petites ruelles, très animées et colorées, pleines d'enfants. Les visites se font à Kasimode mais aussi à Tondiarpet, le quartier voisin où était initialement installé le Point-Cœur, ainsi que dans le bidonville de Gandhi Nagar, à huit kilomètres de là, en face de la grande gare centrale. Les bénévoles visitent aussi le *Shishu Bhavan* (La demeure des enfants), un orphelinat pour enfants handicapés des Missionnaires de la Charité, et le *Mercy Niketan*, une école pour enfants handicapés installée à Tondiarpet.

Le Jardin de la Miséricorde – Chengalpet (Inde)

Ce terrain magnifique entouré de forêt à dix kilomètres de Chengalpet a été fondé en 2001. C'est un jardin de manguiers accueillant une communauté de vingt-cinq personnes : personnes consacrées, bénévoles et personnes accueillies pour un temps plus ou moins long. Ces personnes sont pour la plupart d'anciens amis de nos communautés de Chengalpet et Kasimode (personnes handicapées, âgées, ou rejetées à cause de leur maladie). La vie au Jardin est une vie de famille où chacun participe selon ses capacités et s'entraide. La communauté visite les familles et les enfants des villages à l'entour, ainsi qu'une colonie de gitans (*Gypsies*) et une léproserie près de Chengalpet. C'est aussi un lieu d'accueil pour beaucoup d'amis et le lieu de ressourcement et de repos pour les bénévoles des deux autres Points-Cœur.

Point-Cœur Saint-Maximilien-Kolbe – Sendai (Japon)

La fondation de ce Point-Cœur a eu lieu suite au tremblement de terre et au tsunami survenus le 11 mars 2011. De nombreux bénévoles sont venus aider les survivants de cette tragédie qui est devenue un point de référence temporel. Les gens parlent d'un avant et d'un après tsunami. Même si la vie continue et reprend, la mémoire des défunts et les traces de ce drame sont encore présentes dans les cœurs et visibles sur toute la côte.

Kokoronominato (Points-Cœur en japonais) a ouvert ses portes le 9 octobre 2012, accueilli dans un diocèse avec peu de catholiques répandus sur un vaste territoire. Tout en apprenant la langue et devenant plus familiers avec la culture, les bénévoles ont tout de suite commencé par rendre visite aux victimes du tsunami dans les maisons provisoires. Très vite, les lieux de visites et de service se sont multipliés : service de repas aux SDF de la ville, visites dans des maisons de retraites, travail de la terre avec des personnes handicapées ou encore jeux avec des enfants.

La culture japonaise formée sous les influences du bouddhisme, du confucianisme et du shintoïsme a favorisé le développement de l'esprit de groupe et de l'harmonie, ainsi que le sens du pragmatisme. La rencontre avec les Japonais permet l'intégration dans notre quartier traditionnel. Les gens attendent notre visite, viennent prendre un café à la maison...

Les bénévoles découvrent aussi petit à petit les blessures de cette société : le renfermement sur soi, le non-sens et le suicide (suite aux harcèlements à l'école, la pression au travail, etc.). Certains jeunes qui ne rentrent pas dans les cadres de la société japonaise se renferment peu à peu dans leur chambre sans contact avec l'extérieur. Nous les appelons des *Hikikomori*. La mission des bénévoles est d'essayer de garder ou de recréer des liens avec certains de ces jeunes et de soutenir leurs proches et leur famille.

Au Japon, le taux de catholiques est de 0.03%. Le pays du soleil levant est donc un lieu de mission d'évangélisation. Les gens ne connaissent pas le Christ et encore moins l'Évangile mais sont très ouverts à la discussion et attirés par la liberté qu'apporte la foi. C'est ainsi que la Providence nous a mis sur le chemin de plusieurs personnes que nous avons accompagnées jusqu'au baptême.

Point-Cœur Sainte-Claire – Manille (Philippines)

Les Philippines sont un pays d'Asie du sud-est connu pour la diversité et la beauté des paysages présents sur ses nombreuses îles. Au sud de l'île principale appelée Luzon se trouve la capitale, Manille, où vivent plus de 10 % des habitants du pays (soit plus de dix millions d'habitants). Victime d'un important exode rural, Manille n'est pas un lieu représentant la diversité des paysages mais davantage un lieu recueillant, à travers une très grande pauvreté, la diversité des cultures et traditions du pays.

Dans la banlieue nord de Manille, se trouve une région appelée Navotas, dont la sombre réputation éloigne soigneusement nombre de Philippins plus aisés ainsi que tous les touristes. C'est là que se trouve le Point-Cœur Sainte-Claire depuis novembre 1993.

Navotas est une région très pauvre dont l'activité principale tourne autour du *fishport* (port de pêche) d'où proviennent la plupart des arrivées de poissons de la métropole. De jour comme de nuit, de nombreux adultes et enfants se rendent sur ce lieu de travail pour gagner quelques sous pour leur famille. Une autre activité très importante du quartier est le trafic de drogue et d'alcool dont sont victimes la plupart des familles vivant ici.

C'est donc au milieu d'un univers sombre de familles déchirées, de parents emprisonnés, d'enfants abandonnés dans les rues, de descentes de police, que se déploie le magnifique tourbillon de vie engendré par les très nombreux enfants. Sous le pont, sur le pont, dans le quartier de Tumana, sur les radeaux, près de la cathédrale ou bien à *Market* 3, ce fameux marché de poissons, vivent des milliers de *batang kalie*, ces enfants des rues dont le sourire paraît inévitablement lorsqu'ils voient s'approcher les bénévoles de Points-Cœur qui viennent jouer avec eux qui auront alors, pour tous, un goût d'éternité. C'est par le foot, le Uno, le Memory, les coloriages et les tours de voltige, ou bien par les visites à l'hôpital, en prison, l'écoute des souffrances, l'attention dans la maladie que l'amitié se tisse depuis plus de vingt-cinq ans avec de nombreuses familles du quartier, qui, pour la plupart, n'attendent rien d'autre qu'une visite régulière.

Les uns après les autres, les bénévoles du Point-Cœur constatent que c'est avec le sourire que les Philippins permettront à la vie de jaillir, quelles que soient les circonstances, les malheurs et les persécutions.

Point-Cœur Paul-VI – Bangkok (Thaïlande)

Le Point-Cœur Paul-VI a été fondé en novembre 1991 dans l'un des quartiers très pauvre et de mauvaise réputation de Bangkok. À l'origine situé dans un quartier plus catholique que la moyenne — puisque tout près de l'église Notre-Dame de-la-Médaille-Miraculeuse —, il se déplacera légèrement pour s'insérer dans un quartier exclusivement bouddhiste, reflétant la vie de ce pays avec ses 94 % de bouddhistes.

La présence contemplative du Point-Cœur vint éclore et fleurir dans ce pays bouddhiste pétri de spiritualité (la Thaïlande est le pays qui compte le plus de moines bouddhistes). Les amitiés offertes se développent dans ce quartier avec les enfants et les adultes aux vies grandement blessées souvent par la misère, les addictions et les violences mais aussi par une soif très grande de compassion et de vérité sur le mystère de la personne.

Outre le quartier du Point-Cœur, des lieux de souffrance voient les bénévoles se donner et recevoir au centuple, comme un mouroir de personnes sidéennes, un centre de détention pour personnes en situation illégale, un hôpital, un centre pour de très jeunes enfants de familles défavorisées et une maison de retraite pour anciens soldats. La maison du Point-Cœur accompagne aussi beaucoup de personnes en fin de vie, par une aide très concrète et par une présence plus contemplative devant l'angoisse immense de la mort.

Nous sommes d'une grande reconnaissance pour ce que Dieu et nos amis thaïlandais, nous ont laissé découvrir et pour ce qu'ils ont partagé de leur cœur, de leur nuit et de leur grâce spirituelle profonde.

EUROPE

Point-Cœur Benoît-XVI – Berlin (Allemagne)

Berlin est une ville marquée par l'histoire du XXème siècle : la guerre, la ruine, l'arrivée violente de l'armée soviétique et le communisme, la séparation est-ouest... Partout dans la ville, mais aussi dans le cœur des personnes, on trouve des signes de ces blessures encore bien mal cicatrisées : des monuments, des ruines de gares ou d'églises bombardées, laissées pour empêcher l'oubli, une certaine culpabilité latente. Berlin est aussi une ville de paradoxes : d'un côté marquée par une certaine perte du sens de la vie, une grande solitude, de nombreuses personnes, jeunes ou moins jeunes, vivant seules... D'un autre côté, au cœur même de ce lieu réputé « athé », nous découvrons des personnes avec une grande soif, un désir d'amitié, une recherche de l'Infini, un sens de la créativité...

Le Point-Cœur Benoît-XVI fondé en 2010, se situe dans le quartier de Neukölln, à une rue de l'ancien mur de Berlin. Les amis, issus de tous milieux sociaux, et appartenant à diverses religions, sont souvent bouleversés par l'atmosphère de communion qui règne dans la maison. Même si, souvent, ils ne peuvent pas le nommer ou l'expliquer, ils découvrent « qu'il y a quelque chose de plus dans ce lieu », une consolation, une réponse à leur attente... Les membres de la communauté rendent régulièrement visite à des personnes particulièrement pauvres ou malades... Des rencontres qui, souvent, saisissent les uns et les autres et remettent devant l'essentiel, dans une ville au rythme effréné, où la tentation est toujours de se laisser prendre par l'hyperactivité. La communauté étant composée d'étudiants et de jeunes professionnels, chacun cherche à vivre de l'esprit de Points-Cœur dans son lieu de travail ou d'étude, comme un rappel que tout appartient au Christ.

Point-Cœur Herman-Cohen – Vienne (Autriche)

De par sa position géographique et son histoire, Vienne accueille de nombreuses nationalités et langues qui se côtoient et cohabitent dans la bienveillance. Cette capitale de l'Europe Centrale, à la fois si impériale et si sociale, est réputée pour sa qualité de vie. Comme chacun sait, les habitants ont un attachement profond à la musique, pourvu qu'elle soit classique !

Comme dans beaucoup de grandes villes, la solitude est présente chez de nombreux laissés pour compte. Elle est présente chez les personnes âgées, mais aussi chez les étudiants, les artistes... Situé au cœur du quartier juif, le Point-Cœur de Vienne, se veut un lieu de rencontre, d'amitié et de formation, où beaucoup peuvent trouver un oasis d'amitié. Fondée en 2010, la maison accueille chaque année plusieurs étudiants pour un semestre, un an ou plus. Ils participent à la vie de communauté, de prière et d'accueil de la maison au rythme de leurs études et du chemin de chacun.

Maison Adrienne-von-Speyr – Paris (France)

La Maison Adrienne-von-Speyr est un Point-Cœur étudiants/jeunes professionnels situé place de Clichy. Depuis 2006, cette réalité se veut un lieu d'accueil au cœur de Paris. La maison Adrienne est née du désir d'anciennes bénévoles de pouvoir continuer de vivre dans leur quotidien la vie de prière découverte lors de leur mission, mais aussi la vie d'amitié et de compassion. Alors pourquoi ne pas réunir le bureau — représentation administrative de l'association Points-Cœur — et une colocation ?

L'appartement permet à six personnes de partager l'exigeante vie parisienne en mettant la prière et la charité au cœur de leur vie, pour diffuser dans leur monde d'études ou de travail, cette force puisée dans leur communion. En fonction des habitantes de la maison, la vie est rythmée par des examens et concours, des changements de travail, des fiançailles puis des mariages ! Car les jeunes restent un temps selon leur besoin, de six mois à trois ans environ, et nous souhaitons que l'expérience faite ensemble soit un pilier pour leur vie de famille, leur travail, leurs engagements de prière et de foi, auprès de leurs collègues, de leurs amis. La maison propose également diverses rencontres, conférences, dîners culturels, soirées jeux ou cinéma, écoles de communauté, témoignages de ceux qui reviennent de mission, etc. Cette mission d'accueillir et de rendre ce lieu chaleureux, est un point important pour que reviennent ceux qui s'y sentent bien et qu'ils y trouvent un havre de paix.

Point-Cœur Madeleine-Delbrêl – Villejuif (France)

Implanté au cœur du quartier des Lozaits à Villejuif, le Point-Cœur a été fondé en septembre 1997 suite au désir d'étudiantes et de jeunes professionnelles de continuer à vivre de l'expérience de la mission dans leur quotidien. Depuis, des dizaines de jeunes se sont relayés chaque année pour vivre cette expérience si particulière. Une mission humble et cachée au sein de la cité. Mission de prière fidèle, qui soutient toutes les personnes rencontrées dans les transports, sur le chemin de la faculté ou du travail. Repos dans la vie communautaire, en rentrant d'une longue journée de travail, lieu d'une vie de famille, de l'amitié et de la bienveillance. Don de chacun auprès des habitants de la cité, en accueillant les enfants pour jouer, étudier, cuisiner, ou organiser des sorties culturelles ; en visitant les voisins ou en étant une présence attentive et une écoute compatissante. Ces trois dimensions soutiennent véritablement la vocation de chaque habitant du Point-Cœur là où il se donne au quotidien, porté par les visages des amis du quartier, « plongé dans la masse, comme le levain dans la pâte », pour reprendre les paroles de Madeleine Delbrêl, patronne de notre maison.

Maison Notre-Dame-du-Monde-Entier – Vieux-Moulin (France)

Vieux-Moulin est un village de caractère qui se trouve au beau milieu de la forêt de Compiègne, situé à quelques kilomètres de la clairière de l'armistice de Rethondes et du front de la première guerre mondiale. Ce lieu porte quelque chose de la douloureuse histoire de France. C'est là que se trouve la maison Notre-Dame-du-Monde-Entier qui a ouvert ses portes en 1996. Elle se veut être d'abord la maison de famille de Points-Cœur et elle est devenue au fil des ans le témoin de l'histoire de l'association.

La mission première de la communauté sur place est l'hospitalité. C'est ici que les bénévoles se préparent et se forment avant de partir en mission et aiment y revenir après leur retour. Nombreux sont ceux qui viennent y passer du temps pour se retrouver, goûter au silence du lieu, prier, jouer, profiter de promenades en forêt. Au cours de l'année des week-ends à thèmes sont organisés, divers groupes sont accueillis et la maison est ouverte pour qui veut venir prier ou passer un moment.

La communauté vit du charisme de compassion auprès des voisins, des personnes âgées, de personnes porteuses d'un handicap. C'est aussi dans ce lieu que sont traitées les tâches administratives au service des bénévoles en mission dans le monde entier.

Point-Cœur Saint-Jean-de-Patmos – Athènes (Grèce)

Le Point-Cœur de Grèce est situé au nord d'Athènes dans le quartier de Kypseli, depuis 2013. La ville déborde de mouvement, de musique et de bruit, de couleurs et de grisaille, de toutes les langues et nationalités. Athènes, c'est comme la tentative de condenser le monde dans une seule ville. C'est beaucoup de souffrance, de solitude, de pauvreté et de perdition mais aussi un accueil inébranlable et une richesse culturelle unique.

Le Point-Cœur est lui aussi en mouvement permanent. Il est assez rare de rester à la maison et les bénévoles rendent visite un peu partout, entre le hasard et les rendez-vous hebdomadaires, aux réfugiés, aux sans-abris, aux personnes âgées et handicapées, aux gens seuls. Puisque c'est souvent un pays de passage, les rencontres y sont parfois ponctuelles, les relations peuvent s'arrêter brusquement et puis certaines s'installent et s'épanouissent dans le temps. C'est un lieu qui apprend à donner sans attendre, car on ne sait que rarement si ces rencontres auront lieu une prochaine fois. C'est aussi un lieu de grande joie, de rires et d'inattendu, où se partage ce qui est universel et ce qu'il y a de plus beau.

Point-Cœur Don-Bosco – Afragola (Italie)

Le Point-Cœur Don-Bosco a été fondé en octobre 1998 à Afragola, ville de la banlieue de Naples qui compte 64 000 habitants environ. Il fut installé dans un premier temps dans le quartier des Salicelles, construit à la hâte pour accueillir les personnes déplacées à la suite du tremblement de terre de 1980. Par la suite, le Point-Cœur a été transféré dans le centre historique d'Afragola, quartier dans lequel la joie et la souffrance se côtoient au quotidien. Les nombreux enfants qui jouent au football jusqu'à très tard le soir, la musique napolitaine ou la radio qui accompagnent le travail des femmes à la maison, les cris des marchands ambulants et les personnes se hélant dans la rue, apportent un air de légèreté. Mais en parallèle, il y a aussi la difficulté à trouver un travail, la tentation de céder aux propositions malhonnêtes et de verser dans divers trafics, la dépréciation de l'école et le problème de l'absentéisme ainsi que la présence croissante d'immigrés africains souvent en décalage avec la culture napolitaine.

Chaque après-midi, les bénévoles s'en vont deux par deux visiter voisins et amis. La maison reste ouverte en début d'après-midi pour les enfants qui sortent de l'école et qui viennent trouver un peu de compagnie pour jouer, pour parler et parfois pour prier le chapelet. C'est cependant le samedi qu'ils sont plus nombreux et réclament leur tour pour être invités à déjeuner. Les bénévoles donnent aussi un coup de main aux équipes de foot formées des enfants des Salicelles : en étant tantôt entraîneurs, tantôt supporters, ils sont amenés à tisser une amitié avec eux. L'été, s'organisent camps et sorties à la mer ou à la montagne. Chaque semaine, un groupe de bénévoles visite un hôpital psychiatrique tandis qu'un autre visite la salle d'attente d'un centre de thérapies pour enfants (psychologue, psychomotricien et orthophoniste) pour passer du temps avec les parents. Un groupe de jeunes Afragolais, dont certains ont déjà fait l'expérience d'une mission Point-Cœur dans le monde, apportent un vrai soutien à la communauté et partagent avec elle les moments importants tels que « l'école de communauté » et l'adoration nocturne du premier vendredi du mois.

Point-Cœur Saint-Philippe-Neri – Procida (Italie)

Le Point-Cœur Saint-Philippe-Neri est situé sur la petite île de Procida, dans la magnifique baie de Naples. Son peuple qui compte plus de 11 000 âmes, est un peuple de marins qui partent trois à cinq mois d'affilée pour naviguer sur les énormes bateaux de croisière ou de la marine marchande. L'école maritime de l'île où ils ont étudié, est une des plus renommée au monde. Il y a très peu de misère économique mais beaucoup souffrent de la solitude. Ce qui est rare dans le sud de l'Italie, des personnes âgées vivent seules ou accompagnées de dames de compagnie venant de l'étranger. Beaucoup de familles sont divisées et les jeunes souffrent du manque de sens, un certain nombre se réfugiant dans la drogue ou le jeu.

Face à cette situation, le cardinal de Naples, le doyen de Procida et quelques habitantes de l'île ont demandé avec insistance la fondation d'un Point-Cœur. Depuis 2012, les bénévoles se succèdent ainsi pour apporter leur présence et leur amitié à tous ceux qui en ont le plus besoin.

La maison est située en face du sanctuaire mariale Notre-Dame-des-Grâces au cœur de l'île. Dans leur petit oratoire, à l'exemple de Saint Philipe Neri qui eut le cœur élargi par l'Amour de Dieu, les bénévoles mendient chaque jour cet Amour pour le redonner à tous.

Ce qui est le plus frappant est la soif de beaucoup d'être écoutés sans être jugés. En effet, beaucoup de souffrances restent cachées à cause de la peur du « qu'en dira-t-on » . Les habitants de l'île savent qu'ils peuvent faire confiance aux bénévoles de Points-Cœur et qu'il pourront trouver en eux une oreille discrète, un cœur de compassion et une âme de prière qui intercèdera en leur faveur. La présence de ces jeunes est pour les Procidanais comme un phare qui illumine, une fenêtre ouverte vers l'au-delà qui permet d'embrasser leur croix et de continuer le chemin dans l'espérance.

Les bénévoles vont aussi visiter chaque semaine des femmes malades dans un hôpital de Naples, un centre pour personnes handicapées sur l'île voisine d'Ischia et une maison de retraite sur l'île même de Procida.

En plus d'activités pour les enfants tous les samedis après-midis, ils organisent tout au long de l'année des sorties et des camps avec les enfants de Procida et d'Afragola.

Point-Cœur Saint-Frère-Albert-Chmielowski – Varsovie (Pologne)

La Pologne est un pays enraciné dans la foi catholique. L'amour des plus pauvres et la soif de Dieu font partie intégrante de l'âme polonaise. C'est ainsi que de nombreux jeunes Polonais se sentent attirés par le charisme de Points-Cœur et s'engagent à partir en mission dans le monde (plus de cent bénévoles à ce jour). C'est le départ de plusieurs dizaines de Polonais qui a donné naissance au Point-Cœur de Varsovie en 2012.

Le quartier du Point-Cœur est un des plus populaires de Varsovie. Le communisme a aussi beaucoup marqué la ville et, la méfiance ainsi que la peur continuent encore aujourd'hui à isoler les personnes, provoquant de profondes solitudes. La communauté du Point-Cœur se compose de membres consacrés et d'anciens bénévoles, de jeunes étudiants ou jeunes professionnels qui désirent partager une vie de prière et de communauté et vivre du charisme de compassion dans leur lieu de travail ou d'études et dans leur cercle familial ou amical. Les jeunes, séparés de leurs familles pour leurs études, vivent souvent dans une très grande solitude à Varsovie : le Point-Cœur est un lieu où ils sont attendus à leur retour de l'université ou du travail, un lieu où ils sont soutenus et accompagnés dans les questions et les défis de la vie à l'âge où tous les chemins sont possibles. « *Je n'ai jamais été aussi aimée et aussi libre que depuis que j'habite ici* » (Martha qui vit au Point-Cœur).

Le Point-Cœur est aussi un lieu de passage, un refuge pour beaucoup d'amis : anciens et futurs bénévoles, amis d'anciens bénévoles, amis étrangers perdus dans cette grande ville impersonnelle. Beaucoup aiment s'arrêter au Point-Cœur pour prendre le traditionnel thé, discuter avec l'un ou l'autre de la communauté ou s'arrêter prier un moment à la chapelle. Des écoles de communauté, des soirées films ou à thème leur sont aussi proposées pour provoquer des rencontres amicales. Le Point-Cœur visite aussi des amis de longue date, souvent des personnes âgées vivant dans une très grande solitude, ainsi qu'un hôpital de la ville.

Point-Cœur Saint-Nicolas – Deva (Roumanie)

Entourée de collines et dominée par sa citadelle, la ville de Deva étire ses grands blocs de béton uniformes au cœur de la Transylvanie roumaine. Les cultures hongroises, tsiganes et roumaines s'y mélangent sans pour autant s'y rencontrer, séparées par de hautes barrières invisibles mais non moins douloureuses. D'un coté, les quartiers tsiganes qui s'étendent aux abords des collines, où la pauvreté matérielle est la plus saisissante mais n'ôte rien à la vie, à la joie et à la beauté des enfants et des familles que le Point-Cœur visite. De l'autre, le quartier hongrois, dominé par son église, pétri de traditions séculaires et où la fierté patriotique attisée par de profondes blessures, se transforme tour à tour en force de création ou de rejet. Enfin, la culture roumaine, elle aussi riche de belles traditions et comme préservée d'un monde globalisé où tout s'accélère : ici, l'on vit au rythme des saisons et des âges de la vie, sans empressement et avec confiance, sous le regard d'un Dieu qui n'a pas été mis de côté. Les églises orthodoxes, entourées d'échafaudages ou recouvertes de fresques dorées s'y élèvent paisiblement et attirent chaque jour leurs foules de vielles dames enveloppées dans d'épais fichus de laine.

Pour les bénévoles du Point-Cœur présents depuis 1994, les journées sont rythmées par les jeux entre les baraques indigentes ou aux abords de la gare avec une nuée d'enfants au teint cuivré et aux vêtements dépareillés ; par les visites chez les grands-parents, souvent seuls depuis que leurs enfants ont disparu, séduits par un rutilant Eldorado à l'autre bout de l'Europe ou en Amérique ; par les soirées dans les chaleureux foyers hongrois où les histoires, les chants et les souvenirs se prolongent dans la nuit ; par les matinées entre la cuisine et le jardin du Point-Cœur, envahis par les enfants tsiganes de notre rue, qui n'ont pas la chance d'aller à l'école et vont et viennent entre la Roumanie, la France, l'Angleterre et l'Allemagne, à la suite de leurs parents ; par les visites dans les grands blocs sociaux délabrés où s'entassent les familles et où les voisines se rassemblent devant leurs séries préférés, fumant une cigarette et buvant du café ; par les après-midi dans les villages voisins, campagnes désertées et appauvries, où la solitude et l'angoisse de l'avenir sont un lourd fardeau. Une mosaïque de lieux, de peuples et de langues, que nous apprenons à aimer et qui nous offre-une foule de couleurs, de joies et de mélodies. Et lorsqu'un évènement particulier rassemble dans le jardin du Point-Cœur des visages si différents, lorsqu'une amitié se dessine entre l'un ou l'autre de nos amis que tout semblait séparer, lorsque l'un d'entre eux nous confie qu'ici, il a découvert le charme d'une culture longuement méprisée, alors nous contemplons avec ravissement les fruits d'une mission qui n'a pour but que de construire des ponts et des liens au cœur de ce pays éprouvé.

Point-Cœur Maurice-Zundel – Genève (Suisse)

Le Point-Cœur Maurice-Zundel est né en 2004, suite à la demande de l'évêque auxiliaire de Genève, de fonder une communauté dans cette ville. Dans le même temps, plusieurs personnes travaillant à l'ONU nous ont sollicités en disant : « *C'est beau ce que vous faites ! Venez en parler et travailler à l'ONU !* » . C'est ainsi que quelques mois plus tard, Points-Cœur a obtenu un statut consultatif auprès du Conseil Économique et Social de l'ONU, en tant qu'ONG catholique.

Le Point-Cœur est installé dans le quartier des Sécherons, situé au nord de la ville, entre le quartier populaire des Pâquis, la gare, les parcs publics bordant le lac Léman et le quartier des Nations Unies. Le quartier est très vivant, le monde entier y est représenté ! Les membres de Points-Cœur sont présents soit dans le monde du travail soit dans le monde étudiant, tandis qu'un ou une stagiaire représente Points-Cœur à l'ONU.

Dans une ville où extérieurement tout semble aller bien, la souffrance est bien présente, mais plus cachée dans le cœur des hommes. La solitude et le manque de sens sont des plaies très présentes à Genève. Beaucoup sont perdus et ne trouvent plus de sens profond à leur vie ou à leur travail. Nombreux sont donc ceux qui attendent une visite : personnes vivant en maison de retraite, malades physiques ou psychiques, étudiants ou travailleurs d'autres pays ou même personnes aisées : la souffrance touche tout le monde...

Le Point-Cœur accueille régulièrement pour un temps de prière, un partage autour d'un texte spirituel, des repas, un ciné-club. Outre le travail et/ou les études de chaque membre de la communauté et la présence aux amis et voisins, la mission du Point-Cœur compte aussi la formation des futurs bénévoles suisses, la diffusion de l'expérience des bénévoles et l'organisation d'événements culturels.

Point-Cœur Fra-Angelico – Lviv (Ukraine)

L'Ukraine est un pays charnière entre l'Est et l'Ouest. Sa vocation de pont se vit aussi bien au niveau politique, historique, géographique que religieux. C'est ce qui fait à la fois la richesse et la souffrance du peuple ukrainien. Au XXème siècle, l'Ukraine a connu deux totalitarismes, trois famines et un génocide... Comme beaucoup de pays du bloc soviétique, l'Ukraine a beaucoup souffert mais a su préserver l'âme ukrainienne qui s'exprime aujourd'hui avec plus de liberté en particulier dans la foi et dans l'art.

Le Point-Cœur Fra-Angelico a été fondé en septembre 2006 à Lviv, la plus grande ville de la partie occidentale de l'Ukraine et le centre historique de la Galicie, sur l'invitation d'un professeur de l'Université grecque-catholique (UCU). Dans ce Point-Cœur, ont vécu des bénévoles et actuellement de jeunes étudiantes ou professionnelles ukrainiennes de confession grecque-catholique, orthodoxe, catholique, protestante ou même agnostique, permettant à chacune de vivre une authentique communion dans un contexte ecclésial souvent blessé par de nombreuses divisions. Outre l'accueil dans la maison pour des évènements culturels, des rencontres et des soirées de prière, le Point-Cœur visite avec l'aide d'un petit groupe de bénévoles ukrainiens une maison de retraite où vivent plus de 400 personnes dans un grand dénuement et solitude, un internat-orphelinat d'enfants handicapés où ils organisent des activités manuelles et artistiques, et les femmes d'un hôpital psychiatrique.

Le Point-Cœur vit aussi de nombreuses amitiés avec les membres des églises grecque-catholiques et orthodoxes et participe à différents séminaires et rencontres et devient parfois au gré des événements le lieu de l'unité.

Sommaire

Achevé d'imprimer mai 2020
Adasto comunicazione
Via San Vittore, 36, 20123 Milano